U0552618

本研究得到国家社会科学基金重大项目（14ZDA047）、重点项目（13AZD086）和青年项目（18CTJ010），全国统计科学研究计划项目（2016LZ27），北京市社会科学基金项目（18YJB006）的资助，特此致谢！

中国统计发展报告
(2018)
构建新时代中国特色统计体系

陈梦根 石峻驿 等著

REPORT ON THE DEVELOPMENT OF CHINESE STATISTICS 2018
Building the Statistical System with Chinese Characteristics for a New Era

中国社会科学出版社

图书在版编目（CIP）数据

中国统计发展报告.2018：构建新时代中国特色统计体系/陈梦根等著.—北京：中国社会科学出版社，2018.12
ISBN 978-7-5203-3812-7

Ⅰ.①中… Ⅱ.①陈… Ⅲ.①统计—研究报告—中国—2018 Ⅳ.①C829.2

中国版本图书馆 CIP 数据核字（2018）第 292158 号

出 版 人	赵剑英
责任编辑	谢欣露
责任校对	周 昊
责任印制	王 超
出 版	中国社会科学出版社
社 址	北京鼓楼西大街甲 158 号
邮 编	100720
网 址	http：//www.csspw.cn
发 行 部	010-84083685
门 市 部	010-84029450
经 销	新华书店及其他书店
印 刷	北京明恒达印务有限公司
装 订	廊坊市广阳区广增装订厂
版 次	2018 年 12 月第 1 版
印 次	2018 年 12 月第 1 次印刷
开 本	710×1000 1/16
印 张	18.75
插 页	2
字 数	262 千字
定 价	88.00 元

凡购买中国社会科学出版社图书，如有质量问题请与本社营销中心联系调换
电话：010-84083683
版权所有 侵权必究

序　言

2018年是改革开放40周年，举国欢庆。1978年，以党的十一届三中全会为标志，中国实行改革开放，从农村到城市，从试点到推广，从经济体制改革到全面深化改革，整个国家发生了翻天覆地的变化，经济实力、科技实力、国防实力、综合国力进入世界前列，已成为世界第二大经济体和第一大工业国、第一大货物贸易国、第一大外汇储备国。改革开放不仅全面改变了中国，也深刻影响了世界，是中国和世界共同发展进步的伟大历程。面对新的历史形势，党的十九报告指出，经过长期努力，中国特色社会主义进入了新时代，这是中国发展新的历史方位。

顺应浩荡的时代潮流，切实把统计工作放到党和国家事业发展全局中思考、定位与布局，加快构建和完善新时代中国特色统计体系，更好地服务于经济社会发展，已成为当前我国统计发展的最强音。

统计是一国或地区重要的社会基础设施。春秋时期齐国名相管仲曾言：不明于计数而欲举大事，犹无舟楫行于水，险也。这里的"数"即为一定范围之内的人口、土地、财富等统计数字，可见，早在春秋时期统治者就已经高度重视统计对国家治理的重要意义。现在，统计的应用几乎覆盖了现代社会的所有领域，成为通用的方法论科学，被广泛用于研究社会和自然的各种问题。统计通过收集数据和分析数据来认识未知现象，均值、方差、指数、抽样、概率、实验、分布这些概念已经渗透到人类生活与生产的方方面面。

在市场经济条件下，统计早已成为各国信息和决策系统的重要组成部分。世界著名统计学家拉奥（C. R. Rao）在《统计与真理——怎样运用偶然性》中指出："在终极的分析中，一切知识都是历史；在抽象的意义下，一切科学都是数学；在理性的基础上，所有的判断都是统计学。"理论源于实践，但理论的魅力在于引领未来。《大英百科全书》指出，统计学是一门收集数据、分析数据，并根据数据进行推断的艺术和科学。直观来说，统计学是关于数据的科学，研究如何收集数据，分析数据，并科学地推断总体特征，而这些数据都带有随机性，这种随机性的量化就是概率。我们关于任何事物的判断总是基于已有的知识和体验，这些知识和体验可以看成数据，通过对数据的分析和解释达到我们的判断结果。然而，这种判断总是要受到实际生活中不确定因素的影响，故而其准确性依赖于某种概率。

统计无处不在。人类历史最早的统计实际上是一种计数活动，上古时代人们就已经开始采用结绳记事的方法，这种方法虽古老原始却有效，"事大，大结其绳，事小，小结其绳，之多少，随物众寡"。21世纪，人类社会进入了一个崭新的大数据时代，各种来源和形式的电子化数据大爆炸，一切皆可量化，一切皆可记录，传统的统计理论与方法正面临着巨大的挑战和机遇。大数据为统计提供了新的舞台，统计为大数据插上了腾飞的翅膀。面对海量数据，探究其中蕴含的规律，正是统计的新战场。从古代的结绳记事到当今炙手可热的大数据，统计作为人们认识世界的有力武器，始终在人类社会的发展进步中扮演着重要角色。

用数据说话，已经成为现代社会的一个基本理念。作为一门研究数据的科学，统计理论和方法始终在不断创新，与人类实践活动紧密相连。从统计学诞生以来300多年的历程看，统计学发展的历史就是统计思维和统计方法不断创新的历史，这种创新是围绕着关于数据的两大核心问题展开的，即收集数据和分析数据。进入大数据时代，积极完善中国统计体系，普及统计知识，提高决策的科学化和精细化，已成大势所趋和社会共识。

政府统计体系的建立与完善，是社会经济发展的必然要求。各国的政府、企业和居民对统计数据有大量需求，一个科学高效的统计体系将为本国经济社会发展提供重要支撑。在新的历史条件下，构建和完善新时代中国特色统计体系是实现中国梦和中华民族伟大复兴的重要条件之一。加快推进重点领域统计改革创新，全面提高统计服务能力和水平，有助于更好地落实新发展理念，实现高质量、可持续发展，加强对经济形势的监测、分析和预警，为决胜全面建成小康社会、开启全面建设社会主义现代化国家新征程提供有力支撑。

正是在这个大背景下，《中国统计发展报告（2018）——构建新时代中国特色统计体系》出版。研究人员从统计专业不同领域选择了五个专题进行研究，提出相关理论见解与政策建议，希望能够为统计部门与其他研究人员提供一些参考或借鉴。本报告具体写作分工情况如下：导论作者为陈梦根；专题一作者为陈梦根、徐滢；专题二作者为陈梦根、周元任；专题三作者为陈梦根、任桃萍；专题四作者为石峻骅、杨先敏；专题五作者为陈梦根、胡雪梅、张鑫；英文目录由张帅翻译。最后由陈梦根负责总撰定稿，张鑫协助对部分专题进行了修改和完善。

本报告得到了国家社会科学基金项目等多个课题的资助，研究写作时参考了国内外大量相关文献资料，出版过程中得到了中国社会科学出版社卢小生主任和谢欣露编辑的大力支持，在此一并致谢。本研究可能存在不足与错漏，敬请专家学者批评指正。

陈梦根于北京
2018 年 11 月 15 日

摘　　要

《中国统计发展报告（2018）——构建新时代中国特色统计体系》旨在对影响中国统计发展的相关问题进行系统、深入专题研究的基础上，为中国统计体系改革发展、统计方法应用创新提供一些理论支持和政策建议。统计是非常重要的社会基础设施，一个科学、高效的现代统计体系对中国发展至关重要。本年度报告共包括五大专题：（1）大数据与政府统计：机遇、挑战及对策；（2）中国投入产出核算发展评析与展望；（3）中国失业统计体系：改革与发展；（4）经济景气监测统计发展分析；（5）金融稳健指标体系修订展望。各专题重点围绕中国统计发展的理论与实践问题展开，研究内容主要涉及发展历程、现状分析、主要问题、优势劣势、机遇挑战等，同时也非常注重国内实践与国际标准、其他国家实践的比较研究，以及对统计数据质量的评估，由此探讨中国统计体系的未来发展方略，并提出相关政策建议。

Abstract

The *Report on the Development of Chinese Statistics* (*2018*) aims at conducting researches on the issues which affect the development of Chinese statistical system. These studies intend to provide some theoretical support for the reform and development of official statistical system, as well as the innovation of statistical methods in China. National statistical system is an important infrastructure and a modern, scientific and efficient statistical system is vital for the development of China. This report consists of five research topics: 1) big data and the government statistics: opportunity, challenge and strategy; 2) comments and prospects on input – output accounting of China; 3) the unemployment statistics system of China: reform and development; 4) analysis on the economic situation monitoring statistics in China; 5) prospects on the revision of the financial soundness indicators system. The research mainly focuses on the practice of Chinese statistics and the contents usually include the development history, status quo, main problems, advantages and disadvantages, opportunities and challenges, etc. Each topic pays much attention to the assessment of data quality and international comparison with the international standards or other countries' practice. Furthermore, the direction and strategy for the future development is deeply discussed and some policy suggestions are put forward to promote Chinese statistics.

目 录

导 论 ·· 1

专题一 大数据与政府统计：机遇、挑战及对策 ················ 9
 一 大数据时代：新的形势 ·· 11
  （一）大数据的概念 ·· 11
  （二）大数据的特征 ·· 12
 二 大数据与统计变革 ·· 15
  （一）数据存在方式有变化 ·· 16
  （二）数据搜集思路有变化 ·· 17
  （三）数据分析方式有变化 ·· 18
 三 大数据与政府统计体系 ·· 21
  （一）政府统计体系 ·· 21
  （二）大数据与政府统计：应用与实践 ························ 33
 四 大数据时代：政府统计的机遇与挑战 ······················ 44
  （一）大数据背景下政府统计的机遇 ··························· 45
  （二）大数据对政府统计的挑战 ··································· 50
 五 大数据时代下政府统计的改革与发展 ······················ 62
  （一）加速政府统计相关的法律完善和制度建设 ········ 63
  （二）加快建立和健全大数据管理机制 ······················· 65
  （三）增加政府统计的工作载体，优化政府统计
     服务 ·· 66

　　　　（四）拓宽政府统计数据来源渠道 …………………… 68
　　　　（五）改进政府统计的工作方法和数据分析方式 …… 69
　　　　（六）构建政府统计的大数据平台和名录库 ………… 72
　　　　（七）优化统计数据安全保障机制 …………………… 73
　　六　结语 ……………………………………………………… 73

专题二　中国投入产出核算发展评析与展望 ……………… 78
　　一　投入产出核算发展回顾 ………………………………… 79
　　　　（一）投入产出核算产生背景 ………………………… 79
　　　　（二）投入产出核算发展历程 ………………………… 81
　　二　投入产出核算的理论与体系 …………………………… 84
　　　　（一）投入产出核算的经济理论基础 ………………… 84
　　　　（二）投入产出核算体系 ……………………………… 86
　　　　（三）投入产出核算的发展与应用 …………………… 92
　　　　（四）投入产出核算发展新动向 ……………………… 97
　　三　中国投入产出核算的发展 …………………………… 104
　　　　（一）中国投入产出核算的发展历程 ………………… 104
　　　　（二）中国投入产出核算的变化特点 ………………… 107
　　　　（三）《中国国民经济核算体系（2016）》与投入产出
　　　　　　　核算 …………………………………………… 109
　　四　中国投入产出核算问题分析 ………………………… 119
　　　　（一）政府统计的整体性、一致性不足 ……………… 119
　　　　（二）非"纯"产品部门 ……………………………… 121
　　　　（三）编表价格的不同 ……………………………… 122
　　　　（四）调查对象的区别 ……………………………… 124
　　　　（五）调查方案设计与编表方法 ……………………… 124
　　　　（六）基础数据处理困难及质量问题 ………………… 126
　　　　（七）核算外人为因素的影响 ………………………… 126
　　五　中国投入产出核算的改进思路和对策 ……………… 127

　　　　（一）部门分类的调整 ………………………………… 127
　　　　（二）核算价格的改进 ………………………………… 128
　　　　（三）编表方法的改进 ………………………………… 129
　　　　（四）投入产出核算的及时性 ………………………… 129
　　　　（五）编制非竞争型投入产出表 ……………………… 130
　　　　（六）大数据技术的应用 ……………………………… 130
　　六　总结与展望 …………………………………………… 135
　　　　（一）投入产出核算学术研究 ………………………… 135
　　　　（二）投入产出核算实践应用 ………………………… 137

专题三　中国失业统计体系：改革与发展 …………………… 142
　　一　失业理论 ……………………………………………… 144
　　　　（一）马克思主义失业理论 …………………………… 144
　　　　（二）西方经济学失业理论 …………………………… 145
　　　　（三）失业的类型 ……………………………………… 150
　　二　失业统计：基本方法 ………………………………… 152
　　　　（一）失业的界定 ……………………………………… 152
　　　　（二）失业统计的指标 ………………………………… 155
　　　　（三）失业统计的方法 ………………………………… 156
　　三　中国失业统计的发展与演进 ………………………… 158
　　　　（一）传统计划经济体制时期 ………………………… 158
　　　　（二）改革开放初期 …………………………………… 159
　　　　（三）社会主义市场经济体制时期 …………………… 160
　　四　中国失业统计体系的现状 …………………………… 163
　　　　（一）中国现行失业统计体系 ………………………… 163
　　　　（二）现行失业统计体系的国际比较分析 …………… 168
　　　　（三）中国失业统计存在的主要问题 ………………… 171
　　五　中国失业统计体系的改革思路 ……………………… 178
　　　　（一）中国失业统计改革的总体思路和方向 ………… 178

（二）中国失业统计体系改革的建议与意见 …………… 179

专题四　经济景气监测统计发展分析 …………………………… 192
　一　经济景气监测统计的基本内涵 ………………………… 193
　　　（一）经济景气监测预警指标 ………………………… 194
　　　（二）扩散指数 ………………………………………… 196
　　　（三）合成指数 ………………………………………… 198
　二　国际上经济景气监测统计的发展历程 ………………… 199
　　　（一）探索发展期 ……………………………………… 199
　　　（二）逐渐成熟期 ……………………………………… 202
　　　（三）国际化时期 ……………………………………… 204
　　　（四）21世纪的发展 …………………………………… 205
　三　代表性国家经济景气监测统计的发展 ………………… 207
　　　（一）美国经济景气监测统计的发展 ………………… 207
　　　（二）日本经济景气监测统计的发展 ………………… 209
　　　（三）韩国经济景气监测统计的发展 ………………… 211
　四　中国经济景气监测统计的发展与现状 ………………… 214
　　　（一）中国经济景气监测统计的发展历程 …………… 214
　　　（二）中国的经济景气监测体系 ……………………… 215
　五　提升中国经济景气监测统计工作的对策与建议 ……… 221
　　　（一）中国经济景气监测统计中存在的问题 ………… 221
　　　（二）中国经济景气监测统计发展的对策与建议 …… 223

专题五　金融稳健指标体系修订展望 …………………………… 227
　一　引言 ……………………………………………………… 228
　二　发展回顾 ………………………………………………… 229
　　　（一）FSI体系的建立与发展 ………………………… 229
　　　（二）FSI体系面临的新挑战 ………………………… 231
　三　系统评估 ………………………………………………… 232

  （一）总体评估 …………………………………… 232
  （二）指标评估 …………………………………… 234
 四 发展展望 ………………………………………………… 241
  （一）基本思路 …………………………………… 241
  （二）发展分析 …………………………………… 242
 五 政策建议 ………………………………………………… 244
  （一）积极参与 FSI 修订工作 ……………………… 247
  （二）建立全面的金融稳定评估体系 ……………… 248
  （三）积极改进金融稳定统计的数据缺口 ………… 249
  （四）适时建立国内系统重要性金融机构评估
     框架 ………………………………………… 251
  （五）加强影子银行体系和 OTC 衍生产品的
     统计与监管 ………………………………… 252

附录一 G20 应对信息缺口二十条建议（DGI-1） ………… 256

附录二 DGI-2 二十条建议 ………………………………… 260

索 引 …………………………………………………………… 264

Content

Introduction ·· 1

Topic 1 Big Data and Government Statistics: Opportunity, Challenge and Strategy ··· 9

    1.1 Big Data Era: A New Situation ······································· 11
        1.1.1 The Conception of Big Data ································ 11
        1.1.2 The Characteristics of Big Data ··························· 12
    1.2 Big Data and Statistical Revolution ································· 15
        1.2.1 Change of Data Storage ······································ 16
        1.2.2 Change of Data Collection ··································· 17
        1.2.3 Change of Data Analysis ······································ 18
    1.3 Big Data and Government Statistics System ··················· 21
        1.3.1 Government Statistics System ······························ 21
        1.3.2 Big Data and Government Statistics: Application and Practice ··· 33
    1.4 Big Data Era: Opportunity and Challenge for Government Statistics ··· 44
        1.4.1 Opportunity for Government Statistics ················ 45
        1.4.2 Challenge for Government Statistics ·················· 50
    1.5 Reform and Development of Government Statistics in Big Data Era ··· 62

- 1.5.1 Speeding up Legislative Perfection and Institutional Improvement Related to Government Statistics 63
- 1.5.2 Building and Improving Administrative Mechanism for Big Data 65
- 1.5.3 Increasing Work Carrier for Government Statistics and Optimizing Government Statistics Service 66
- 1.5.4 Expanding Sources for Government Statistics 68
- 1.5.5 Improving Operation Procedure and Data Analysis of Government Statistics 69
- 1.5.6 Constructing Big Data Platform and Database for Government Statistics 72
- 1.5.7 Optimizing the Security Mechanism for Statistical Data 73
- 1.6 Conclusion 73

Topic 2 Comment and Prospect on Input – Output Accounting in China 78

- 2.1 Review on Input – Output Accounting Development 79
  - 2.1.1 Emerging Background of Input – Output Accounting 79
  - 2.1.2 Development of Input – Output Accounting 81
- 2.2 Theory and System of Input – Output Accounting 84
  - 2.2.1 Economic Theoretical Foundation of Input – Output Accounting 84
  - 2.2.2 Input – Output Accounting System 86
  - 2.2.3 Development and Application of Input – Output Accounting 92
  - 2.2.4 New Tendency of Input – Output Accounting 97
- 2.3 Development of Input – Output Accounting in China ... 104

Content | 3

    2.3.1 Development History of Input – Output Accounting 104
    2.3.2 Charateristics of Input – Output Accounting in China 107
    2.3.3 China's System of National Accounts (2016) and Input – Output Accounting 109
2.4 Analysis on Problems in China's Input – Output Accounting 119
    2.4.1 Deficiency in Integrality and Consistency of Government Statistics 119
    2.4.2 "Non – Pure" Product Sector 121
    2.4.3 Price Difference in Compiling I – O Table 122
    2.4.4 Difference in Respondents 124
    2.4.5 Survey Design and Table Compilation Methods 124
    2.4.6 Difficulty in Basic Data Processing and Quality Problem 126
    2.4.7 Influence of Human Factors Unrelated to the Accounting 126
2.5 Suggestion and Strategy for the Improvement of Input – Output Accounting in China 127
    2.5.1 Adjustment for Sector Classification 127
    2.5.2 Adjustment for Accounting Price 128
    2.5.3 Improvement on Table Compilation Methods 129
    2.5.4 Timeliness of Input – Output Accounting 129
    2.5.5 Compilation of Non – Competitive Input – Output Table 130
    2.5.6 Application of Big Data Technology 130
2.6 Conclusion and Prospect 135
    2.6.1 Academic Research on Input – Output

Accounting ··· 135

  2.6.2 Application and Practice of Input – Output Accounting ··· 137

Topic 3 **Unemploymenty Statistical System in China: Reform and Development** ·· 142

 3.1 Unemployment Theory ··· 144
  3.1.1 Marxist Theory on Unemployment ················ 144
  3.1.2 Classic Economic Theory on Unemployment ······ 145
  3.1.3 Type of Unemployment ······························· 150
 3.2 Unemployment Statistics: Basic Method ···················· 152
  3.2.1 How to Define Unemployment ······················ 152
  3.2.2 Indicators for Unemployment Statistics ············ 155
  3.2.3 Methods for Unemployment Statistics ············· 156
 3.3 Development and Evolution of Unemployment Statistics in China ·· 158
  3.3.1 Traditional Planned Economy Period ·············· 158
  3.3.2 The Beginning of Reform and Opening Period ··· 159
  3.3.3 Socialist Market Economy Period ·················· 160
 3.4 Current Situation of Unemployment Statistical System in China ·· 163
  3.4.1 Current Unemployment Statistical System in China ·· 163
  3.4.2 International Comparison on Current Unemployment Statistics ·· 168
  3.4.3 Major Problems in China's Unemployment Statistics ·· 171
 3.5 Reform of Unemployment Statistical System in China ·· 178

  3.5.1 General Idea and Direction ·················· 178
  3.5.2 Suggestion and Comment ··················· 179

Topic 4 Analysis on the Development of Economic Situation Monitoring Statistics ················· 192

 4.1 Basic Conception of Economic Situation Monitoring Statistics ················· 193
  4.1.1 Warning Indicators of Economic Situation Monitoring ················· 194
  4.1.2 Diffusion Index ················· 196
  4.1.3 Composite Index ················· 198
 4.2 Development History of International Economic Situation Monitoring Statistics ················· 199
  4.2.1 Exploration Development Period ················· 199
  4.2.2 Gradually Mature Period ················· 202
  4.2.3 Internationalization Period ················· 204
  4.2.4 Development in the 21th Century ················· 205
 4.3 Developmeut of Economic Situation Monitoring Statistics in Representing Countries ················· 207
  4.3.1 Development of Economic Situation Monitoring Statistics in The United States ················· 207
  4.3.2 Development of Economic Situation Monitoring Statistics in Japan ················· 209
  4.3.3 Development of Economic Situation Monitoring Statistics in South Korea ················· 211
 4.4 Development and Status Quo of Economic Situation Monitoring Statistics in China ················· 214
  4.4.1 Development History ················· 214
  4.4.2 China's Economic Situation Monitoring

System ········· 215
4.5 Strategy and Suggestion for the Improvement of Economic Situation Monitoring Statistics in China ······ 221
    4.5.1 Problems in China's Economic Situation Monitoring Statistics ········· 221
    4.5.2 Strategy and Suggestion for the Development of China's Economic Situation Monitoring Statistics ········· 223

Topic 5 Prospect on the Revision of Financial Soundness Indicator (FSI) System ········· 227

5.1 Introduction ········· 228
5.2 Review on the Development ········· 229
    5.2.1 The Establishment and Development of FSI System ········· 229
    5.2.2 New Challenge for FSI System ········· 231
5.3 System Evaluation ········· 232
    5.3.1 Overall Evaluation ········· 232
    5.3.2 Indicator Evaluation ········· 234
5.4 Development Prospect ········· 241
    5.4.1 Basic Idea ········· 241
    5.4.2 Development Analysis ········· 242
5.5 Policy Suggestion ········· 244
    5.5.1 Participate in the Revision of FSI Actively ········· 247
    5.5.2 Build Comprehensive Evaluation System for Financial Stability ········· 248
    5.5.3 Improve Data Gap in Financial Stability Statistics Actively ········· 249
    5.5.4 Build Evaluation Framework for Domestic Financial Institution of Systematic Importance Timely ······ 251

5.5.5 Strengthen the Statistics and Supervison on Shadow
Banking System and OTC Derivatives 252
**Appendix 1 Twenty Suggestions for Information Gap by G20
(DGI−1)** 256
**Appendix 2 Twenty Suggestions for Information Gap by G20
(DGI−2)** 260
Index 264

图 目 录

图 1-1 大数据体系架构框架"5V"特征 …………………… 15
图 1-2 政府综合统计管理体制 …………………………… 30
图 1-3 大数据预测的程序 …………………………………… 42
图 1-4 大数据对政府统计的挑战 ………………………… 50
图 1-5 年同比价格指数变化趋势 ………………………… 54
图 1-6 传统政府统计工作流程 …………………………… 58
图 1-7 大数据的法律应对——四维策略体系 …………… 63
图 2-1 社会总产品分类 …………………………………… 85
图 2-2 投入产出计划模型体系 …………………………… 93
图 2-3 物质流分析框架 …………………………………… 102
图 2-4 我国投入产出调查方案设计不足之处 …………… 125
图 3-1 我国城镇登记失业人数和失业率 ………………… 161
图 4-1 ECRI 现行的经济景气监测体系 ………………… 208
图 4-2 中国经济景气指数编制流程 ……………………… 216

表目录

表 1-1	国家统计局主要统计调查指标	32
表 1-2	大数据与传统政府统计数据主要技术区别	33
表 1-3	政府统计大数据源分类及编码	37
表 1-4	部分部委大数据政策一览	39
表 2-1	两部门投入产出简表	86
表 2-2	投入产出模型类型及主要特征	87
表 2-3	简化的实物型投入产出表	89
表 2-4	价值型投入产出表	92
表 2-5	区域间 IRIO 模型的基本形式	98
表 2-6	部门 i 产品的区域间流动矩阵	100
表 2-7	经济系统物质流投入产出表	103
表 2-8	我国制度化之前的投入产出表	104
表 2-9	我国制度化之后的投入产出表	105
表 2-10	我国投入产出供给表形式	111
表 2-11	我国投入产出使用表形式	112
表 2-12	我国 2016 年投入产出表形式	114
表 2-13	我国 2002 年投入产出表形式	116
表 2-14	我国和加拿大的投入产出核算对比	120
表 3-1	我国城镇登记失业人数和失业率	160
表 3-2	近 10 年我国城乡就业人员情况	174
表 4-1	韩国对景气指数的修订	213
表 4-2	中国先行指标的权数和比重	218

表 4-3　中国一致指标的权数和比重 …………………… 219
表 4-4　中国滞后指标的权数和比重 …………………… 219
表 5-1　全球发布 FSI 指标的国家 ……………………… 232
表 5-2　核心指标评估与分析 …………………………… 235
表 5-3　鼓励指标评估与分析 …………………………… 238

导　　论

　　从历史上看，统计实践活动先于统计学而产生。在人类社会发展初期，统计活动就已经出现，结绳刻契是我国统计的早期萌芽，但这种最初的统计只是反映社会基本情况的简单计数活动。随着社会生产力的发展，到了奴隶社会，国家为了对内统治和对外战争的需要，进行征兵、征税，需要了解人口、土地、粮食、牲畜等情况，统计活动逐步得到发展，统计的工具性作用开始变得显著，成为国家治理和社会管理的重要手段。

　　在一国或地区统计体系中，政府统计处于核心地位，在经济管理中发挥着不可替代的作用。政府统计是为满足国家治理需要而产生的，是国家治理工具的有机组成部分。我国历朝历代有关人口、兵力、财富和领地等情况，是国家生存与发展的基石，而在户口、田地、财产等登记基础上形成的统计制度和统计方法，则是政府统计发展的重要脉络。随着商品经济的迅速发展和社会分工的愈益精细，政府统计的内容逐步扩展到工业、农业、贸易、银行、保险、交通、邮电和海关等各个经济领域，以及社会、科技和环境等领域，统计方法迅速发展和丰富，统计的视角也日益丰富，从结果转向过程与结果并重、静态与动态并存，而且开始出现专业的政府统计机构和研究组织，并由此逐渐演化成了现在我们所看到的政府统计的机构、法制、内容、方法和体系等。时至今日，政府统计的范围几乎涵盖了人类活动的所有领域，在反映经济社会发展状况、探求规律、监测预警、指导生产生活、科学管理等方面扮演着重要角色。

近年来，大数据成为风靡一时的世界性话题，开启了新一轮重大的时代转型，大数据正在改变着我们的生活以及理解世界的方式，在社会经济生活的各个领域都将产生深远的影响。[①] 大数据的出现使得通过数据分析获得知识、商机和社会服务的能力迅速扩展，大数据逐步成为现代社会基础设施的一部分，就像公路、铁路、港口、水电和通信网络一样不可或缺。大数据时代的经济学、政治学、社会学和其他许多学科都可能发生巨大甚至是本质的变化，进而影响人类的价值体系、知识体系和生活方式。毋庸置疑，大数据将对传统统计产生巨大的冲击，也将带来巨大的发展机遇。从数据生产的角度来看，政府统计可应用大数据扩展基础数据来源，诸如行政记录数据、商业记录数据、互联网（包括搜索引擎）数据等将极大地丰富政府统计的数据来源。从方法论角度看，大数据将对传统的以样本推断总体的统计范式产生冲击，抽样调查在数据收集中的重要性下降，而全数据应用在许多领域的研究中成为可能。

实际上，大数据在政府统计诸多领域中都具有广阔的应用前景，包括价格、人口、消费、投资、就业、工业、产出和资本流动以及危机监测等。以居民消费价格指数（CPI）为例，电子商务交易数据、企业数据都是价格统计的新数据源，这些数据量大、更新快，充分利用这些数据有助于减少调查成本，提高指标发布的频次。利用大数据开展价格统计，既可以采用搜索方式收集网上交易价格数据，也可以和电子商务企业开展合作，获取交易价格数据，还可以建立商场、超市、医院等实行电子计价的采价点向统计部门报送交易记录的制度。全面迎接大数据时代，引领政府统计变革，是当代政府统计工作者和理论研究者所面临的重要课题之一。

《中国统计发展报告》秉承对影响中国统计改革与发展的有关

---

① ［英］维克托·迈尔－舍恩伯格、肯尼思·库克耶：《大数据时代：生活、工作与思维的大变革》，浙江人民出版社2013年版。

问题进行系统、深入专题研究的理念，从而为中国统计理论创新、实践改革发展、应用方法改进提供理论支持和政策建议。全书按专题形式撰写，各个专题重点围绕"统计实践"而展开，研究内容主要涉及发展历程、现状分析、主要问题、优势劣势、机遇挑战、改革思路等，同时也非常注重国内实践与国际标准、其他国家实践的比较，以及对统计数据质量的评估，以此求解中国统计未来发展方略，并提出相关政策建议。

《中国统计发展报告（2018）——构建新时代中国特色统计体系》共包括五个专题，分别为：（1）大数据与政府统计：机遇、挑战及对策；（2）中国投入产出核算发展评估与展望；（3）中国失业统计体系：改革与发展；（4）经济景气监测统计发展分析；（5）金融稳健指标体系修订展望。在结构和内容安排上，各个专题研究独立成篇，自成体系，下面对各专题内容与结构分别做一个简要介绍。

专题一主要探讨大数据对政府统计带来的机遇、挑战和对策问题。伴随着移动互联网、云计算、物联网等技术的快速发展和普及应用，世界数据信息量呈爆炸式增长，人类社会进入了一个崭新的大数据时代。大数据将给统计带来一场思维上、理念上和方法上的大转变，决定了下一步政府统计工作转型升级和改革创新的方向。本专题立足于大数据的背景，探讨政府统计所面临的新机遇与新挑战，分析大数据与政府统计之间的联系以及工作方式和方法上的契合点，以此推动我国政府统计的发展与社会信息决策体系的发展和完善。主要内容包括：（1）大数据时代：新的形势；（2）大数据与统计变革；（3）大数据与政府统计；（4）大数据时代：政府统计的机遇与挑战；（5）大数据时代下政府统计的改革与发展。

大数据时代的到来必将诱发巨大的统计变革，将改变我们理解和组织统计信息的方式，为政府统计的发展带来了巨大的机遇，具体体现在：一是大数据能提高政府统计工作的效率；二是大数据能推动政府统计信息化建设进程加快；三是大数据能改善政府统计数据的质量；四是大数据能使统计数据发布更透明化；五是大数据有助于促使政府统计分析和服务升至新高度。与此同时，大数据也将对传统政府统计的理念和统计能力带来一定的挑战，主要体现在以下几个方面：（1）对官方统计职能的挑战；（2）对传统统计观念的挑战；（3）对政府统计制度和标准的挑战；（4）对统计生产具体流程的挑战；（5）对统计数据结果的要求。当前，大数据被越来越多地应用到现实生活中，我国的统计改革也应围绕大数据展开，提高大数据专业化处理和深层次挖掘的能力，在统计调查事业上发挥和实现大数据的价值，这已成为政府统计改革和发展的重大课题。面对大数据的汹涌浪潮，我国政府统计部门必须充分认识大数据的重要性和巨大潜力，勇敢面对各种挑战，顺应历史发展潮流，兴利除弊，将其作为政府统计的重要数据来源与推动政府统计创新发展的动力源泉，制定合理利用大数据的基础框架，采用科学的方法，大胆地将大数据应用于政府统计。

专题二重点研究我国的投入产出核算问题。投入产出核算不仅核算国民经济总量指标，如增加值、总投入、总产出、中间投入和中间使用等，还核算各总量指标的分部门形成和使用结构，重点反映国民经济各部门之间的技术经济联系，是国内生产总值核算的扩展和延伸。投入产出技术在长期的发展历程中不断完善，已基本形成了一套完整的投入产出核算体系，在类型上既有投入产出动态模型与投入产出静态模型，又有实物型投入产出模型与价值型投入产出模型。本专题主要研究内容包括五个部分：（1）投入产出核算发展回顾；（2）投入产出核算的理论与体系；（3）中国投入产出核算的发展；（4）中国投入产出核算问题分析；（5）中国投入产出核算的改进思路和对策。

投入产出核算是国民经济核算体系中的五大核算内容之一，用以反映全社会的产品运动过程，其分析指标和模型围绕各产品部门之间的联系而展开，通过投入产出核算可以满足社会各界对经济技术联系及相关均衡分析等信息的需求。投入产出方法最早引入我国可追溯到20世纪50年代，经历了从探索到成熟、从不定期编表阶段到制度化编表阶段的发展过程，特别是改革开放后，投入产出核算的理论研究和实践工作进入了大发展时期，形成了逢2、逢7年份编制投入产出基年表和逢0、逢5年份编制投入产出简表的固定统计制度，投入产出分析已被广泛应用于贸易、能源、环境、人口等众多研究领域。目前我国最新的国民经济核算体系《中国国民经济核算体系2016》，对投入产出核算做了诸多改进与完善，如核算表式的改进、引入"经济所有权"概念、增加产品分类、修订部分核算指标等。相比于国外，我国投入产出核算起步较晚，在取得一系列成就的同时还存在一些不足与缺陷，主要体现在：（1）政府统计的整体性、一致性不足；（2）非"纯"产品部门；（3）编表价格的不同；（4）调查对象的区别；（5）调查方案设计与编表方法；（6）基础数据处理困难及质量问题；（7）核算外人为因素的影响。在国民经济管理和分析当中，投入产出表及相关模型、指标具有重要作用。我国应进一步加强学习和研究，准确把握我国投入产出核算与世界各国先进理论和实践水平之间的差距，不断完善和发展我国的投入产出核算。为此，本专题提出了相应的改进思路，主要包括：（1）部门分类的调整；（2）核算价格的改进；（3）编表方法的改进；（4）投入产出核算的及时性；（5）编制非竞争型投入产出表；（6）大数据技术的应用。

专题三集中分析我国的失业统计问题。随着经济社会体制改革的不断深化，就业和失业问题越来越成为全国上下高度重视的一个民生问题。从实践上看，失业统计历来是各国监测宏观经济运行和开展宏观调控的关注重点，失业问题也是目前影响我国社会稳定、经济发展和改革大局的一个重要因素，失业统计数据可以为制定宏观经济政策、治理失业问题等提供科学依据和有效的建议。一直以来，我国失业统计受到不少学者的诟病，和国际通行的失业统计体系对比，我国失业统计体系还存在不少问题。本专题探讨我国失业统计体系的改革与发展问题，内容主要包括：（1）失业理论；

（2）失业统计：基本方法；（3）中国失业统计的发展与演进；（4）中国失业统计体系的现状；（5）中国失业统计体系的改革与发展。

目前中国采用的失业统计指标主要是城镇登记失业率和城镇调查失业率，用来反映我国劳动力市场的具体状况。分析表明，我国现行失业统计体系尚存不少问题，诸如：一是对失业的界定不准确；二是统计范围不够全面；三是没有考虑隐性失业问题；四是失业统计指标体系的设置存在缺陷。同时，我国的失业统计与国际上通行的标准还存在一定的差异，不能简单进行国际对比。因此，我国应该从失业统计的目标及任务出发，立足基本国情，对统计制度与方法进行改革，借鉴国际标准，完善我国的失业统计。具体地，中国失业统计体系改革重点应抓好以下三个方面的工作：（1）科学界定失业统计口径，建议取消失业人口统计的年龄上限，适当提高失业人口统计的工作时间界定；（2）优化城乡失业统计制度，建议改进和完善城镇失业调查方法，加大对农村失业统计的力度，逐步实施农村失业调查，同时监测流动人口的失业情况；（3）完善失业统计指标体系，建议分地区、分行业实行有差异的失业统计，针对不同行业的特点设计不同的失业统计指标，采取不同的就业、失业标准和统计方法，设置不同层次的失业指标，增加失业原因指标统计。

专题四主要研究经济景气监测统计问题。经济景气监测体系是利用一系列经济统计指标建立起来的宏观经济"晴雨表"或"报警器"，其研究最早可以追溯到19世纪末期，但作为反映宏观经济动向的"晴雨表"，西方经济学界公认的经济景气监测体系研究从20世纪初的美国开始。经过一百余年的发展，目前经济景气监测统计工作的发展已日趋成熟。经济景气监测统计，从广义上讲，既包含了对经济景气监测指标的统计，也包含了对经济景气监测指标的构成指标的统计；从狭义上讲，经济景气监测统计只包含对经济景气监测指标的统计。狭义上的经济景气监测指标主要包含三类：一是监测预警指标；二是扩散指数；三是合成指数。历经从最初的探索发展期、逐渐成熟期、国际化时期到21世纪的发展，目前经济景气监测统计工作的发展已日趋成熟，在各国经济运行监测和预警中发挥着重要作为，既为政府的宏观政策调控提供科学依据，也为相关企业的科学决策提供参考。本专题对我国经济景气监测统计体系的发展历程与存在的问题进行全面探讨，研究内容主要包括以下五个部分：（1）经济景气监测统计的基本内涵；（2）国际上经济景气监测统计的发展历程；（3）代表性国家经济景气监测统计的发展；（4）中国经济景气监测统计的发展与现状；（5）提升中国经济景气监测统计工作的对策与建议。

从实践上看，相对于美国、英国、法国等发达国家而言，中国经济景气监测统计发展相对较晚，最早的经济景气监测研究开始于20世纪80年代，当前中国经济景气监测体系主要包括三个部分：一是中国经济景气指数；二是中国经济景气指标体系；三是中国经济景气预警监测体系。我国虽然基本上已经构建起一个较为成熟的经济景气监测体系，并定期发布相关的指数与指标的数值，但仍存在一些有待提高的地方：第一，对经济景气监测统计系统的持续深入研究还有待提高；第二，基础数据不足导致构建一致指数存在需要改进的地方；第三，对监测预警体系的科学性和实用性认识不足；第四，经济景气监测体系的相关数据发布不够及时，指标体系随社会经济的快速发展，更新不够及时。为了加快改进和完善我国的经济景气监测统计体系，基于对国际组织和代表性国家经济景气监测统计的研究，结合我国经济景气监测统计存在的主要问题，本报告提出了相应的一些对策建议：（1）及时、定期发布经济景气监测体系的系列数据；（2）加强对经济景气监测系统中各种算法的研究和应用；（3）定期对指标体系的应用情况进行检验和修订，根据实际情况剔除无效指标或添加新的重要指标；（4）建议尝试编制中国地级市范围的经济景气监测体系；（5）加强研发投入，尝试开发全球主要国家和相关地区的经济景气监测系统。

专题五重点讨论金融稳健指标体系的修订问题。20世纪90年代金融危机频发，促使国际货币基金组织（IMF）等国际机构积极倡导发展金融稳定统计，加强对金融体系脆弱性的监测。金融稳健指标（Financial Soundness Indicators，FSI）体系旨在加强对金融体系的监测，防范和预警危机爆发的可能性。本专题主要研究以下内容：(1) FSI体系的建立与发展以及面临的新挑战；(2) 对FSI体系的系统评估，包括总体评估和指标评估；(3) FSI体系发展展望；(4) 对我国完善金融稳定统计的政策建议。

《金融稳健指标体系编制指南（2006）》（FSI2006）发布后，被各国广泛应用于金融风险监控，如中国、美国、澳大利亚、比利时、巴西、加拿大、丹麦、法国、挪威、瑞典和英国等国家的中央银行都据此进行金融稳健性评估，并定期向国际货币基金组织报告，接受相关的监督和指导。然而，2008年国际金融危机在没有任何征兆的情况下爆发，对金融稳定分析提出了新的挑战。在危机预警和监测中，FSI体系不同指标的有用性各有差异。危机对金融稳定统计带来了冲击，也为FSI体系评估提供了机会，考察其在金融危机中的表现及不同指标的效能，有助于进一步发展金融稳定分析的理论方法体系。面对新的形势，FSI体系发展和修订应从以下五个方面入手：(1) 加强理论方法创新；(2) 加快FSI指标修订；(3) 加强金融风险监测；(4) 弥补关键信息缺口；(5) 增进数据国际可比性。最后，对中国发展和完善金融稳定统计提出了政策建议：(1) 积极参与FSI修订工作；(2) 建立全面的金融稳定评估体系；(3) 积极改进金融稳定统计的数据缺口；(4) 适时建立国内系统重要性金融机构评估框架；(5) 加强影子银行体系和OTC衍生产品的统计与监管。

专题一 大数据与政府统计：机遇、挑战及对策

摘要 政府统计体系作为一国经济社会信息收集、整理和发布的主体，担负着为各级政府宏观经济决策及相关政策制定提供数据支持的重要职责，也是市场主体获得社会经济统计数据的主要来源之一。大数据时代的到来必将诱发巨大的统计变革，将改变我们理解和组织统计信息的方法，具体体现在：（1）数据存在方式有变化；（2）数据收集思路有变化；（3）数据分析方式有变化。大数据时代的到来，对政府统计体系的影响有利有弊。大数据对政府统计的发展无疑带来了巨大的机遇：一是大数据能提高政府统计工作的效率；二是大数据可以推动政府统计信息化建设进程加快；三是大数据有助于改善政府统计数据的质量；四是大数据可以使统计数据发布更透明化；五是大数据有助于促使政府统计分析和服务升至新高度。与此同时，大数据将对传统政府统计的理念和统计能力带来一定的挑战，主要体现在：一是对官方统计职能的挑战；二是对传统统计观念的挑战；三是对政府统计制度和标准的挑战；四是对统计生产具体流程的挑战；五是对统计数据结果的要求。顺应政府管理和市场运行对经济社会统计数据的新需求，切实推动政府统计体系的变革与完善，是大数据时代政府统计发展的内在要求。面对大数据的汹涌浪潮，我国政府统计部门必须充分认识到这座金矿的重要性和巨大潜力，勇敢面对各种挑战，顺应历史发展潮流，将其作为政府统计的重要数据来源与推动政府统计创新发展的动力源泉，制定合理利用大数据的基础框架，使用科学的方法，大胆地将大数

据应用于政府统计，积极构建政府大数据统计体系，全方位顺应大数据的要求，改革和发展现行的政府统计体系。

关键词 大数据时代统计变革 全数据模式 政府统计 数据安全

伴随着移动互联网、云计算、物联网等技术在移动网络、智能终端、移动应用商店等方面的快速发展和普及应用，世界数据信息量呈爆炸式增长。"大数据"（Big Data）一词开始频繁进入公众的视野。一直以来，政府统计作为国民经济发展和政府施政决策过程中不可或缺的角色，面对自身行政职能的重要性以及市场经济不断发展的需要，始终在不断地进行自我完善和革新。但在大数据时代来临的背景下，政府统计工作的难度越来越大，所面对的形势也越来越复杂，数据的收集、处理、生产、应用和发布方式都将面临新的变革与挑战。实际上，每个社会单元都是数据的生产者和提供者，政府统计部门不再是数据的绝对拥有者，数据也不再是依赖于政府统计系统才能制造出来的专属品，传统意义上的政府统计部门也不再是数据的唯一发布者和解释人。

无疑，大数据将给政府统计带来一场思维、理念和方法上的大转变，将对政府统计工作下一步转型升级和改革创新的方向产生深刻影响。随着21世纪电子科技和网络技术的迅猛发展，大数据应运而生，使得数据收集、处理、应用的方式都发生了巨大变化，对政府统计的管理体制、机构设置和数据生产等方面产生了巨大的冲击与挑战，同时也带来了难得的机遇。本专题立足于大数据的时代背景，探讨政府统计所面临的新机遇与新挑战，分析大数据与政府统计之间的联系，探讨大数据与政府统计的契合点，以此推动我国政府统计的发展与社会信息决策体系的完善。充分利用和发挥大数据的优势，在完善相关法律法规的基础上，推动政府统计工作载体和工作机制的创新，在数据采集、处理、分析和发布等环节做出变革，使政府统计获取的数据更全面、内容更安全、分析更精确、应用更广泛,能够有助于实时监测经济社会发展状况,更准确地反映新常态下的经济形势,预测未来发展动向。

一 大数据时代:新的形势

(一)大数据的概念

21世纪是信息化的时代,互联网、物联网以及云计算等信息技术的迅速发展,使得居民、企业等每个个体所进行的社会经济活动行为,都以计算机数据的形式被记录并存储起来,进而形成了规模巨大且有组织的信息网络体系。我们所处的现代信息社会,已经进入了一个崭新的大数据时代,2013年被媒体称为"大数据元年"。

"大数据"一词来源于英文"Big Data",但对于到底什么是"大数据",至今尚无统一的说法。20世纪80年代,美国未来学家阿尔文·托夫勒(Alvin Toffler)在其著作《第三次浪潮》中首先使用了"大数据"一词。[1] 随着信息数据的增长和社会经济的发展,"大数据"一词逐渐受到关注,各国政府也开始重视"大数据"这个新兴概念。维基百科对"大数据"这一概念的解释为:大数据,或称巨量数据、海量数据,指的是所涉及的数据量规模巨大到无法通过人工手段,在合理时间内达到截取、处理、管理并整理成为我们人类所能解读的信息;[2] 英国大数据专家维克托·迈尔-舍恩伯格(2013)认为,大数据是数据资源、数据技术和数据思维的集合体;何强(2015)提出,从本质上讲,在大数据概念的逻辑中,数据、技术和思维是三位一体的,其核心是将数据视为一种资产。另一种更常见的说法是,以大数据的诸"V"特征来归纳大数据应具备的特点,用以描述大数据的概念。例如,麦肯锡(McKinsey)全

---

[1] [美]阿尔温·托夫勒:《第三次浪潮》,生活·读书·新知三联书店1984年版,第13—14页。

[2] 维基百科,http://zh.wikipedia.org/wiki/bigdata。

球研究院给出的定义：一种规模大到在获取、存储、管理、分析方面大大超出了传统数据库软件工具能力范围的数据集合，具有海量的数据规模、快速的数据流转、多样的数据类型和价值密度低四大特征；国务院 2015 年 8 月印发的《促进大数据发展行动纲要》中的表述为：大数据是以容量大、类型多、存取速度快、应用价值高为主要特征的数据集合。

分析大数据的发展进程发现，在 20 世纪 80 年代初期，大数据的相关术语叫作海量数据，此时，在人们眼中大数据仅仅意味着数据量级巨大。90 年代后期，社会对大数据的认识开始包含数据的生成速度、数据处理技术以及数据存储等方面的内容。2010 年至今，大数据的内涵进一步丰富，美国、英国等发达国家以及经济合作与发展组织（OECD）、联合国等国际组织，已经将大数据上升到战略层面，对其重视程度不断加深。

可以看出，大数据的含义已经不仅包括数据本身，还涉及大数据业务流程以及大数据产业生态系统的范畴。基于这种思路，将大数据具体应用到不同的领域时，其概念应该服务于所在领域的发展，各个领域可以参照其自身的特点来梳理大数据的核心价值。例如，《大数据在政府统计中的探索与应用》一书中，马建堂（2013）将大数据定义为"对政府统计工作而言，大数据是采用多种数据收集方式、整合多种数据来源的数据，是采用现代信息技术和架构高速处理和挖掘具有高度应用价值和决策支持功能的数据、方法及其技术集成"，这一定义具有鲜明的政府统计特色。[①]

（二）大数据的特征

综合联合国（2012）、世界经济论坛（2012）、IBM 公司、麦肯锡公司（2011）等国际组织和企业，以及知名大数据专家维克托（M. Viktor, 2013）、涂子沛（2012）等学者的观点，学界目前普遍认可的是大数据具有"4V"特点：数据量大、数据类型多样、数据

---

① 马建堂：《大数据在政府统计中的探索与应用》，中国统计出版社 2013 年版。

处理速度快和数据价值密度低。

1. 数据量大

大数据的量已经远远超出传统的度量范围，其数量级已经从 TB[①]级别，跃升至以 PB 乃至 EB、ZB 为基本单位，目前全球每两天产生的数据量约为 5EB（5×10^{18} B），相当于自人类诞生之日至 2003 年形成的数据量总和。美国互联网数据中心曾指出，互联网上的数据每年将增长 50%，并且每两年就会翻一番。美国国际数据公司（IDC）和易安信公司（EMC）估计，到 2020 年数字世界将拥有的数据容量为 40ZB，是全世界所有海滩沙粒数量的 57 倍。根据相关资料，在如今的互联网社会里，微博、Twitter 上 1 分钟内新发布的数据量超过 10 万条，而 1 分钟内社交网站 Facebook 的浏览量超过 600 万人次，百度 1 天内就要处理几十 PB 的数据量，互联网 1 秒钟内所产生的数据总量要比 20 年前整个互联网储存的数据还多。随着信息技术的发展，大数据的规模仍在不断变化，数据来源还会更加丰富，大数据涵盖的范围将不断扩大。

2. 数据类型多样

大数据的来源范围广，既包括通过手工或电子记录下的各种档案、交易记录以及参加各项经济社会活动时留下的个人信息，还包括通过报纸杂志、网络媒体产生的文件、多媒体信息等不同形式的数据。通常，数据集的存在形式可以分为结构化、半结构化和非结构化这三种类型。结构化数据是指多以二维表形式存在的数据；非结构化数据，则多为图形图像、文本文档、音频视频等无固定规律的形式；半结构化数据，以 HTML 网页格式为例，存在于互联网，介于结构化和非结构化数据之间。

基于移动互联网、社交平台和数据采集技术的不断发展，互联网搜索行为信息、社交媒体产生的文本信息等多种新类数据已经成

---

① 数据的存储单位主要有 Byte（字节）、KB（千字节）、MB（兆字节）、GB、TB、PB、EB、ZB。其中，1KB = 1024 字节，1MB = 1024KB，1GB = 1024MB，1TB = 1024GB，依此类推。

为大数据的数据源。其中蕴藏着大量有价值的信息等待被发掘,多形式多渠道的半结构化数据和非结构化数据已经逐渐成为大数据类型的主要形式。

3. 数据处理速度快

随着互联网软件的升级和计算机系统性能的优化,大数据处理方法和手段也在不断改进完善,数据生成、处理和更新速度大大加快。从一定意义上讲,大数据落地就是近年来非常流行的数据挖掘(Data Mining)、文本挖掘(Text Mining)、网络挖掘(Web Mining)、NLP自然语言处理、机器学习等IT和商业智能(Business Intelligence,BI)信息技术与决策支持系统的广义概念和流行趋势。以云计算为基础的信息存储、分享和挖掘手段,可以便宜、快速、有效地将大量、高速、多变化的终端数据储存下来,并随时被用于分析计算。

4. 数据价值密度低

数据的可用价值是指获取的数据是否具有相关性和实用性。大数据的体量大、范围广且类型多样,包含的有用信息非常多,正因如此,增加了数据清洗和排除数据噪声干扰的难度。从某种程度来说,数据价值密度的高低与数据总量的大小成反比,例如,在一部数小时连续不间断的视频监控过程中,可能有用的数据仅仅只有数秒。而一般的数据使用者,不可能通过采用强大的机器算法来迅速地完成数据的价值"提纯",无法辨别出数据的"噪声",同时自身也不断制造着数据的碎片化、歧义化,但只要能合理利用数据并对其进行准确的分析,就可以带来很高的价值回报。

除上述"4V"特征的理论之外,近年来还有部分学者指出,大数据具有数据获取及发送方式自由灵活、精确性数据的预测真实性较高等特点。例如,阿姆斯特丹大学Yuri Demchenko等提出了大数据体系架构框架的"5V"特征(如图1-1所示),即在数量(Volume)、速度(Velocity)、种类(Variety)、价值(Value)之外,加上了真实性(Veracity)。

数量（Volume）
- TB级
- 记录/日志
- 事务
- 表和文件

速度（Velocity）
- 批处理
- 实时
- 多进程
- 数据流

种类（Variety）
- 结构化
- 非结构化
- 多因素
- 概率性

大数据"5V"特征

真实性（Veracity）
- 可信性
- 真伪性
- 来源和信誉
- 有效性
- 可审计性

价值（Value）
- 统计学
- 事件性
- 相关性
- 假设性

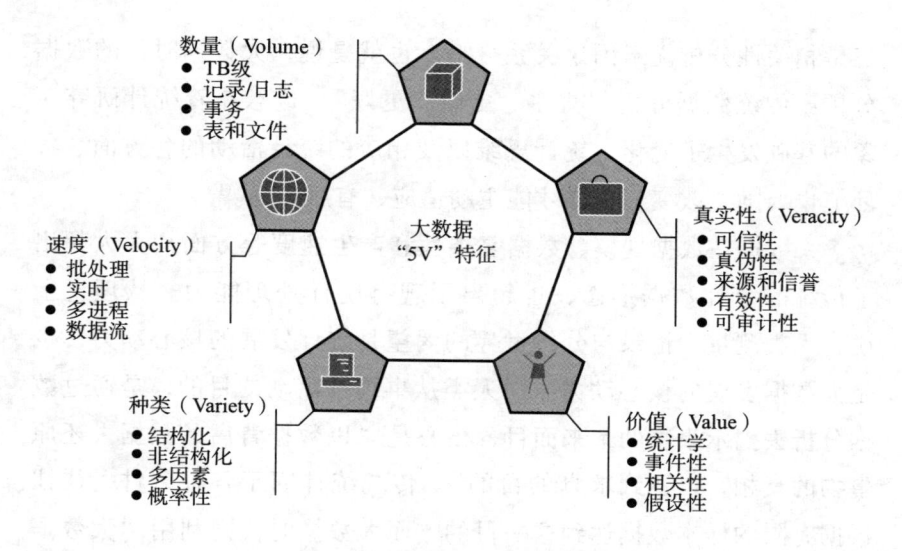

图 1-1 大数据体系架构框架 "5V" 特征

资料来源："5V"特征最初由 IBM 提出，本图参考盛瀚《大数据在金融行业的应用与挑战》，《科技创新导报》2017 年第 25 期。

二 大数据与统计变革

大数据时代是建立在互联网、物联网等现代网络渠道中广泛大量数据资源收集基础上的数据存储、价值提炼、智能处理和展示的信息时代。当今社会，统计发挥着神经系统的作用，是连接社会生产各个环节、各个要素的媒介，对经济活动的开展起着灵敏有效的调节作用。大数据时代的到来，使人类的行为与思维方式悄然发生着变化，这就要求统计工作与统计学进行相应的变革以适应这种变化。

相对于传统的统计数据分析，大数据时代的数据分析至少有三个方面的显著不同：一是处理对象不再是随机样本，而是总体数据；二是对数据混杂性分析的关注度超过对精确性分析的关注度；

三是相关性分析优于因果关系分析。也就是说，大数据时代的数据分析比传统数据分析"更多、更杂、更好"。这意味着统计研究对象的基础发生了变化，统计思维以及相应的统计活动的各方面、各环节也要随之改变，这样才能主动适应、有所作为。①

大数据在数据规模、数据复杂性和产生速度等方面均大大超出了传统的统计数据形态，也超出了现有统计处理能力。从理论上说，人类测量、记录与分析世界的渴望是统计发展的核心动力，也是大数据发展的核心动力。而人类从事统计活动的目的，是通过数据分析去揭示事物的本来面目，核心是"以数据背后的数据去还原事物的真相，以达到求真的目的"。传统统计囿于各种条件，往往根据有限的样本数据达到这一目的，而大数据时代则利用"大数据技术"来实现此目的。这个阶段数据的存在方式、数据的收集、整理与分析方法，与传统统计方式相比明显不同，因此，大数据时代的到来必将诱发巨大的统计变革，将改变我们理解和组织统计信息的方法。

（一）数据存在方式有变化

20 世纪 80 年代后期，互联网概念的兴起、"普适计算"（Ubiquitous Computing）理论的实现以及传感器对信息自动采集、传递和计算成为现实，为数据爆炸式增长提供了平台。进入大数据时代后，数据的产生途径五花八门，数据量呈指数级增长，储存和处理数据不再像过去一样困难，几乎所有的交易信息已经以数字化的形式储存在计算机上，这使得获取全数据变成可能。具体来看，大数据背景下数据存在方式所引发的变化重点表现在以下两个方面。

一是数据承担者身份特征由可识别变得很难追溯。传统统计的数据承担者，是根据特定目的确定的个体，可方便地识别其身份特征，通常在获取数据后可核对个体的身份信息。而大数据来自现代

---

① 闫荣国、刘天信：《大数据时代统计变革与应对之策探析》，《西安文理学院学报》（社会科学版）2015 年第 5 期。

信息技术支撑的网络上一切可记录的信号，它随着相应活动的进行而产生，数据承担者的身份一般很难识别与追溯。

二是数据类型除结构化数据外，还有半结构化数据、非结构化数据及异构数据。传统统计处理的结构化数据有固定的格式、标准、存储容量与范围，有不同的测度层次和相应的运算类型，可以由关系型数据库存储与管理，不同的信息系统使用相同的数据识别方式和统一的数据分类标准，相互间可实现数据共享。现阶段，由一切可记录、可存储、多样化、无标准的电子信息组成的非结构化数据或异构数据，难以由现有常规变量、统计指标与统计图表来体现，也难以由关系型数据库存储与管理。不同信息系统的数据分类标准与识别方式区别就已经很大，更不用说数据间的差异。

（二）数据收集思路有变化

过去，数据的收集方法通常采用以下几种：问卷调查、报表收集、用户访谈、集体讨论等。传统统计的数据收集思路可表述为：先根据统计研究目的确定总体及构成单位，然后依据总体与个体的不同特征，设计相应的统计调查方案，向足够多的个体单位收集基础数据。这种数据收集方式往往投入大但是得到的信息量却很有限，当获得30个及以上样本点信息时就可称为大样本了。它解决问题的思路是首先对研究对象一无所知，然后获得一定量的样本数据来推断研究对象，这种方式被形象地归结为"无中生有，由少到多"。数据量的边界是数据推断精度与数据收集费用支出之间的均衡点，这也是传统统计活动的重点和难点。其基本理论依据是大量观察法——对足够多的个体进行调查，以确保有足够的信息消除或削弱个体偶然性对总体数量特征的影响。这里的"大"是足够多的意思，度量单位是样本点个数，其超过30个或50个就意味着"大"。

在大数据时代，社会信息处于大爆炸的状态，互联网的发展使数据量的级别与复杂性远远高于传统数据，传统的数据收集方式显现出很大的局限性，无法满足新时期的需求。特别是随着各种信息工具的发展，网络演变的数据种类越来越多，网页、图片、视频、录音等各种数据种类庞杂。大数据的多层结构决定了大数据会具有多变的形式和类型，和传统数据相比，大数据存在不规则和模糊不清的特性。传统数据的收集方式（如问卷调查、报表收集等）不再适用，甚至连大数据的处理和分析都无法用传统的应用软件进行。

大数据时代数据的收集思路可表述为：在数据搜集之前，我们已经拥有了超量的、种类繁多的、不同来源的大数据集。需要做的是，面对大量数据，如何甄别数据的真伪，如何确定数据的时间节点，如何提炼出符合研究目的的有用数据，或者说如何把大数据集中的垃圾数据、无用数据以及虚假数据过滤掉，即"从已有数据集中识别、整理、提炼、汲取和存储有用数据的过程"。这一过程的重点和难点是有选择地删除无用数据，获得有用数据，即"有中生用"。大数据的"大"是数据容量大，类型不限量，数据量的边界取决于数据来源与存储容量，与样本容量无关。大数据的"大"，是全体的意思，其计量单位是字节（B）。近30年来，人类使用的数据库容量从KB级迅速跨越MB、GB级，到达TB级甚至PB、ZB级。

（三）数据分析方式有变化

21世纪以来，世界上许多国家开始关注大数据的发展和应用，众多学者专家开始对大数据及其应用相关问题开展深入研究。维克托·迈尔-舍恩伯格（Viktor Mayer-Schönberger）和肯尼斯·库克耶（Kenneth Cukier）所著的《大数据时代：生活、工作与思维的大变革》探讨了大数据对人们生活、工作与思维带来的变革，成为一本风靡全球的畅销书。该书认为，在大数据时代传统的数据分析思想应做三大转变：一是转变抽样思想，在大数据时代，样本就是总体，要分析与某事物相关的所有数据，而不是依靠少量数据样本；二是转变数据测量的思想，要乐于接受数据的纷繁芜杂，不再追求精确的数据；三是我们不再热衷于寻找因果关系，即不再探求难以捉摸的因果关系，转而关注事物的相关关系。毫无疑问，上述三个转变均与统计分析工作息息相关，从统计研究工作角度理解这三个转变会更深刻、更全面，特别是对现行统计理论中数据分析方式将产生明显冲击（朱建平等，2014）。

实际上，大数据下的数据分析，是利用现代信息技术与工具和适当的统计分析方法从剔除噪声的大容量数据中汲取有用信息。具体而言，与传统统计数据分析方式不同，大数据下的数据分析具有如下特征。

第一，大数据使全数据分析成为可能。传统统计学的一个重要思想是从局部分析全体，从样本分析总体，这种分析的科学性、有效性基于大数定律和中心极限定理。进入大数据时代，统计分析的思路面临巨大变革，使得全数据分析（或准全数据分析）成为可能。所谓全数据模式，也就是分析所有相关数据，令样本等于总体的统计模式。大数据分析不用抽样分析这样的捷径，而采用所有数据的方法，能为我们带来更高的精确性，也能让我们看到一些以前样本所无法揭示的细节信息。

第二，分析过程可归结为"定量—定性"两阶段，不再是传统的"定性—定量—再定性"三阶段。传统的统计分析通常被归结为"定性—定量—再定性"的过程，即对分析对象的先验认识（定性），确定合理变量（定量开始），通过构建变量间的统计模型，得到新变量或变量间的关系型式（定量结束），来达到对研究对象更深入或更高层次的定性认识。第一个"定性"是不可或缺的阶段，因为它确定了定量分析的方向与切入点。如果它有错误或有偏差，不仅会导致定量分析毫无用处，而且会使"再定性"成为对"事物真相"的扭曲反映。大数据时代下的数据分析直接面对大量数据，从各种"定量回应"中找出反映研究对象的数量特征与关系，作为决策依据。尽管从表面上看这一由"定量"到"定性"的过程，似乎只是传统统计分析过程的后半部分，但其数据处理量、处理方法可能与传统统计分析截然不同，甚至比传统数据分析更复杂。

第三，分析思路可归结为"发现规律—归纳结论"，而不再是"提出假设—验证假设—做出决策—得到结论"。传统的统计分析思路为：先在定性分析的基础上提出研究假设，然后观察样本信息是否支持该假设，并据此做出决策，进而得出结论。传统分析实质是相关命题是否有样本支持，若有样本支持，那么根据这种方法得出的结论就会给人一种更加可靠的感觉。不过，这种将结论建立在一定概率基础上的决策，却不能避免统计学的两类错误，即"弃真"或"取伪"的"魔咒"。因此，传统统计分析结论的可靠性至少取决于三个因素：样本的好坏、假设的正确与否、数据处理是否得当。大数据时代，我们已经可以对所有数据进行分析，探索变量之间的关系，进而发现数据背后蕴藏的规律，归纳出反映事实真相的结论。这种结论不需要一定的概率保证，原因在于结论正确性与样本和假设无关，而取决于人们分析大数据的技术水平。[1]

第四，分析的逻辑关系可归结为"总体分布—信息汲取—概率判断"，而不再是"样本分布—概率保证—推断总体"。传统的统计推断，是根据样本统计量分布，结合统计模型对总体特征做出具有一定概率保证的估计、检验和预测。而在大数据时代下，数据分析的对象不再是样本数据而是全体数据，对这些数据进行分析就可归纳出总体特征，分析结论不再与样本和保证概率大小相关，从理论上讲，也就没有必要再计较发生"弃真"或"取伪"错误。不仅如此，还可根据总体分布来推算某种情况发生概率的大小，用这个概率进行预测，对未来的把握程度更高。

第五，分析的评价标准需要重新设定，且误差分析与防范的侧重点发生了变化。传统统计分析的两个评价标准——可靠性与有效性，均与样本抽样方法有关。可靠性是指样本正确推断总体特征的概率大小，有效性是指推断总体的样本统计量的标准差大小（精确

---

[1] 闫荣国、刘天信：《大数据时代统计变革与应对之策探析》，《西安文理学院学报》（社会科学版）2015 年第 5 期。

性)。大数据分析的对象为总体数据,我们无须进行抽样,那么以样本为基础的这两个评价标准显然没有存在价值。数据分析结果是否反映了事实真相,数据提供的观察值与真实值的拟合程度(误差)如何度量,都需要我们进一步地研究与设定。传统统计分析中,误差是由抽样误差与非抽样误差组成。非抽样误差在数据量不大的情形下可通过各种方式进行识别,并通过改进数据收集、整理等环节的工作质量加以防范与控制,往往不是传统统计分析的关注重点,传统统计方法关注重点是分析与控制抽样误差。大数据分析中,抽样误差不复存在,与传统"非抽样误差"类似的"误差"成为影响分析结果准确性的重要因素。大数据时代下的超量数据,加上数据结构的混杂性、来源的多样性,使这种误差的识别、控制与防范变得更为重要,也更加困难。

三 大数据与政府统计体系

(一) 政府统计体系

1. 政府统计的内涵

(1) 政府统计的概念

"统计"一词起源已久,其含义在历史上也是不断地发展和演变,20世纪初由日本传入我国。现在一般认为"统计"有三层含义:一是统计工作;二是统计资料(数据);三是统计学。[①] 统计工作,即统计实践,是对经济社会现象或自然现象客观存在的现实数量方面进行收集、整理和分析的活动过程;统计资料即统计信息,以各种数据为主,是统计工作的成果,是用来集中、全面、综合地说明经济社会现象等数量特征的一系列统计资料,是报表、图及文字资料等信息的总称;统计学则是阐述统计的性质、对象、任务和

---

① 王怀伟:《统计学教程》,清华大学出版社2004年版。

理论方法基础，以及如何进行调查、整理、分析统计资料的原理与方法的科学。统计工作、统计资料和统计学相互联系，构成一个有机的整体。①

《中华人民共和国统计法》（以下简称《统计法》）对"政府统计"进行了定义，也称"官方统计"，是指具有国家行政管理职能的政府机关进行的统计，包括政府综合统计和政府部门统计。政府综合统计是指各级政府的各级统计机构所进行的统计；政府部门统计是指各级政府的各部门，根据统计任务的需要所设立的统计机构或在有关机构中设置的统计人员所进行的统计。

《中华人民共和国统计法实施细则》第二条规定："《统计法》所指的统计，是指运用各种统计方法对国民经济和社会发展情况进行统计调查、统计分析，提供统计资料和统计咨询意见，实行统计监督等活动的总称。"此处"统计"阐述的是政府统计的工作职能。政府统计是政府统计理论方法、政府统计工作和政府统计资料的总和，即在政府的主导下，以相应的统计理论方法为指导，通过政府统计组织系统，依托于全社会去收集反映国民经济和社会发展基本情况以及有关专门问题的统计资料，并开展相应的统计分析和咨询服务。②依照我国《统计法》的规定，政府统计工作的作用和职能是"有效地、科学地组织统计工作，保障统计资料的准确性和及时性，发挥统计在了解国情国力、指导国民经济和社会发展中的作用，促进社会主义现代化建设事业的顺利发展"。

政府统计是众多统计活动的一种，就是"国家机构依法运用各种统计手段和方法，对社会发展和国民经济情况进行调查、分析，提供统计资料和统计咨询意见，实行统计监督的活动"。经过几十年的发展，我国初步建立了一套较为完整的政府统计体系，其功能主要是信息、咨询和监督。统计信息功能主要指按照科学的统计方

---

① 周晶晶：《论统计对经济发展的作用》，《经济与社会发展》2004 年第 7 期。
② 李金昌：《浅论政府统计的本质》，《中国统计》2005 年第 12 期。

式方法，根据一套科学的统计指标体系，对社会发展及国民经济运行进行全面的、系统的调查，从而得到反映其发展速度、规模、结构、水平等方面的大量的统计信息。统计咨询功能是指在统计信息功能的基础上，对得到的统计信息进行加工、分析，进而得出反映社会、国民经济发展现状、过程、规律和趋势的统计分析，为用户提供决策支持和咨询。统计监督功能是指对社会、国民经济等方面进行定量的监测，检查决策的正确性以及决策执行过程中出现的偏差，以使有关方面采取相关措施，对决策进行调控和矫正。因其具有独特的内容、性质和作用，它深深地影响着社会与经济的发展，以及人们的生活和生产。[1]

不同于民间统计，政府统计有其独有的特征，概括地说主要是以下四点。

第一，政府统计的实施主体是政府机关。在我国，政府统计的实施主体是各级人民政府统计机构及有关业务主管部门，除少数由法律法规授权的具有公共事务管理职能的组织及统计代理公司，其他任何个人和组织都不得实施政府统计。

第二，政府统计具有严格的法律约束。政府统计必须依法实施，即统计哪些项目、哪些指标、哪些内容，以及如何确定调查对象、调查范围、调查频率及统计实施机关等要依照法定权限和程序实施。

第三，政府统计具有一定的强制性。我国把依法治国纳入基本国策，政府统计也要依法。法律是政府统计强有力的保障，对政府统计的各主体都具有约束力。对政府统计调查者来说，实施政府统计是法律赋予的职责，必须依法履行，否则就是失职。对政府统计调查对象来说，接受政府统计调查是法律规定的义务，必须配合，否则就是违法。

第四，政府统计的结果是一种公共物品。政府统计是依靠政府

---

[1] 中国统计教育学会：《统计法基础知识》，中国财政经济出版社2015年版。

机构行使行政权力来进行的,所以其结果是一种公共物品,除了要依法保密的内容,政府统计的其他结果都应该无偿地提供给政府、企事业单位及社会公众。

(2)政府统计的任务

政府统计机构成立的主要目的是向政府相关部门、公众及企业等对象提供社会发展、国民经济运行等方面的数据资料等,这些数据资料对于人民的生活、企业及国家的发展,对于世界各国之间的相互交流,都是必不可少的。政府统计的任务主要包括三个方面。

第一,对社会发展和国民经济进行统计调查和统计分析。统计调查就是指统计调查者按照统计制度依法向统计调查对象取得统计资料的活动,统计制度包括统计调查对象、统计分类标准、统计调查方法、统计指标体系、统计有效期等。统计调查是统计工作的开端和基础。统计分析就是将收集来的统计资料按照科学的方法和理论进行加工,并展开定量和定性分析,反映各指标的相互联系和揭示事物发展的规律,最终预测其发展的趋势,这本身是一个从现象到本质的认识过程。

第二,提供统计资料和统计咨询意见。统计资料是统计调查的结果,是统计调查得到的反映社会发展和国民经济情况的统计信息的总称,包括统计调查取得的原始统计资料和经过统计分析的统计资料。提供准确、及时、全面的反映社会发展和国民经济状况的统计资料是统计工作的一项经常性的任务。统计咨询意见是利用政府统计部门掌握的统计资源,运用科学的技术手段和统计分析方法,对社会发展和国民经济情况进行综合分析研究,为统计用户的科学决策和管理提供对策建议和咨询意见。

第三,实行统计监督。统计监督是根据统计调查和统计分析从总体上反映社会发展和国民经济运行情况,并对其实行全面系统的检查、监测、预警,以促使社会、经济按照客观规律全面、持续、协调地发展。它在国家宏观调控和监督体系中具有十分重要的作用和地位。①

(3) 政府统计体制

政府统计体制是政府有效行使统计工作行政管理和协调职能的组织保证，也是统计数据为社会服务的制度保证。在联合国《统计组织手册》中，根据政府统计工作在中央统计局和政府有关部门的分工情况，将各国政府统计体制划分为集中型、分散型、集中与分散相结合的混合型。集中型是指政府统计工作主要由国家统计机构承担；分散型是指政府统计工作基本分散在政府有关部委和地方政府之中；混合型是指政府统计工作由国家统计机构、政府有关部委、地方政府统计机构共同承担。

我国政府统计体系包括两大部分：政府综合统计系统和政府部门统计系统。政府综合统计系统由自上而下设置的统计机构或配备的统计人员组成，现行的政府综合统计体制实行"统一领导，分级负责"的管理模式。国家统计局对地方统计局主要负责业务领导，地方政府任命统计局局长时要征求上一级政府统计局的意见。国家统计局最初下设农村社会经济调查总队、城市社会经济调查总队、企业调查总队，对其实行"集中统一、垂直领导"，三支调查总队的全部统计业务及人员编制、干部任免、经费均由国家统计局垂直管理、统一领导。2005年，国家统计局改革调查队管理体制，撤销三支直属调查队，重新组建国家统计局省（区、市）调查总队31个。

政府部门统计系统是政府统计体系的一个重要组成部分，由国务院各政府部门和地方各级人民政府的各政府部门，根据统计任务的需要设立的统计机构或在有关机构中设置的统计人员构成。国家统计局与政府部门统计机构间的关系，体现在业务审批和协调管理上。因此，从政府统计体制的类型上看，我国属于"专业统计分散、地方统计介于集中与分散之间"的混合型政府统计体制。

---

① 中国统计教育学会：《统计法基础知识》，中国财政经济出版社2015年版。

2. 中国政府统计工作的发展

众所周知，在中华人民共和国成立初期，我国无论是国家体制还是经济社会的模式，大都受到苏联模式的影响，政府统计体制也不例外。由于受苏联的影响，在计划经济体制的背景下，中华人民共和国成立后的很长一段时间内我国政府统计主要为党和国家宏观政策服务，基本是在顶层设计的框架下运行的，对于底层大众的需求及反馈基本没有任何关注。同时，学术界的发展也受到多种限制，对政府统计的研究很长一段时间里近乎空白。改革开放以后，国家层面逐渐意识到之前的政府统计模式已经不再符合中国的发展需求，所以无论是学术界还是顶层设计者都开始重视政府统计工作，并对统计体制进行了多方面的改革。学术界对于我国政府统计的研究也日益增多并不断深入，从政府统计体制内部改革到创新统计方法、改进统计数据质量等，都进行了全方位的研究。

回顾历史，我国的政府统计工作是随着中华人民共和国的建立而组建的。中华人民共和国宣布成立之后，中央人民政府政务院（后改名为国务院）财政经济委员会即成立了统计处。1952年8月7日，中央人民政府决定正式成立国家统计局，全面开展我国的政府统计工作。1953年，我国开始进入社会主义建设和社会主义改造时期，为适应国家大规模经济建设的需要，1953年1月政务院为加强各级政府及各业务部门的政府统计工作，决定统一制定全国性的政府统计制度和方法，逐步健全专业统计制度，并开展了第一次全国人口普查。1962年4月4日中共中央、国务院发布了《关于加强统计工作的决定》，1963年国务院颁布了《统计工作试行条例》。《关于加强统计工作的决定》和《统计工作试行条例》的贯彻实施，使政府统计工作获得了很大发展。[①] "文化大革命"期间，政府统计工作也同社会各行各业一样遭遇到挫折，政府统计机构被撤销，政

---

① 国家统计局：《中华人民共和国统计大事记（1949—2009）》，中国统计出版社2009年版。

府统计工作陷入瘫痪。直到1978年3月,国务院才批准恢复了国家统计局,政府统计工作开始重建,并逐渐步入正轨。

党的十一届三中全会以后,统计工作在邓小平同志建设有中国特色社会主义理论的指引下,进入蓬勃发展的新阶段,政府统计机构全面恢复,政府统计力量逐步发展壮大。党的十二大之后,党中央、国务院加强了政府统计现代化建设,开创了政府统计工作的新局面。1983年12月颁布的《统计法》和1984年1月国务院发布的《关于加强统计工作的决定》为政府统计工作指明了发展方向,政府统计工作开始逐步走上法制轨道。20世纪90年代,我国开始实行新国民经济核算体系(SNA)和改革统计调查体系,全国人大常委会对《统计法》进行了修改,明确要求坚决反对和制止统计工作中的弄虚作假,明确了在社会主义市场经济条件下统计改革发展路径和统计活动准则。21世纪,中国经济进入了腾飞的阶段,GDP持续高速增长,中国经济总量超越日本,位列世界第二经济大国,仅次于超级强国——美国。

2010年,时任国务院副总理李克强在上海世博会联合国馆举行的"世界统计日"全球性庆祝活动上强调:统计工作要致力于提供真实可靠完整的统计信息,提高统计的公众认知度和信任度,更好地服务于经济社会发展。[1]党的十八大报告指出:"要深入推进政企分开、政资分开、政事分开、政化分开,建设职能科学、结构优化、廉洁高效、人民满意的服务型政府;同时要为企业发展营造良好宽松的环境。"[2]在2013年全国统计工作会议上,我国首次提出了建设服务型统计,时任国家统计局局长马建堂强调,统计部门必须加快建设面向统计用户、面向统计基层、面向调查对象的现代化服务型统计,利用好现代信息技术,顺应国际统计潮流,推进改革

---

[1] 李克强:《统计工作要提供真实可靠完整的统计信息》,http://www.gov.cn/ldhd/2010-10/20/content_ 1726953.htm。

[2] 党的十八大报告:《坚定不移走中国特色社会主义道路夺取中国特色社会主义新胜利》,http://baike.baidu.com/subview/9566565/9676484.htm。

创新、规范统一、公开透明，不断创新统计服务理念，不断拓展统计范围，不断健全统计指标体系，不断变革统计生产方式，不断改进工作作风，不断推进统计现代化，为提高经济增长质量和效益提供更加扎实的信息支撑，为全面建成小康社会提供更加优质的统计服务。简而言之，建设服务型统计就是要提供公众需要的、真实可靠的公共物品。①

党的十八大以来，我国政府统计工作各项事业发展步伐加快，政府统计在规范化、科学化和法制化等方面取得了长足的进步。2014年12月国务院办公厅转发了国家统计局《关于加强和完善部门统计工作意见的通知》（以下简称《通知》），该《通知》对完善政府部门统计和提高基层数据质量等方面做出详细的指示，为我国建立完善的政府统计体系奠定了基础。

2016年10月11日习近平总书记主持召开的中央全面深化改革领导小组第二十八次会议审议通过了《关于深化统计管理体制改革提高统计数据真实性的意见》（以下简称《意见》）。该《意见》对遵循统计工作规律、完善统计法律法规、健全政绩考核机制等方面做出安排，进一步健全我国统计数据质量控制体系，确保我国统计资料真实、完整、有效。

2017年国家统计局制定了《"十三五"时期统计改革发展规划纲要》（以下简称《纲要》）。该《纲要》提出，大数据、云计算、物联网、地理空间信息技术等现代信息技术日新月异，为统计工作带来了新的机遇和挑战。与新形势新要求相比，现行统计制度方法还存在一些短板。统计标准还不够完备，"三新"统计调查相对薄弱，国民经济核算制度不够统一健全，部门间统计数据共享机制尚不完善，现代信息技术应用相对滞后，统计制度方法设计的整体性、协调性不够，实施机制不够完善。解决这些问题，要求我们全

---

① 马建堂：《国家统计局要求与调查对象建立新型互惠伙伴关系》，http://www.gov.cn/jrzg/2012-12/27/content_ 2300572.htm。

面深化统计改革创新,不断改进统计制度方法,广泛应用现代信息技术,努力构建现代统计调查体系。该《纲要》明确提出,"十三五"时期统计改革发展的总体目标是:形成依靠创新驱动、坚持依法治统、更加公开透明的统计工作格局,逐步实现统计调查的科学规范、统计管理的严谨高效、统计服务的普惠优质,统计运作效率、数据质量和服务水平明显提升,建立适应全面建成小康社会要求的现代统计调查体系,保障统计数据真实、准确、完整、及时,为实现统计现代化打下坚实基础。建立现代统计调查体系的具体目标是:(1)建立领域完整、标准完善、指标健全、方法科学的统计调查体系;(2)建立符合国情、接轨国际、健全规范、科学统一的国民经济核算体系;(3)建立获取直接、手段先进、操作便捷、运行安全的统计数据采集与处理体系;(4)建立内容丰富、真实可靠、方式多样、获取便捷的统计服务体系;(5)建立法律完备、普法深入、执法严格、惩戒有力的统计法治体系;(6)建立体制完善、机制健全、队伍优良、基础扎实的支持保障体系。

2017年10月党的十九大召开,针对政府统计工作,党的十九大报告明确提出要"完善统计体制"。各级统计部门紧紧围绕党的十九大精神和关于"完善统计体制"的明确要求,不断改进各项统计监测调查,健全统计工作监督检查机制,构建深化统计改革创新的长效机制,完善统一领导、分级负责的统计管理体制,为政府统计体系的改革、创新和发展注入了新的动力。

近年来,公众对统计数据的关注程度不断深入,对统计数据需求不断增加,政府统计体系不断完善。经过多年的发展,我国逐步建立了一个相对完整的政府统计体系,其职能主要有:对国民经济和社会发展情况进行统计调查和统计分析,提供统计资料及咨询意见,实行统计监督。与此同时,我国政府统计体制的研究和改革也基本是从这方面展开,正如"中外统计体系比较研究"课题组对世界主要国家政府统计体系进行深入研究后指出,我国政府统计体制存在的主要问题在于:第一,统计工作独立性较差,统计数据容易受到地方政府、部门领导的行政干预;第二,统计法律尚不完善;第三,政府统计机构的设置、管理方式尚不科学,责、权、利不很清楚,系统运行效率比较低;第四,统计工作计划管理薄弱,管理的透明度与公开性不够。①

3. 政府统计工作的特点

(1) 政府统计工作体系庞大

中华人民共和国成立后,我国政府统计工作经过60多年的发展实践,形成了政府综合统计(见图1-2)与政府部门统计两大系统。

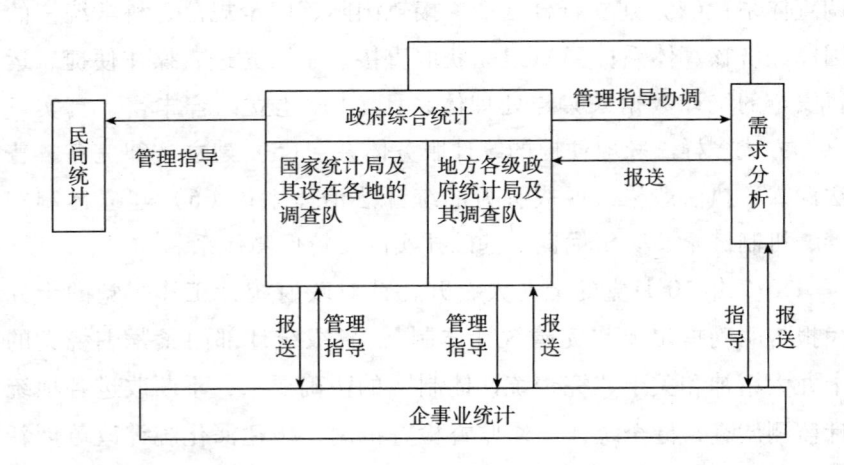

图 1-2 政府综合统计管理体制

资料来源:龚守栋:《政府统计管理实务》,中国统计出版社2012年版。

政府综合统计机构是指国务院设立的政府统计职能部门和地方各级人民政府统计机构,包括国务院设立的国家统计局和县以上地方各级人民政府设立的统计局、统计委员会或统计处、统计科、统计部等,这些机构都是政府组成部门。

---

① "中外统计体系比较研究"课题组:《中外政府统计体制比较研究》,《统计研究》2001年第3期。

政府部门统计机构是指国务院和地方各级人民政府各业务主管部门,根据国家和部门统计任务的需要而专门设置的统计职能机构。不设统计机构的部门在有关机构中设置统计人员,并指定统计负责人。[①] 目前,我国主要有三种统计机构类型:第一种是实施垂直管理的政府部门统计,这些部门有良好的统计工作基础作为保障,有自身鲜明的行业垂直管理系统和基层单位基础,如工商、国地税(目前合并为国税)、金融、海关、民航等部门机构;第二种是行使地方管理职能的统计机构,在这些部门中多数统计职能依附本部门的行政职能开展,如发改委、财政局、公安局、民政局、卫生局、环保局、教育局、体育局等;第三种是新兴行业、部门或机构的统计,如新兴的开发园区和软件园区等管理机构的政府部门统计,随着科技、信息、旅游和文化等新兴行业的发展也逐渐兴起。

(2) 政府统计工作覆盖范围面广且量大

随着政府统计工作职能越来越重要,政府统计工作在过去几十年的变革中不断发展壮大,目前政府统计工作已覆盖到了我国国民经济中20个门类、96个大类、432个中类和1094个小类的绝大部分行业,负责对我国主要经济社会统计指标的数据收集、整理、测算、分析和发布工作,包括国内生产总值(GDP)、消费者价格指数(CPI)、投资、消费、出口等一系列重要指标(见表1-1)。随着政府统计基础工作的不断延伸,政府统计工作已经触及了各乡镇、街道、村和社区,使数据的收集渠道更加宽阔和科学。同时,政府统计还要负责收集几乎全行业、全领域的数据,并开展专题分析、趋势分析和数据解读,形成研究分析报告及时上报,为政府决策提供必要的依据和基础,因此政府统计的工作量是十分惊人的。

---

① 引自《中华人民共和国统计法》,2009年。

表1-1　　　　　　　国家统计局主要统计调查指标

领域	主要统计调查指标
国民经济核算	国民生产总值（GNP）、国内生产总值（GDP）、总产出、中间投入、增加值、最终消费、资本形成总额、劳动者报酬、生产税净额、营业盈余、货物和服务净出口等
农业	农林牧渔业总产值，粮食产量，油料产量，水产品产量，猪、牛、羊肉产量，期初（末）畜禽存栏头（只）数，耕地面积等
工业	工业总产值、工业增加值、工业销售产值、生产量、销售量、库存量、实收资本、资产合计、负债合计、所有者权益等
能源	能源购进量、购进金额、能源消费量、工业生产能源消费、非工业能源消费、能源加工、转换收入、能源库存量等
建筑业	建筑业总产值、建筑业增加值、房屋建筑施工面积、竣工面积、机械设备年末总台数、工程结算收入、工程计算利润、企业总收入等
批发零售住宿餐饮业	社会消费品零售总额、商品购进额、商品批发额、零售额、期末商品库存、消费品市场成交额等
劳动	单位数、单位从业人员、在岗职工、其他从业人员、在岗职工工资总额、年末人数、平均工资等
价格	居民消费价格指数及分类指数、工业生产者购进价格指数等
人口	总人口、出生人口、死亡人口、受教育程度、婚姻状况、生育状况等

资料来源：林陈琪：《大数据在政府统计中的应用探究》，硕士学位论文，福州大学，2014年。

（3）政府统计工作的应用价值巨大

当前，我国政府统计基本建立起与社会主义现代化建设相适应、充分借鉴国际统计准则、能够满足经济社会发展需要的现代统计体系，包括完整的统计法律制度、相对高效的统计组织体系、相对科学适用的统计调查体系、技术含量较高的统计生产方式、相对优质高效的统计服务体系等。随着改革开放的深入，我国与国际统计界也建立起了密切交流与合作的良好机制。

统计数据已成为国家重要的战略资源，政府统计在促进经济社会发展中的作用日益明显。这一方面由于政府统计工作的成果大量服务于各级政府部门，可以帮助各级政府部门摸清家底，了解实情，查找问题所在，并针对这些问题制定相应的措施。在当今中国的市场经济发展中，政府扮演了不可或缺的角色，如果政府的决策准确、到位，对该地区经济社会的发展和民生水平的提高将起到决定性作用。另一方面在相关的重大考核评比中都要使用政府统计数据。现阶段，国际和国内有关评价机构以及国家、省、市对各自的评价和考核所使用的指标体系当中，所用标准大多来自政府统计的相关数据和资料，甚至在某些指标体系的设立当中，政府统计部门就是牵头部门。此外，在重大的国情国力调查、重点调查、抽样调查以及地区经济和社会发展情况的实时监测和评估等方面，政府统计工作所拥有的资源以及开发数据所形成的资料和成果，对于各个行业的应用价值都是巨大的。

（二）大数据与政府统计：应用与实践

1. 大数据与传统政府统计数据的区别

大数据与传统的政府统计数据相比，二者在实践操作中存在诸多差异，将其主要技术区别归纳如表1-2所示。

表1-2　　　　大数据与传统政府统计数据主要技术区别

区别	政府统计数据	大数据
数据来源	统计调查、生产活动单位报表	行业、产业的业务聚集
结构形式	结构式（以数字、图表为主）	结构式、半结构式和非结构式
计量单位	一般在GB、TB以内	可能超过PB、EB、ZB
计算处理	PC机与专业机房的结合	物联网、云计算等技术
数据分类	定性、定量数据等结构化数据为主	样本训练、规则匹配、样本规则混合等多样性、复杂性
数据属性	数值属性为主	数值属性、物理属性
数据价值	数据的基本描述	数据属性的洞察及预判、挖掘技术深度拓展及应用
数据安全	具备法律保护	风险性相对较大，无明确法律保护

资料来源：郭秦川：《官方统计与大数据对比分析》，《调研世界》2013年第8期。

（1）政府统计数据来源是主动获取，大数据则为被动获取

传统政府统计多采用抽样调查、普查、通过走访或报表上报等形式来收集数据，然后再将数据整合、汇总。政府主动获取数据，自上而下布置工作任务，自下而上收集数据信息。而在大数据时代，数据是源源不断自动产生的，如网络浏览记录、社交平台的信息发布情况、手机的定位信息、银行卡的使用记录、电子支付消费信息、监控视频资料等，并且大数据的获取往往是被动的，很多都是由机器自动记录产生的。

（2）大数据类型多样，政府统计数据形式较统一

由于大数据的来源广泛，数据处理技术更加先进，数据类型可包括文本、图片、音频、视频、定位信息等多种半结构化和非结构化的数据资料。但形式多样，也使得大数据统计得到的信息资料十分繁杂，在其中混杂了很多无用信息，需要进行较为复杂的数据清洗和整理。而政府统计数据大多是通过走访采集、各部门填写报表统一上报等形式获取的，需要通过国务院和政府主管部门的审批，报表的格式和内容相对统一，数据的汇总整合过程操作简便，因此，政府统计的数据是相对明确可用的。

（3）大数据与政府统计数据相比体量巨大

大数据的体量可以包括三层含义：第一是指数量，基于可通过机器自动获取和产生时效快等原因，大数据的数量巨大，而政府统计数据的内容就相对有限，数量较小；第二是指从时间角度进行理解，官方数据的收集需要通过主体形式，产生时间间隔较长，而大数据的获取具有时效性且渠道广泛，数据的产生可以说是瞬间型的；第三是指数据的增长趋势，传统政府统计数据的增长幅度是定量限制的，一般都是根据政府各部门的要求来实施统计调查，但目前大数据的增长速度是需要以指数级来衡量的，呈现爆炸式增长。

（4）大数据风险性较高且暂无明确法律保护

在我国，《统计法》等相关规章制度对政府统计得到的信息资料规定明确的保护条例，避免信息泄露等情况，数据安全性较高，

风险性相对较小。而在大数据时代，大数据呈现爆发式增长的趋势，相关的法律政策还未出台，数据安全法律保护问题还很突出，缺乏相应的约束机制，目前大数据的风险性较高。

2. 国际官方统计：大数据的应用与实践

从国外来看，进入 21 世纪之后，官方统计的领域已经从人口、领土、生命、经济等方面逐渐扩展，统计范畴几乎已经覆盖了社会生活的所有领域，统计数据被广泛地应用于研究社会和自然界的各个方面，统计由简单的记述统计不断向推断统计方向发展。政府统计工作不再是单纯地收集数据和简单地加工整理及分析，更多的是要对未发生的事件进行预测，为政府决策提供强有力的依据和参考。

随着电子信息技术的飞速发展和大数据时代的到来，大数据发展战略得到世界各国的高度重视，联合国秘书长执行办公室在 2009 年正式发起"全球脉动"倡议项目，旨在推动数字数据快速收集和分析方式的创新。2012 年 5 月 29 日，联合国"全球脉动"计划发布由资深经济学专家艾玛纽尔·勒图牵头撰写的《大数据开发：机遇与挑战》报告。"全球脉动"这项由联合国新发起的行动计划，希望大数据能够推动全球的发展，用自然语言破译软件对社交网络中的消息以及短信进行所谓的情绪分析，以帮助预测特定地区失业、开支缩减或公共疾病暴发的情况，目的是使用数字化的预警信号来预先指导援助计划。

美国作为创新技术的领跑者和大数据概念的发源地，其大数据技术的发展一直走在全球前列。在开放数据、创新驱动和技术研发支持下，美国大数据的研究和应用发展迅速。2012 年初，美国敏锐地发现了当前世界的发展已经进入大数据时代。2013 年 5 月，奥巴马政府更是宣布了"大数据的研究和发展计划"，提出"通过提高我们从大型复杂数字数据之中集中提取知识和观点的能力，承诺加快在科学和工程中的步伐，加强国家安全，并且改变教学研究"。在这份计划里面，美国希望未来利用大数据技术在多个领域实现突破，如国土安全、科研教学、工程技术、生物医药、环境保护等领域。具体的研发计划涉及了美国6个联邦部门和机构，分别是国家科学基金会、国防部高级研究局、国防部、国家卫生研究院、地质勘探局、能源部。此外，伯克利加州大学、迪肯大学等大学也纷纷开设了研究大数据的相关课程，同时，斯坦福大学开设了诸如机器学习等方面的全新课程，目的是培养下一代大数据科学家。因此，美国不仅是全球首个将大数据概念从商业行为上升为国家意志和国家战略的国家，同时也是大数据科学家与面向未来的大数据人才储备计划启动最早的国家。

英国也是大数据的积极拥抱者，对大数据的追捧程度不逊于美国。英国紧随美国开始抢占"数据革命"的先机，无论是政府、研究机构，还是企业，都已经展开行动。2011年11月，英国政府发布了对公开数据进行研究的国家战略政策，英国时任内阁部长弗朗西斯·莫德表示，英国不仅要成为世界首个完全公布政府数据的国家，还应该去探索公开数据在商业创新和刺激经济增长方面的巨大潜力，英国政府早有意带头建立"英国数据银行"，政府想算清楚究竟一个国家或政府创造了什么。2013年1月，英国商业、创新与技术部宣布斥资6亿英镑发展八类高新技术，这其中31.5%的经费（约1.89亿英镑）用来发展大数据技术和进行大数据相关的研究。但英国财政研究所表示，英国的经济紧缩状况预计会持续到2018年，此时英国政府正面临增加税收或减少开支的窘境，在这种情况下仍斥巨资支持大数据技术的发展，可见英国政府对大数据发展的支持态度绝非一般。此外，负责科技事务的国务大臣戴维·威利茨表示，英国政府未来将在计算基础设施方面投入大量资金，加强数据的采集和分析。同年8月12日，英国政府发布的《英国农业技术战略》（以下简称《战略》）明确指出，英国今后对农业技术的投资将集中在农业大数据方面，英国技术战略委员会将负责协助战略的实施，目标是要将英国的农业科技进一步商业化。在该《战略》指导下成立的第一家"农业技术创新中心"的研究焦点也将投向大数据，致力于将英国打造成农业信息学的世界级强国。英国商业、创新与技术部作为此战略的制定者，强调了关于政府部门与其相关项目的大数据和 IT 技术的重要性。

在政府统计的大数据源方面，数据源可以区分为基于调查设计的统计机构内部数据源和统计机构以外生成的外部数据源。其中，外部数据源由于脱离统计机构的"设计"，可视为大数据源。根据联合国统计署大数据工作组 2013 年对相关数据的初步分类，统计生产工作潜在可利用的大数据源包括人类信息、传统业务系统、网络和机器生成数据等。具体数据类型及编码如表 1-3 所示。

表 1-3　　　　　政府统计大数据源分类及编码

1. 人类信息源	1100. 社交网络，1200. 博客与评论，1300. 个人文档，1400. 照片，1500. 视频，1600. 搜索引擎，1700. 移动通信数据—短信息，1800. 地图信息（用户生成），1900. 电子邮件	—
2. 传统业务系统	21. 公共机构数据	2110. 医疗记录
	22. 商业机构数据	2210. 商业交易记录，2220. 银行/股票交易记录，2230. 电子商务，2240. 信用卡记录
3. 物联网、机器生成数据	31. 传感器数据	311. 固定传感器：3111. 家庭自动化设备，3112. 气象、污染传感，3113. 交通传感、摄像网络，3114. 科学传感；312. 移动传感：3121. 移动电话定位，3122. 汽车传感，3123. 卫星图像
	32. 计算机系统数据	3210. 计算机日志，3220. 网络日志

资料来源：漆威、黄恒君：《大数据在政府统计中的角色定位及应用路径探讨》，《调研世界》2016 年第 4 期。

对以上大数据源进行分析,"人类数据源"主要属于半结构化数据和非结构化数据;"传统业务系统"属于结构化数据,相当于传统统计中的行政记录;"物联网、机器生成数据"中的"传感器数据",传回的数据除少部分为图像数据外,大多为数值型的结构化数据,且该类数据的密集化程度较高。"计算机系统数据"是非结构化数据,以文本信息形式为主。这些大数据均来源于统计机构外部,从其形式上看,可应用于政府统计的大数据数量多,且大数据之"大"还蕴含了综合、广泛、繁杂之意。

3. 我国政府统计工作与大数据结合现状

统计部门与大数据有天然的亲近感,统计的本质之一就是收集、整理、分析、应用数据。大数据给中国政府统计带来了巨大的发展机遇(郑京平等,2012)。近年来,统计部门勇当政府机构大数据开发利用的"排头兵",按照"总体设计、牵头攻关、先易后难、专业突破"的核心应用思路,稳步推进大数据在政府统计中的研究与应用。我国政府已经逐步认识到大数据对政府决策、管理等工作的巨大作用,因此将各类大数据的统计、分类、管理、预测分析等工作也陆续纳入工作改革的重要内容,以期高效利用大数据平台的技术优势。

2015年8月31日国务院发布关于印发《促进大数据发展行动纲要》的通知,明确提出要打造精准治理、多方协作的政府统计新模式,发挥大数据优势,提升政府治理能力,通过部门数据的高效采集、有效整合、深化应用政府数据和社会数据,提升我国各级政府决策和防范风险的水平,提高决策和治理的精准性和有效性,形成全国跨部门数据资源共享和共用的格局。2015年10月26日党的十八届五中全会提出实施网络强国战略,强调要开发应用好大数据这一基础战略资源,优化政府监督和管理服务,提升社会综合治理水平。可见,我国已经从政策方面确立了基于大数据的政府统计工作的明确指导方向。2017年12月8日中共中央政治局就实施国家大数据战略进行第二次集体学习,中共中央总书记习近平在主持学习时强调，大数据发展日新月异，我们应该审时度势、精心谋划、超前布局、力争主动，深入了解大数据发展现状和趋势及其对经济社会发展的影响，分析我国大数据发展取得的成绩和存在的问题，推动实施国家大数据战略，加快完善数字基础设施，推进数据资源整合和开放共享，保障数据安全，加快建设数字中国，更好地服务我国经济社会发展和人民生活改善。

据不完全统计，从2014年至今我国与大数据相关的国家政策规定已达63项。其中国家大数据发展顶层设计1项，国家层面顶层规划4项，重点行业领域发展应用31项，重点工作推进25项，重点区域发展2项。大数据战略已上升为国家战略高度，各部委从战略规划、技术能力提升、应用与管理三个层面都在积极落实推进大数据发展政策（见表1-4）。

表1-4　　　　　　　　部分部委大数据政策一览

时间	部门	政策名称
2015年3月	国务院	《关于积极推进"互联网+"行动的指导意见》
2015年3月	国务院办公厅	《关于创新投资管理方式建立协同监管机制的若干意见》
2015年7月	国务院办公厅	《关于运用大数据加强对市场主体服务和监管的若干意见》
2015年8月	国务院	《促进大数据发展行动纲要》
2015年11月	中共中央	《关于制定国民经济和社会发展第十三个五年规划的建议》
2016年1月	国家发改委办公厅	《关于组织实施促进大数据发展重大工程的通知》
2016年3月	环保部	《生态环境大数据建设总体方案》
2016年5月	中共中央、国务院	《国家创新驱动发展战略纲要》
2016年6月	国务院办公厅	《关于促进和规范健康医疗大数据应用发展的指导意见》
2016年7月	国务院	《关于印发"十三五"国家科技创新规划的通知》
2016年7月	中共中央办公厅、国务院办公厅	《国家信息化发展战略纲要》
2016年7月	国土资源部办公厅	《关于印发促进国土资源大数据应用发展的实施意见》
2016年9月	交通运输部办公厅	《关于推进交通运输行业数据资源开发共享的实施意见》
2016年12月	工信部	《大数据产业发展规划（2016—2020年）》

大数据时代，中国有望以独特的优势，如数据资源和社会需求的规模庞大，带动和建设技术领先全球的大数据网络。技术领先的大数据网络，又能进一步促进我国数据资源不断丰富、社会需求不断扩张，从而进入良性的技术、经济大循环，推动我国社会、经济、国防、科技不断地进步。实践上，目前我国政府统计部门已经开展了大数据的应用与试点，主要包括以下五个方面。

（1）与大数据企业开展深入合作

2013年11月，国家统计局与阿里巴巴、百度等11家大数据型企业签署了战略合作框架协议，使大数据在政府统计中的应用迈出了实质性的一步。这11家企业也成为我国第一批"国家统计局大数据合作平台企业"，其任务是与国家统计局共同研究建立大数据应用的统计标准，进行数据的完善工作，补充政府统计数据的内容、形式及实施步骤，在数据采集、处理、分析、挖掘、发布等一系列环节进行改革。随后，国家统计局于2014年9月与腾讯等6家企业签署了大数据战略合作框架协议，并与这些企业就舆情监测、房价统计等领域开展实质性合作，进一步提升了政企合作的深度和广度。合作双方将本着"优势互补、互利双赢、数据导向、逐步递进"的宗旨和原则，深入开展持久的战略合作关系，可以说，这使大数据在政府统计工作的实际应用中迈出了实质性的一步。

（2）在专业领域积极开展大数据应用试点

在价格统计和贸易统计方面，国家统计局广泛采集互联网上的信息，包括电商交易记录、相关价格信息等，对调查样本进行补充和完善。同时，政府主管部门制定了建立大型零售企业和电商企业向政府统计部门提供完整电子化交易记录的统计制度，并于2014年上半年首次发布了限额以上单位网上零售额数据。此外，其他专业统计领域也逐步开展大数据应用试点，如在交通运输统计中，应用射频传感器技术，对货车通过量进行流量统计，并进行货运量及经济活动景气状况分析监测；在房地产统计中，利用网签的海量数据完善房价和交易量统计；在农业统计中，利用海量遥感数据测量主要粮食作物产量等。

(3) 在科技手段和调查方式上不断变革

近些年来，国家统计局在大型的统计调查中不断推进大数据概念的应用。在2014年全国第三次经济普查中，就开始使用了手持电子终端（PDA）等先进的技术设备和遥感、全球定位系统等信息技术，替代了传统调查方式中的纸质表式入户调查，通过拍照、定位的形式，将信息的录入、登记、处理及汇总等多种功能集为一体。利用大数据技术手段可以实时监测和管理大型普查数据，数据的采集、传输及汇总更加方便快捷，所花费的成本会大大降低，并确保普查数据可以更加准确，普查结果的整理、存储和发布过程也更加迅速。

(4) 加大对政府机关电子化行政记录的应用

长期以来，我国政府统计部门与公安、税务、工商、民政、财政、质检、监测等部门具有长期良好的合作基础，在基本单位的名录库建设等方面不断协作配合，努力实现政府统计信息和电子化行政记录的共享，大数据条件下通过部门之间的数据、信息共享可以有效地改进政府统计的数据质量。例如，在统计居民收入、劳动工资时，可根据对银行、税务部门所提供行政记录的分析，评价和估计居民工资、收入、家庭资产等数据，通过分析相关联的行政记录，可以创造出更多新的政府统计应用途径和载体。

(5) 利用大数据进行分析预测

近年来，大数据预测逐渐进入人们的视野，在经济管理与分析中开始得以广泛应用，如对失业率、通货膨胀率等宏观指标和股票价格等金融指标的预测。目前，大数据预测已经对传统的经济学预测产生了巨大的冲击，在实践领域，预测被认为是体现大数据价值的重要方面。2016年3月发布的《国民经济和社会发展第十三个五年规划纲要》提出，要使用大数据技术加强经济监测、预测和预警，从而完善经济政策的决策机制。大数据预测的程序如图1-3所示。

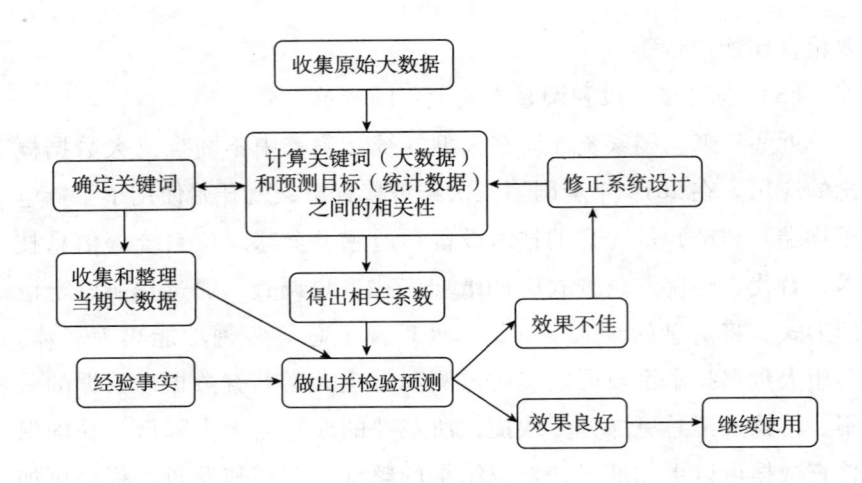

图 1 - 3　大数据预测的程序

资料来源：汪毅霖：《大数据预测与大数据时代的经济学预测》，《学术界》2016 年第 11 期。

国外学者利用大数据进行经济分析与预测的工作开展较早，目前已经取得了相当丰富的成果。从研究对象上看，国外大数据研究主要关注失业、劳动力市场及房地产市场状况等领域。[1] 国内的大数据预测研究也在很多应用领域取得了相当明显的进展，如宏观领域的经济增长（GDP）趋势波动预测和通货膨胀预测，以及微观领域的金融资产定价和企业代理成本等。[2] 进行大数据预测时，互联网通常是国内外学者最重要的数据来源。[3]

大数据预测以"数据"为标志，力求让数据自己说话而非数据为理论服务。与传统经济预测相比，大数据预测有以下的特点：首先，大数据预测在数据时效性上具有"现时预测"的特点，在为政

---

[1] Choi Hyunyoung and Hal Varian, Predicting Initial Claim for Unemployment Benefits, Working Paper, 2009.

[2] 刘涛雄、徐晓飞：《互联网搜索行为能帮助我们预测宏观经济吗？》，《经济研究》2015 年第 12 期。

[3] Lazer, David, RyanKennedy, Gary King and Alessandro Vespignani, The Parable of Google Flu：Traps in Big Data Analysis. Science, 2014, Vol. 343, No. 6176, pp. 1203 - 1205.

策调整提供依据的时效性方面有很大优势；其次，大数据预测在数据的统计特征上属于"全数据"，数据集可以为与研究问题相关的总体样本数据（如全体的互联网搜索行为数据）而非小样本数据，可以避免抽样过程中的信息丢失；最后，大数据预测在数据来源上更为丰富，可以利用很多之前未被使用过的数据，例如，数据采集技术的进步使得我们可以使用谷歌（Google）或百度的互联网搜索行为、微博的文本信息等新型数据。但是，大数据预测在数据品质上的"优势"是否可转化为实践领域更好的预测力呢？从现实的角度来看，是各有优势的。近年大数据预测有很多具体的成功案例，不过，也有很多失败的例子。公平地说，传统经济学预测的准确性并没有人们印象中的那么差，大数据预测的效果也没有人们希望的那样好。

对大数据预测进行方法论视角下的反思，大数据预测也存在一些缺陷。

首先，大数据预测所基于的归纳逻辑本身存在不足。大数据预测的关键步骤是要运用过往的数据计算变量之间的相关系数。从科学哲学的角度看，相关系数的计算基于的是典型的归纳逻辑（从大量的特殊到一般），从而必然无法避免所谓的"归纳问题"。

其次，即使大数据预测基于"全数据"，也需要克服数据的误差。一是在样本来源方面，大数据的来源，如百度搜索行为数据、新浪微博数据等都只是自我选择得到的数据（只包括了经常上网和使用智能手机的人，甚至需是平时更愿意使用百度而不是谷歌的人），并不具有同随机抽样所获得的小样本一样的代表性。二是在噪声问题方面，大数据时代，数据总量以几何级数增长，但增加的并不都是有用数据——噪声要比有用数据增长得快（如网络水军的"刷单""刷好评"和"灌票"就会造成数据噪声）。所以，数据量大并不一定有效信息多，噪声会起到破坏作用，使计量方程产生错误的拟合。

再次，大数据预测在技术上并非纯粹从数据出发，而是含有一定的先验主观性。大数据分析主张让数据自己发声,但大数据预测的程序中的两个关键节点——确定关键词和计算相关性——都具有很强的主观性。于是,大数据预测不仅要克服数据误差或数据的不确定性,也需要解决模型设定的不确定性。

最后,在预测中不关注因果关系其实是一柄双刃剑,不考虑因果性意味着大数据的应用可以不受理论的先验限制,但同时也降低了大数据模型的预测可靠性和实践可行性。通俗来讲,就是现在所采用的逻辑归纳是基于以往我们假定的因果关系,但是大数据中可能会存在与现在不同甚至相反的因果关系,这样会掩盖真实的信息。

不仅在我国,甚至全世界,大数据在政府决策方面的应用将越来越受重视,也将发挥越来越大的作用。但是忽略历史数据,不进行科学的评估预测是各项事业发展的阻碍,只有科学地、客观地利用好大数据中的各类信息,才能够更高效、更准确地进行各项工作的政府决策。所以,在未来的政府统计工作中,我们应当不断探寻更好的统计分析方法,将传统经济学预测和大数据预测相互结合,不断完善。大数据预测为我们打开了另一扇看世界的新窗口,而两种预测方法的互补将令我们看得更清晰、更深远。

四 大数据时代:政府统计的机遇与挑战

随着大数据的发展和完善,以及统计机构开发应用大数据技术的逐步成熟,政府统计也将随之发生革命性变化。首先,大数据将使政府统计体系中的统计调查方法产生重大变革。我国目前已经形成了以周期性普查为基础、抽样调查为主体,综合运用全面调查、重点调查等方法,并充分利用行政记录等资料的统计调查方法体系。虽然较长一段时间内这些方法仍将在政府统计部门中广泛使用,但随着大数据的不断发展,今后部分领域或某些方面的大数据将可能会取代抽样调查、普查和全面调查方法,成为获取统计数的重要手段。其次，大数据会对统计数据采集方式产生深远影响。长期以来，政府统计机构主要以企业填报、住户记账、调查员入户等方式采集原始数据，未来可能一部分原始数据将通过挖掘大数据的方式获取，而且这种新的数据采集方式将会变得越来越重要。与此同时，政府统计的数据处理模式也将发生重大变化。大数据技术的更新提升，会使现行的对普查和全面调查数据进行直接审核、汇总、加工处理和对以抽样调查数据进行推算的数据处理模式更加完善。

总之，大数据时代的到来，对于政府统计体系的影响有利有弊。政府统计机构开发应用大数据能力的不断提升可以丰富政府统计产品的种类，提升政府统计数据的质量和时效性，从而不断提高政府统计服务宏观管理和社会公众的能力。但与此同时，大数据也对统计部门提出了新的要求，无论是数据收集技术还是数据加工能力甚至数据存储能力，都将对传统政府统计的理念和统计能力带来一定的挑战。

（一）大数据背景下政府统计的机遇

大数据对传统统计技术的冲击巨大，但大数据也是一把"双刃剑"，对于统计业务的再造、数据的采集和数据质量的提高都有帮助。尽管短期内大数据离现实的世界或许还有一段距离，无法全面颠覆传统统计，但其带来的革命性冲击已经波及现行的统计制度。传统政府统计应当借助大数据所带来的有利条件，主动顺应数据社会化的趋势，加快推进自身统计体系的改革。

1. 大数据能提高政府统计工作的效率

大数据将为统计调查提供丰富的海量原始数据，极大地拓展统计调查的空间与范围，并且可以提高统计数据的真实性、准确性、完整性和及时性。丰富的数据来源加上高科技搜集技术，大数据可以极大地缩短数据生产时间、减少报表填报、减轻调查负担。

（1）大数据能有效降低统计调查成本

一项统计调查从方案制定、问卷设计、组织实施、数据处理到数据发布，每个环节都要投入大量人力、财力和物力。如果能够有效地利用行政记录或商业记录等数据，将其作为统计调查数据的重要来源，那么在精减统计调查项目的同时，还能够继续得到满足统计需要的数据资料，这无疑将降低统计调查成本。

（2）大数据能使数据采集更智能化

传统统计是通过结构化的报表和统一的计量方式将被调查对象的行为数据转化为可用的数据，这其中需要被调查者的参与，包括企业向统计部门填报数据、家庭日记账等。此方法容易出问题的是，太过于依赖统计调查对象的调查态度，一旦调查对象不予配合，或者采用虚报、瞒报、乱报的方式消极配合，统计数据的质量是难以控制的，并且矫正这些调查误差的成本很高。

在大数据时代，数据来源于信息技术记录下的原始数据，这些数据的参与仅仅依赖于测量方法（如GPS定位测量、超市收银管理系统、ETC电子收费系统），而不需要调查对象长期、认真的配合，数据的获得更加客观公正。并且，一旦测量技术成熟，在大量数据的传输中既可以确保个人数据的安全性，还可以确保数据的真实性，想要篡改数据变得非常困难且成本很高，这样统计数据质量将会大大提高。互联网、物联网、云计算等技术的成熟和得以广泛应用，将会大大提高数据采集的智能化水平，这种智能化的数据采集方式是传统统计调查难以相比的。

（3）大数据能提高统计数据的及时性

大数据能够缩短统计数据生产周期，大数据突出的特点之一就是数据产生的频率高，而且传播的速度快。比如，在网络销售领域，互联网实际上已经成为获取价格信息最丰富的来源。在线零售商（如亚马逊）和电子商务公司（如阿里巴巴、京东等）每天都在产生和发布数以百万计的商品和服务交易价格信息。这些信息的数量之大和频率之高是政府统计调查无法比拟的，并且具有较高的开发和利用价值，科学地使用这些信息能够缩短统计数据生产的周期，弥补统计调查在及时性方面的不足。

2. 大数据能推动政府统计信息化建设进程加快

政府统计与信息化有着天然的联系，统计现代化离不开统计信息化。统计信息化的关键不只是信息技术在统计工作中的推广和应用，也不只是简单地将统计现有职能和业务流程电子化或网络化，而是要与统计生产方式的重大变革相伴相融，促进统计能力、统计数据质量和政府统计公信力的提高，实现统计现代化。在大数据时代，充分利用现代信息技术、全面实现统计信息化既是统计现代化无法替代的重要内容，更是必由之路。随着云计算、移动互联和大数据技术的兴起，信息化和信息技术已经融入人类社会的方方面面，并且在不断改变着我们的生产生活方式，这种改变是潜移默化的，同时这也为我国统计信息化的发展提供了便利条件。大数据时代下，要求统计机构的各项工作更要坚持走专业化道路，统计制度设计部门也要研究数据获取来源、可信度、成本等项目，按照用户的需求设置指标；数据采集部门的任务则是要开拓更多可用有效的数据来源，并对数据流进行实时监测，保证数据流的通畅和清洁；数据分析部门则通过专业化的分析手段进行科学分析，并由专业化的营销部门将数据产品传递给社会用户。只有按照统计数据生产流程设定相对应的机构，并进行网络化管理才能保证数据生产的科学性。目前，按专业、部门条块分割的方式会造成大量数据的交叉重叠，方法制度不统一，数据质量良莠不齐，这一机构设置模式亟待优化。

驾驭大数据需要过硬的软件和硬件技术，这对政府统计信息化建设提出了更高要求。政府统计的统计理念和统计流程也将随之进行大变革，在推动大数据信息平台建设的同时，还要推动提高数据挖掘分析能力的技术、工具和方法的深刻变革。推行的"联网直报"等四大工程[①]也显示出网络技术对人工的替代将导致地方统计机构职能做出调整，由以前的催报、加工汇总、审核等职能转化为

---

① 统计四大工程是指调查单位名录库、企业一套表制度、数据采集软件系统和联网直报系统。

质量控制，而其他职能均可由技术实现。大数据将推动政府统计信息化建设的进程不断加快。

3. 大数据能改善政府统计数据的质量

政府统计的很多数据是通过抽样调查取得的，由于经费等条件制约，数据的精确度和覆盖范围有限，有时还要面对"拒绝回答"等特殊情况。而在大数据时代，统计系统可以获取更全面、更及时、更翔实的数据信息，通过物联网和互联网设备自动记录数据，这种自动化进程将会降低数据出错的概率。同时，利用好大数据也将为传统的统计指标数据提供更多的验证和补充，在一定程度上可以改善政府统计的数据质量。如2011年1月国家统计局正式实施《房地产价格统计报表制度》，规定新建住宅销售价格直接采用当地房地产管理部门的网签数据，不再另行调查。从实际运行情况看，房地产交易部门提供的网签数据包含了当地新建住宅的全部交易信息，相比旧方案采用非全面调查方法的优势更为明显，可以明显改善基础数据的信息翔实和及时完整性。

4. 大数据能使统计数据发布更透明化

由于数据的繁杂性，有价值的数据往往被大量无价值的数据淹没。因此，大数据背景下，统计发布的意义在于看谁的数据更能阐述现实意义。大数据的背景下，数据的获取、分析将全社会共享，而并非统计部门一家独享。在同样的价值需求下，人们可能更加关注某些大型电商（如淘宝网）的销售数据，而不再局限于仅仅关注社会消费品零售额指标。因此，统计数据的产品属性会更加突出，而面临的市场竞争压力会更大。数据产品需要从大量人群中找到特定用户，将他们最关心的数据产品"卖"给他们，而从未知市场中寻找潜在用户正是"大数据"的核心理念。在发布结果上，仅仅告诉别人一个结果（如全国GDP数据）是远远不够的，还需要通过可视化、交互化等方式给予用户更加方便、高效的使用方式，提供更为详尽的"意义"信息。也正是由于数据的大量存储和共享，统计数据发布的公开透明程度将会提高，没有公开详细、公允计算方法的数据将会被其他数据替代。

5. 大数据促使政府统计分析和服务升至新高度

（1）大数据分析准确快速，不易受偏见影响

在传统的小数据时代，统计分析如相关分析等要从建立假设开始，然后进行检验。但由于基于假设，相关分析就有受偏见影响的可能，而且极易出现错误信息。大数据时代，政府统计因可用数据数量极大不会受假设、偏见等影响，反而会产生更多数据相关分析创新。例如，电力行业使用的智能电网数据不再受每月一次抄表的限制，耗电信息会以秒或分钟为间隔被测量。遍布电网的精巧传感器，使数据的使用变得与以往完全不同，以此开展的相关分析会在用电管理、费率套餐等方面产生很多创新。

（2）大数据促使政府统计的分析和服务更趋精细

大数据超越了传统的数据分析方法，除了可以对纯数据、语言、图表等进行深度挖掘，利用百度的搜索、今日头条的文章以及微博的消息对人们行为、情绪、主张等进行精细的衡量和趋势分析，还可以得出客户的潜在偏好、未来意向及动机等真实信息，或利用时间数据与位置数据等对社会人群进行细分，对不同人群进行针对性服务。例如现实生活中，有的人可能会经常接到通信公司的电话，建议你更换套餐或者增加新的通信业务，来满足你未来的信息消费需求，而通信公司就是基于我们在日常生活中通话或者流量使用行为来对消费者进行精准定位的，从而为不同的人群推行差异化服务。

（3）大数据将极大推动我国经济转型和提升政府社会治理能力

当前我国经济发展中涌现了许多转型升级方面的难题，包括资源配置、战略性新兴产业布局、食品安全、环境保护以及新型城镇化发展过程中遇到的住房、教育、交通等问题，都将有望通过大数据的分析研究得以改进，大数据分析的精准性将极大地提高公共政策的科学化和精细化管理水平。

(二) 大数据对政府统计的挑战

政府统计是政府机关依法运用各种统计方法和手段对国民经济和社会发展情况进行统计调查、统计分析，提供统计资料和咨询意见，实行统计监督等活动的总称。统计由最初的简单计数活动，到成为伴随国家管理需要而产生的一种行政活动，是收集资料、了解国情、决策管理的重要手段和依据。大数据生产和使用的社会化，直接挑战着当前政府统计数据的生产环境和运行模式。具体来说，大数据给政府统计带来了以下几个方面的挑战（见图1-4）。

1. 对政府统计职能的挑战
   - 对政府统计服务范围的挑战
   - 对统计产品产出规模、产品品种的挑战
   - 对我国政府统计权威的挑战

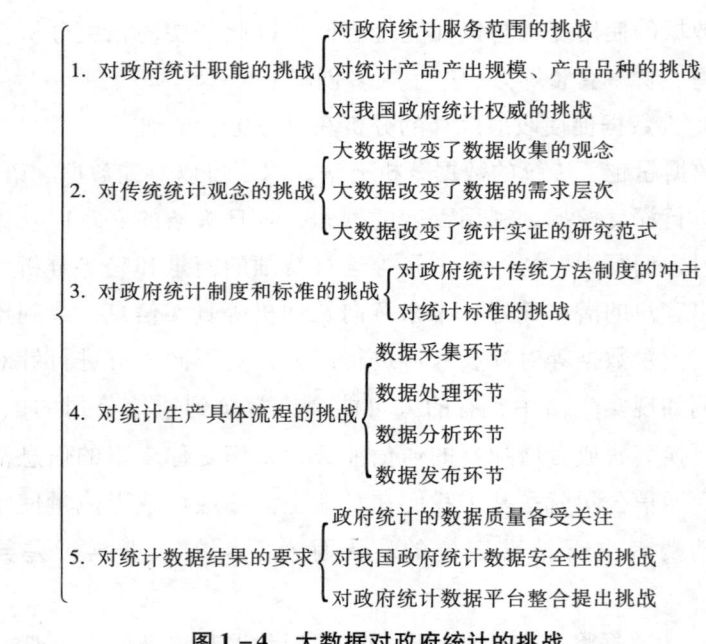

2. 对传统统计观念的挑战
   - 大数据改变了数据收集的观念
   - 大数据改变了数据的需求层次
   - 大数据改变了统计实证的研究范式

3. 对政府统计制度和标准的挑战
   - 对政府统计传统方法制度的冲击
   - 对统计标准的挑战

4. 对统计生产具体流程的挑战
   - 数据采集环节
   - 数据处理环节
   - 数据分析环节
   - 数据发布环节

5. 对统计数据结果的要求
   - 政府统计的数据质量备受关注
   - 对我国政府统计数据安全性的挑战
   - 对政府统计数据平台整合提出挑战

图1-4 大数据对政府统计的挑战

1. 对政府统计职能的挑战

从我国经济发展与政府统计的关系上看，统计的重要性往往是与传统的经济模式连接在一起的。在各级政府管理经济运行的体制下，决策者需要知道社会有多少需求、多少供给，以此来规划安排未来的生产计划，进而实现社会总需求与总供给的平衡。那么，统计数据就为经济管理者提供了决策依据。随着市场化的深入，市场内部的自我调节机制逐步替代了政府对经济的干预，价格信号会告诉市场主体需求与供给的状况，从而在微观层面上实现资源配置。经济发展的主导力量由宏观逐渐走向了微观，统计数据的价值也随之发生变化，以前的一些物量统计被替代或者取消便是例证，而面向全社会的经济统计数据则受到高度关注，在一国或地区信息系统中扮演着至关重要的角色。

大数据时代，政府统计部门不再是海量数据的唯一拥有者。随着物联网的快速推进，将来工业生产、社会消费、物流运输这些数据可以直接从物联网中读取出来存储到服务器中，再通过云计算手段对所得数据进行分析挖掘。这将是对传统政府统计的一个重大革新，也会对政府统计职能设计产生巨大挑战。

从现已发生的变革来看，基于互联网的非官方统计快速兴起对官方统计的职能带来了新的挑战。现行的一些统计指标如国内生产总值、工业增加值、固定资产投资等，数据质量及其参考价值受到了一些新的质疑，大数据本身所带来的价值可能会超过并逐渐取代目前的一些统计指标。未来，一种可能是根据国家管理需求的"统计工厂"应运而生，统计分析职能将由专业的分析部门担当，政府统计将着重于宏观经济数据的必要的基础分析，而对预测和扩展性的统计分析应用则可能在政府统计引导组织下，由各方力量在政府统计所掌握的数据基础上进行研究开发。

（1）对政府统计服务范围的挑战

统计的本质在于服务。政府统计服务的形式和内容，就是相对及时、准确地为决策者提供所需要的统计信息。在传统数据时期，政府统计的服务对象主要是党政机关，以及大型企业和教学科研人员等。随着大数据时代的到来，政府统计需要满足更为广泛的社会群体（包括企业经营者、个体经营者、投资者等）对数据产品的需求。统计服务对象是一个个具体的个体，且不同的人有不同的需求，政府统计也要根据服务对象的需求调整自己的服务内容和服务形式，为各界人士提供更为广泛的、满足不同层次数据需求的"大服务"。

（2）对统计产品产出规模、产品品种的挑战

大数据环境下，政府统计部门具体提供什么内容的统计产品、以什么形式提供、提供多少等，并没有统一的规定和模式，都需要根据实际需求而定。目前，政府统计对结构化数据的挖掘体系已相对成熟，但对半结构化数据、非结构化数据进行分析，生产出高质量的统计数据产品为公众服务，仍是一个重大难题。

大数据对统计产品产出规模、产品品种的挑战主要体现在以下几个方面：一是需要进一步加强和改进国家数据库的建设和维护工作，尽可能为社会各界提供更真实、及时、丰富的数据，开展更加多样的数据展示和解读；二是需要进一步改进和完善中国统计信息网络，优化数据检索和查询等功能，丰富网站内容和形式，规范统计信息发布渠道；三是多渠道了解服务对象需求，进一步提高政府统计部门数据服务的能力和水平，增加服务品种。

（3）对我国政府统计权威的挑战

以前，政府统计所发布的数据才是权威的、有公信力的，因为其他部门和企业都没有相关渠道和资源，只有政府统计才有这样的体制优势。因为《统计法》中规定，国家建立集中和统一的统计系统，实行统一领导、分级负责的统计管理体制。各级政府统计机构是对经济社会发展情况进行统计调查和统计分析，提供统计资料以及统计咨询意见，实行统计监督的法定机构。[①]

但是随着大数据时代的到来，未来大数据必然会对我国政府统计的权威和公信力构成巨大挑战，政府统计部门未来不再是经济社会统计数据的唯一生产者和拥有者，以即时通信、电子商务和搜索引擎为三大主体的互联网经济无时无刻不在生产和制造着大量的数据。工业生产经营、运输物流成本、终端消费服务和政府提供的公

---

① 引自《中华人民共和国统计法》，2009年。

共服务等各种交易记录和活动会直接生成可以利用的数据，物联网更是使商品和网络紧密结合起来并进行实时更新的信息共享平台，而不再需要经过政府统计部门进行专门的数据统计采集。另外，进出口情况、财政收支情况和货币供给情况等方面数据在各个相关的行政职能部门的行政记录里也都可以查询到，行政记录也属于大数据的范畴之内。相比于传统的政府统计对其的利用率更为高效，人们再不用仅依靠政府统计数据的发布，就可以在网上便捷地查找相关数据资源进行利用，因为这些数据都是随时可以生产，现实所存在着的，不以政府统计工作的意志为转移。

大数据技术的不断成熟，使得一些企业和机构自行发布的价格指数和搜索引擎指数等越来越多地引起社会各界的关注。例如，阿里研究中心基于淘宝和天猫网络销售平台，汇聚即时产生的海量网络零售价格信息，采用链式加权指数法计算的网络零售价格指数（ISPI），2010年以来的数据走势与官方CPI环比指数呈现联动关系。此外，还有阿里巴巴网购核心商品价格指数（alibaba Shopping Price Index – core，sSPI – core），这是一个固定篮子价格指数，其测度思路是选择一个具有代表性的产品篮子，考察在不同的时点和不同的价格结构下，购买该产品篮子的费用变化程度，以代表价格水平的变化，这种方法也是大多数国家编制CPI价格指数所用的理论框架。再如，以生活费用理论为基础的阿里巴巴全网网购价格指数（alibaba Shopping Price Index，aSPI），则在理论上可以克服固定篮子指数的缺陷，该价格指数衡量的是消费者获得效用不变条件下，产品相对价格变动引发消费数量上的替代效应所带来的最小支出水平的变动。aSPI – core、CPI和aSPI的年同比价格指数变化趋势如图1 – 5所示。

从上述分析可以看出，一方面，在大数据时代政府统计部门不再是唯一的数据拥有者、发布者和传播者；另一方面，人们获取公共信息的渠道可以并能够越来越多样化，不必再过分依赖政府部门发布的统计数据信息，从而对政府统计数据发布形成"挤出效应"。

阿里巴巴、新浪、百度等相关企业和媒体发布的相关数据分析结果和研究结论，对政府统计的准确性、可靠性和科学性正在进行不断的验证和评估。

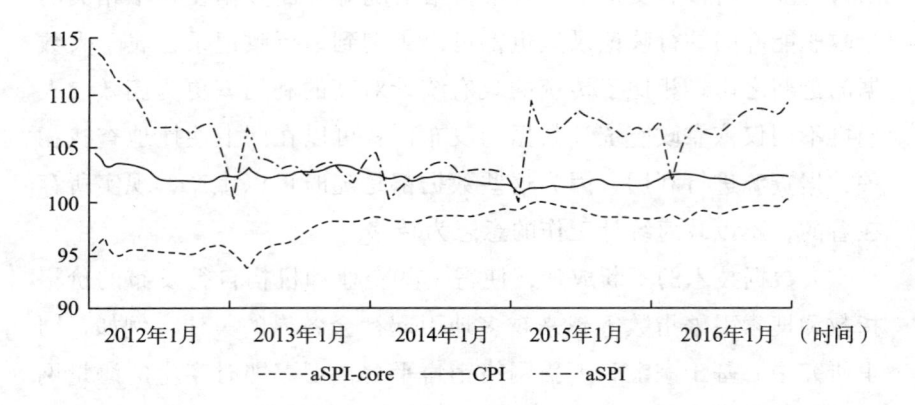

图1-5　年同比价格指数变化趋势

资料来源：韩胜娟、张敏：《大数据时代官方价格指数与非官方价格指数的融合——基于 aSPI 与 CPI RPI 比较的视角》，《价格理论与实践》2017 年第 4 期。

2. 对传统统计观念的挑战

以往政府统计工作在本质上还是属于体制内的状态，有政府公权力作为保障的体制优势和数据采集渠道优势。随着大数据的快速发展，政府统计如不跳出传统统计工作思维，很有可能丧失原有的优势，甚至被边缘化。我国政府统计工作最初是计划经济体制的产物，传统政府统计的指标设置是从我国早期计划经济体制年代就延续下来的，它的重要性往往是与传统的计划经济体制模式相联系，其计划经济的色彩在当下依然比较浓重。大数据是市场经济条件下的产物，是随着商业交易的高度发展和社会行为的网络化所产生的新生事物，反映的是更接地气、更富有时代气息的社会活动动态，将对传统统计的诸多观念带来冲击与挑战。

（1）大数据改变了数据收集的观念

众所周知，统计是一门与数据有关的科学，正如大英百科全书所说："统计学是一门搜集数据、分析数据，并根据数据进行推断的艺术和科学，最初与政府搜集数据有关，现在包括了范围广泛的方法和理论。"大数据时代的到来，数据爆炸式增长，使数据收集的观念发生了根本性的变化。传统统计中是根据研究目的去收集数据，来源通常是已知的，很容易对数据提供者的身份进行识别或进行事后核对。大数据的来源一般为信息网络系统，收集的数据是一切被人为记录的信号，不具有很强的目的性，数据的来源也很难追溯。在大数据时代，努力打造政府统计数据来源第二轨，就显得尤为重要。

（2）大数据改变了数据的需求层次

过去，由于人类的认知能力有限，受数据获取技术的制约，想要获取大范围的情况比较困难，只能感知身边的个体数据乃至群体（中观）数据。传统统计技术帮助人们通过观察一小部分的样本情况来描述与推测总体情况，进而帮助人们更好地了解中观和宏观数据。但是，由于统计方法和数据质量的限制，人们对一些复杂现象的认识仍然不够全面和客观。同时，统计数据反映的主要是总体趋势和特征，往往无法对应到具体的个体情况，难以获得更加有价值的微观信息，从而也可能影响人们对社会和自然界一些现象的认知。随着数据采集技术的进步，人们可掌握的数据渐渐由全局性的宏观数据，再到中观层面的数据，最后又回到微观层面，即关注个体的行为模式，这种全数据的模式正是技术进步所带来数据价值的升华。一些研究者认为，大数据时代的来临使人类第一次有机会和条件在非常多的领域和非常深入的层次获得和使用全面数据、完整数据和系统数据。在此基础上形成的数据一方面有助于认识总体特征；另一方面又可以了解个体情况，产生宏观数据无法实现的价值。

（3）大数据改变了统计实证的研究范式

传统的统计遵循自上而下的实证研究范式，即先从经济理论或社会经验出发，根据理论设定指标，再去利用统计数据进行实证分析。然而，大数据采用的是自下而上的数据挖掘范式，以数据为先导，不需要预先设定研究目的或方法，而是从大量实际产生数据中通过数据挖掘技术找到数据之间的关系并建立模型，乃至形成理论和新的认知。这种研究范式已经被广泛运用到当前的数据处理中，是对传统统计研究范式的一种颠覆。

传统政府统计工作的研究方式比较僵化，是采用自上而下的实证研究方式，政府统计部门为了开展结构化的数据采集和分析比对，制定并设计相关统计指标，制作统一的统计报表，这些都是以经济学理论和社会实际经验为出发点的。而大数据的理念则正好相反，它是采用自下而上的数据挖掘方式，大量在线的文本、图片和影像资料等数据都是其本身固有的，需要对其进行一定的筛选和整理工作才能找出所需要的数据。

一般地，传统的统计分析过程分三步：定性—定量—再定性。首先通过经验判断找到统计方向，即目的；其次对数据进行量化、分析、处理等；最后根据结果得出结论。大数据时代，统计分析过程可归纳为两步：定量—定性。基础性的工作就是找到"定量的回应"，直接从各种"定量的回应"中找出有价值的、为我们所需要的数据，并通过分析找到数据的特征和数量关系，进而据此做出判断与决策（朱建平、张悦涵，2016）。

3. 对政府统计制度和标准的挑战

（1）对政府统计传统方法制度的冲击

由于受到技术条件的制约，在普查年度，传统政府统计主要是通过经济普查、人口普查和农业普查等大型国情国力调查来掌握国家和地区的全面情况，在非普查年度则采用抽样调查与重点调查相结合的方式，通过对相关样本的调查和分析来推断总体情况。以往的政府统计需要先对被统计对象进行调查，根据研究对象的特点、统计研究的目的及使用领域等，设定统计指标、统计报表以及调查、汇总方法等制度，制定相应的数据统计方案，通过访问调查的方式将社会经济活动和自然现象转化为可以量化的数据。

大数据及其相关应用技术的成熟意味着政府统计工作将进入一

个新的维度,大数据时代的政府统计工作方式将进一步扁平化,几乎所有的信息都是信息需求者直接通过对有关的行政记录、业务记录等加工生成的,这样会省略许多中间环节。大数据下的统计制度设计面对的是已经存在的或通过一定手段可以获取的大量数据,需要解决数据从哪里来的问题。弄清楚已经存在的相关数据是通过什么方式产生的,从哪些领域产生的,会对研究目的产生哪些影响,进而确定采用什么样的数据来反映统计目标。比如,要统计下雨天出租车出勤率,可通过出租车公司的计价器收入、街口的摄像头等数据获知。计价器、摄像头哪个数据更加能反映实际情况,两者之间是什么关系,是否可以相互补充?统计制度设计者要从各种数据来源中甄别出反映统计对象的指标。

随着大数据挖掘技术的深入,加之各类信息咨询业的崛起,传统统计的内容、对象、渠道将会发生很多变化,目前的统计体系和方法制度已经很难适应新时代的要求。数字化的行政商业记录、网络在线文本、流媒体数据大大拓宽了统计机构收集数据信息的渠道,统计调查部门的工作方式也势必发生改变。①

大数据的不断渗透,使得各类繁杂数据的获取途径都更加简化便捷,然而,此时主要矛盾变成了如何确定数据的针对性和目的性。传统政府统计的数据获得是以抽样调查为主,这种数据采集方式无法对资料的基本信息进行明确分类,大数据背景下的数据来源也更加广泛,导致需要抽样调查的数据种类和范围的扩大。因此,政府需要进行统计数据采集制度设计上的改革,使数据的获取更加便捷、轻松,既减轻政府统计部门的工作难度,又避免数据资料的无序重复,提高政府数据的效率和准确性。

(2) 对统计标准的挑战

统计标准是政府统计工作的基本范式,包括对统计指标的含义、

---

① 季晓晶:《大数据时代统计调查工作的挑战与思考》,《统计与咨询》2013 年第 5 期。

计算方法、分类目录、调查表式和统计编码等方面所做出的统一规范。大数据对统计标准提出了挑战,具体表现有核算中的分类、核算范围的确定、数据格式的统一等。例如,理论上说住户成员完成的家务活动、隐蔽的地下经济活动、非法的经济活动等都属于经济生产范畴,理应纳入生产核算中,但由于现实中难以得到准确的数据,在统计实践上无法对其进行价值估算,而没有纳入国民经济核算的范围。但是在大数据环境下,我们有可能通过各类交易记录获得这些数据,由此必须对现行的核算分类及其范围做出调整。可以预期,大数据背景下的政府统计工作,未来机构设置方面会逐步倾向于监管和技术支持方面,而统计系统将越来越标准化、技术化和专业化。

4. 对统计生产具体流程的挑战

传统的政府统计数据生产方式一般是先设计统计制度和统计指标,然后通过调查采集数据、数据录入及编辑汇总、遵循核算原理量化分析,最后发布统计数据和提供统计咨询。传统政府统计工作流程如图 1-6 所示。

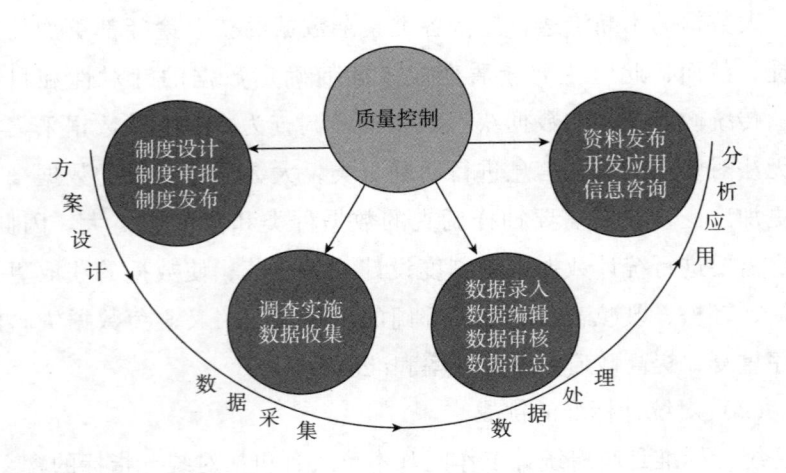

图 1-6 传统政府统计工作流程

资料来源:薛志伟、冯其予:《国家统计局全面实施"四大工程"》,《经济日报》2011 年 9 月 20 日第 14 版。

大数据时代的到来，动摇了传统统计的理论基础，对统计数据的生产方式和生产流程提出了新挑战，主要体现在以下几个方面。

(1) 数据采集环节

信息化的迅速发展，使得一切皆有可能成为数据，行政部门的每一次行政登记、每一笔业务交易都能形成数字化的数据，数据的来源和形式更加丰富多样，统计调查部门也不再是唯一的数据生产部门。互联网的发展使我们可以通过查询各项交易记录得到所需的数据，而对专门的统计调查设计和人工收集依赖度大大降低。从某种意义上讲，大数据的收集就是识别、整理、提炼、汲取（删除）、分配和存储数据的过程，数据采集可伴随数据产生的过程本身。

对于传统的政府统计数据采集环节而言，政府统计的数据采集系统涵盖了报表设计、任务模型确定、原始数据采集、后期数据加工审核和最终上报等步骤流程，此系统模式呈现单一化特点且相对刻板固定。与此相比，大数据下的统计采集系统则不同，基于多元化的数据来源渠道和受众丰富的各类主体，数据采集的标准也是灵活的，但缺乏普适的数据衡量标准。显然，如何在改革、拓宽政府数据采集途径的基础上，实现政府统计数据的标准化，是目前大数据背景下政府统计所面临的一大难题。

(2) 数据处理环节

对于传统的政府统计数据处理环节而言，政府统计工作的制度方法，是按照国家统计局顶层设计的一套指标体系和方法制度，通过政府统计工作架构和计算机等科技手段的处理，分行业、专业进行相应级别的汇总、加工后逐级上报评估。目前，统计工作主要针对结构化数据进行处理分析，对结构化数据的挖掘已有较为完善的方法和工具，但对于大数据中包含的大量非结构化数据或半结构化数据的处理还是一个难题。在大数据环境下，频繁出现的大量的在线文本、图片、视频等数据，是伴随着商业自动化和社会行为网络化而出现的，完全不同于传统的报表数据，呈现的都是半结构化状态甚至是非结构化状态的数据。政府统计部门需要具备将非结构化数据转化为结构化数据的能力，需要专业化的数据挖掘与分析处理技术来探寻数据之间的内在关系，寻找更多有价值的衍生信息。

（3）数据分析环节

传统的统计分析是根据统计制度设计的要求以及对研究对象的认知，对采集上来的结构化统计数据进行计算分析，重点描述过去一段时间发生的变化，对未来的发展情况进行统计意义上的预测。大数据背景下的数据分析，面临的是大量存储于各处（包括"云端"）的非结构化数据或半结构化数据，首先要将这些无法识别和运算的信息转化为结构化的数据，还需要洞察出语义、态度、情感、社会关系、效果等传统统计难以解决的问题。即使针对结构化的海量数据，所要做的更为重要的事情是，分析挖掘数据之间的内在关系，寻找更多有价值的信息。在这种背景下，数据分析变成统计部门一个关键性的环节，需要专业化的数据挖掘与处理技术。

从数据的分析环节来看，我们现阶段的政府统计工作虽然也逐渐在向分析型统计方向发展，但是从日常工作来看，统计数据的采集和上报仍然占据政府统计工作绝大部分的资源和精力。此外，政府统计部门作为数据统计工作的主体，对社会经济的发展仍然发挥着至关重要的服务与导向作用，这不仅对政府统计工作提出了更高的要求，对统计工作人员数据分析能力的要求也进一步提高。随着大数据时代的到来，形势已经发生了质的转变，政府统计面对的不再是统计数据的匮乏，相反则是海量数据的严重"超载"，我们所要做的首要事情是对所收集到的海量数据进行整理、分析、加工和筛选，深挖有用数据背后的价值，让这些静态的、处于沉睡状态的数据焕发活力，进而转变为动态的、能发挥出更大价值的数据、模型和统计应用，从而更多地展现数据相互之间的关联性和解读性，最终达到让政府统计可以从定量分析转变为定性分析的阶段，这是未来政府统计工作的重心。

因此，政府统计处理数据的能力亟待提高。目前的数据分析技术和能力不足以满足大数据分析的要求，还需要更加专业化、细分化和精确化的数据分析技能，政府统计部门需要大量的有更高能力、更高知识素养的专业统计分析人员，进行数据分析挖掘工作。

（4）数据发布环节

从数据发布环节来看，传统政府统计数据的发布以政府统计相关部门的政务公开为主，政府统计数据必须经由当地政府和上层统计部门的批准，经过层层审核、评估后才能予以公布，往往会失去统计数据的时效性，公布的范围也以传统纸质媒介为主，受众群体相对较小。从公布时间节点、统计数据受干扰程度以及受众方式来看，效率和质量都难以保证。而大数据产生速度更快、更新时间更短、体量容积更大，这对政府统计数据发布的时效性、数据发布的质量和数据发布的形式等方面都会产生巨大的革命性影响，也关系到政府统计工作的服务水平、专业优势和核心利益。

5. 对统计数据结果的要求

（1）政府统计的数据质量备受关注

在现代市场经济中，社会各界对统计数据的质量和公开、细化的程度及需求层次都不断提高。大数据时代实现了全社会数据共享，政府统计将不再作为公共统计数据信息的唯一渠道，大数据分析处理结果可能直接挑战政府统计数据的质量、效率和公信力。在这种背景下，政府统计数据质量及权威性正遭受着前所未有的挑战。

（2）对我国政府统计数据安全性的挑战

现阶段，随着网络信息技术的高速发展，统计与网络信息技术已经高度融合。在国家统计局大力推行统计"四大工程"建设的背景下，当前大部分的政府统计部门原始数据都已经实现了一套表联网直报，各种办公电脑和OA办公软件系统均捆绑固定IP，而且办公电脑一般都同时连接着内外网，涉密信息与网络数据互为交叉，网络收发文件、在线对话和网上传输数据等活动也十分频繁，并没有做到绝对的数据物化隔离，这无疑会对我国政府统计的数据安全性发起全面的挑战。例如，我国J省的政府统计内网系统遭到黑客入侵，国家统计局和国家安全局相关人员进行原因查找时发现，并不是 J 省的工作人员泄露了密码和数据，而是 H 省政府统计人员的外网被植入了木马，进而入侵了 H 省的内网，通过两省内网的相关业务数据来往信息，破解了 J 省的密码和数据安全系统，最终造成了数据资料的泄密。这正是因为在大数据时代下我们所采集的大部分数据都包含有个人信息，甚至附带着所不知道的和不相关的其他信息，经过人工手段和分析是不会发现任何问题的，但是经由大数据处理之后就可以还本溯源，发现和查找到意想不到的相关信息和结果。

（3）对政府统计数据平台整合提出挑战

随着大数据的不断发展，政府数据资料的获取、存储、分析、处理需要一个集成统一的系统平台。传统的政府统计模式下各部门相互独立分散，数据流程更加强调专业性，且政府统计任务繁重，不仅需要数据的支持来反映或预测政府经济社会的发展概况，而且需要通过数据来监测政府行为或政策执行的结果。同时，现行政府统计平台的包容性相对滞后，数据处理流程有板块化特点，难以适用大数据条件下统计运行的要求。政府统计制度趋向于部门化行业常规统计报表模式并实施专项统计调查，这种模式容易受到部门行业隶属性不同、保密度等情况的制约，并且数据在获取、汇总、上报后可能依然分散在统计部门中，因此数据库资料难以联通、共享，极大地影响了数据的利用率和价值挖掘。

五　大数据时代下政府统计的改革与发展

随着市场经济的不断发展，大数据被越来越多地应用在现实生活中。统计改革也应围绕大数据展开，如何将大数据中专业化处理和深层次挖掘应用其中，在统计调查事业上发挥和实现大数据的价值，成为政府统计改革的一大命题。进入 21 世纪以来，我国统计部门不断在观念、方法、手段、体制等方面进行创新,努力提高统计队伍的人员素质,积极应对大数据时代所带来的冲击。在大数据时代的背景下,政府统计部门必须清醒认识到当前政府统计所面临的机遇与挑战,未雨绸缪,积极应对,采取有力措施抓住发展机遇,加速推进我国政府统计体系的创新和统计能力建设。

(一)加速政府统计相关的法律完善和制度建设

大数据的出现带来了一系列的法律问题,如何在法律层面更好地应对大数据时代的来临,已成为各国普遍高度重视的课题。从理论上说,大数据的法律应对至少涉及以下四个方面:(1)确立有限鼓励的立法主旨;(2)明确大数据法律保护的基本原则;(3)搭建大数据法律保护的基础框架;(4)重构数据隐私的法律保护机制(见图1-7)。

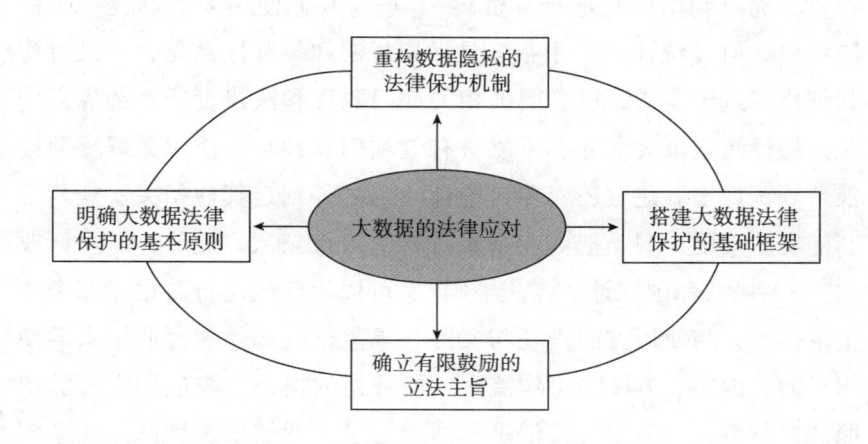

图1-7 大数据的法律应对——四维策略体系

政府统计在市场经济改革不断深化的今天,对经济发展所起到的作用与受到的重视程度不成正比,原因之一就在于,政府统计的立法工作和制度建设相对滞后,没有利用好法律手段为政府统计部门的发展提供充分保障,更没有与时俱进,将大数据概念等新生事物纳入统计制度体系当中,法律和制度的不健全让政府统计在大数据领域的改革和创新的脚步难以加快。

1. 尽快修订《统计法》

《统计法》于1983年12月8日颁布，作为我国唯一的一部统计方面法律，在过去的35年间修订过2次，最近的一次修订是在2009年6月27日，并于2010年1月1日起开始施行。在市场经济快速发展和大数据时代来临的宏观背景下，现行法规已经不能完全适应信息时代对统计工作的诉求，网络技术的发展一日千里，尤其随着大数据时代的到来，海量数据爆炸式增长，巨大量变的积累将导致很多常规规则的变革，因此，完善统计法律法规是实现大数据时代下政府统计变革和应对挑战的首要前提。

2. 积极完善统计法规体系

我国新修订的《统计法》第二章第十六条已明确规定，统计调查要"充分利用行政记录等资料"，这为我们使用大数据提供了法律依据。但《统计法》中很多是框架规定和指导性意见，并没有将其细化，过于宽泛，没有明确相关部门职责和法律责任，造成部门统计的行政记录大部分都不能被有效利用和共享，使大数据资源被浪费。统计法制建设还应在《统计法》之外制定其他相关法规与配套的实施细则，明确把商业记录资料纳入该条款。此外，通过修改《中华人民共和国统计法实施细则》，可以明确规定行政记录和商业记录提供方与使用方的责任与义务，规范行政记录和商业记录的使用目的、内容、方法和工作流程，使数据的提供方与使用方能够依照法律行事，对使用行政记录和商业记录生产加工统计产品建立配套的保密措施，并根据统计产品的对象及其使用目的建立发布机制。有关部门应加快统计工作方面的约束性法律法规的立法工作，并尽早实施，通过法律法规使大数据服务于政府统计法律化、规范化、常态化，让大数据时代下的政府统计工作改革路径有法可依。

3. 建立被调查者隐私保护的相关机制

随着大数据在政府统计中的不断延伸和发展，由于大数据的体量巨大，数据可谓无处不在，造成了精华与糟粕同在、合法与非法共存的局面。国家机密、商业机密和个人隐私权的保护问题较为突出，要求政府统计高度重视隐私保护的机制建设，需要在制度和工作机制方面进行严格的规范，形成标准的规定和流程。只有严格按章办事，才能减少大数据在给政府统计工作带来变革的过程中所衍生的"副作用"。

因此，在统计制度建设工作方面，一个非常重要的工作是要建立和完善大数据时代下政府统计被调查者隐私保护的相关机制。由于被调查者信息和文件具有涉密性，重要程度不同的数据和文件应设置不同的保密级别，部门的行政记录也是同样的道理，一旦秘密泄露，对相关利益主体造成的损失是难以弥补的，因此，大数据时代下政府统计数据提供者的隐私保护和商业秘密保护应作为重要事项来抓。

（二）加快建立和健全大数据管理机制

大数据数据源整合的核心是衔接数据标准与分类。目前，绝大多数大数据仍以各种形式零散地存在于政府部门、电商企业、电信运营商和互联网公司等数据持有者手中。数据标准不统一，统计指标口径杂乱，数据之间难以整合与衔接，从而限制了大数据的应用和共享（何强，2015）。推进政府数据采集工作的标准化，将存在于企业、部门的大数据通过制度标准转化为结构化数据，要对视频、图片、文字等大规模非结构化数据以及半结构化数据进行标准化处理，整合成结构化数据。标准化工作运行后，可以在现有各类交易终端上加装统计采集设备，并通过物联网技术，收集、存储和实时分析节点数据流，最终形成整合生产、物流、交易等所有环节的标准化数据采集模式。

进入大数据时代，政府统计工作应该把更多的精力投放于统计制度和技术方法的设计、统计规范和数据标准的制定、统计安全与公众隐私的平衡、官方发布与民调组织的协调等机制研究和实践应用方面。相应地，工作重点也应该由"组织调查干统计"转变为"依法行政管统计"，不断以自身的机制创新和模式创新适应大数据时代对政府统计工作提出的新要求。①

（三）增加政府统计的工作载体，优化政府统计服务

政府统计的最终目的是服务全社会，由于历史原因，长久以来我国政府统计更多的是为党政领导的决策服务，这在某种程度上限制了政府统计的生存与发展。改革开放后，我国逐步建立起社会主义市场经济体系，政府统计的规范化和科学化逐步提高，统计数据的质量和权威性也受到重视。特别是党的十八届三中全会以来，随着社会许多深层次体制机制改革的推进，政府不断简政放权，行政理念发生转变和创新，导致政府统计工作的服务理念发生变化，政府、企业和居民等决策主体都成为政府统计的服务客体，这也为政府统计迎来了大发展的机遇。大数据时代的来临，政府统计的工作重心应进一步强化由为党政领导服务向为社会大众服务的转变，进而拓宽政府统计发展的路径。

1. 大力创新开拓政府统计载体和应用

政府统计专业性较强，要想更好地服务全社会，提升统计服务质量，就要不断开拓创新政府统计的工作载体和应用，增加政府统计与社会大众的接触点，让社会大众了解政府统计工作的同时，也可使政府统计扩大影响力。在公共服务领域统计应用工作的开展中，政府统计必须以大数据作为支撑，进一步提升数据处理能力，为社会公众及各类主体提供更快捷便利的统计信息服务。为此，政府统计部门应积极创新，开拓政府统计载体和应用平台，充分发挥新闻发布会、报刊媒体、网站、数据库、微信公众号等多种渠道或手段的功能，提高政府统计服务的质量，让政府统计工作在满足政府决策的同时，能为社会大众提供更优质的公共信息服务。

2. 加大微观统计数据服务

数据是政府统计的主要产品，也是政府统计部门向社会提供的

---

① 刘瑞斌：《大数据时代统计改革的几点思考》，《中国信息报》2017年4月18日，第5版。

主要服务形式。以往政府统计发布的数据一般以宏观加总数据为主,而低层数据或微观数据公布较少,获取途径有限,限制了政府统计数据价值的发挥。实际上,在大数据条件下,无论是工业、房地产业、交通运输业和批发零售,还是住宿、餐饮甚至制造业等行业,都极易获取海量的微观数据,这既为改进政府统计提供物质基础,也为科学研究、经济分析提供更坚实的数据支持。政府统计部门应设立企业微观经济监测站,结合互联网等新兴 IT 技术和大数据的超强分析加工能力,一方面让政府统计实时地了解微观经济领域的发展状况,增加形势判断的准确度,更好地为行业经济运行甚至个别企业发展提供更有时效性和针对性的统计服务;另一方面也可以使政府统计部门与行业和企业形成良性互动局面,既可以帮助行业和企业了解国家宏观经济走势,又可以为行业和企业提供更加及时、有价值的信息。在大数据时代,社会公众包括企业、居民等微观主体对于政府统计微观数据的需求增强,政府加大对微观经济数据的公布与开发,有助于扩展政府统计的服务能力。

3. 提高统计分析向公众开放的力度

统计分析报告是政府统计重要的工作成果,是为社会大众提供政府统计服务的一种重要手段。以往政府统计分析报告大多都是形成领导专报,只上报给党政领导和机关内部作为参考,而普通社会公众很难获取内部的一些详细数据或分析报告。随着统计体系与政务公开制度的推进,这一状况有所改善,但数据和信息公开总体状况依然较差,仍有待进一步提高。在大数据时代,社会公众包括企业、居民等微观主体对统计分析报告的需求巨大,作为生产和管理数据的政府统计部门,应该加大统计信息与内部分析报告向公众开放的力度,帮助社会公众正确理解统计数据内涵,分享统计成果,获得更好的统计信息服务。同时,统计分析成果在为政府决策发挥参谋作用的同时,也要与新闻宣传密切配合,加强数据解读和分分析,正确引导社会舆论。

4. 完善统计数据的发布机制

大数据时代不仅是一个数据大爆炸的时代，更是一个人类充分利用大数据的时代，要求数据必须开放和流通，呈现公开、流动、共享的状态。政府统计应做的工作是，在提高数据发布的针对性、降低数据理解的复杂性和发挥数据信息的价值性的同时，积极开展数据发布和数据利用的模式创新。

归根到底，统计是为用户服务的。只有发布的统计数据对用户有价值，统计才有存在的意义。政府统计部门必须大力完善政府统计的数据发布形式和渠道，提高数据发布的针对性，发挥数据的最大信息价值。在发布数据的形式上，以文字、表格的方式发布统计数据已经跟不上用户的数据需求，也落后于商业调查的步伐。目前，文本可视化、视景仿真等新兴阅读技术已经大范围应用到计算机及其他商业领域，广义上的"智慧"概念也已经渗透社会发展的各个方面。因此，政府统计工作应尽量缩减传统意义上的大段文字、复杂表格等难以契合公众需求和时代特点的数据发布形式，转而以新兴技术和新兴媒体为依托，加大技术投入和发布媒介创新，拓展各级各类发布渠道，包括微信公众号、视频直播、简讯等，充分挖掘并发挥出统计数据的实用价值。

（四）拓宽政府统计数据来源渠道

政府统计实施大数据战略目的是获取到大量准确的数据信息。旧体制下政府统计层层上报、层层审核的集中采集汇总结构化数据的方式已经越来越不能适应大数据时代，传统的数据获取方式无法满足大数据时代的要求，大数据对以抽样调查为主的政府统计带来不小冲击。特别是政府统计部门应该针对大数据中非结构化数据比重比较大的特性，大力开展对非结构化数据采集方式的研究，拓宽政府统计获取数据信息的渠道，开辟数据采集的第二战场。可以预期，随着云计算、物联网和商业智能等新兴技术手段的不断成熟和发展，未来在政府统计数据采集渠道的创新发展上仍然大有可为。

同时，政府统计部门还要积极探索、创新数据采集的整合方式，结合政府统计庞大健全的数据上报采集系统优势，在与企业开展大数据合作共建平台的基础上，加大与相关职能部门、服务和调查的中介机构以及大数据相关专业技术研发机构的合作力度。通过创新合作机制、共同研发以及购买等手段开展全社会领域内的大数据合作，共同研究商讨大数据的原始数据标准、口径、范围、分类和统计计算方法等细节问题，以便对重要基础数据进行标准化采集，使统计分析和应用更加完善，让大数据尽快在政府统计工作特别是数据采集中发挥作用。例如，尝试与劳动、社保等部门创新合作机制，形成就业登记的联网直报平台，各方共同维护和管理，结合政府统计工作中已有的人口抽样调查数据，进行实时和可信的就业数据统计，而不是采用新增加实名登记就业人数这样的模糊数据，让就业数据更加真实地反映当前经济发展形势和实际就业形势。

（五）改进政府统计的工作方法和数据分析方式

1. 由事后总结研究向事前、事中、事后分析并重转变

一般而言，政府统计的一些数据具有滞后性。例如，国内生产总值（GDP）等数据通常都是要到下一年二月份左右才能最终初步核实上年 GDP 数据，因此在数据确定之后再利用这些相对滞后的数据来进行加工和分析，得出的政府统计产品和服务的时效性将会大打折扣，这等于是拉长了整个政府统计分析的工作链条，降低了工作效率。

因此，政府统计部门要变被动为主动，牢固树立政府统计"全过程分析"的意识，利用大数据的特性，在日常工作中注重提高统计分析的前瞻性、时效性和准确性。事前分析要抓好先行指标，利用先行指标走势先于宏观经济走势的预警特性，结合大数据类别多、真实性较高的特点，提前预判经济走势和及时发现经济运行的趋势，为政府决策提供支持。事中分析要抓监测，结合大数据对数据的超强处理能力，对宏观经济各项主要经济指标实时监测和跟踪，准确、及时地反映当前经济运行态势和尚存的不足，达到监测宏观经济政策实施效果的目的。事后分析要抓研究，政府统计分析

力求做到有支撑、能解释、分析透彻、政策可行,细致、准确地总结经济运行特点和潜在规律,针对重点和热点问题要深入剖析进而形成结论和成果,以领导专报的形式及时进行上报并向社会公众发布。在"全过程分析"的每个环节,都可以利用包括行政记录、商业记录和互联网信息等不同渠道来源的大数据,提高政府统计分析的公信度,同时还能以之对政府统计数据进行佐证和关联解读。

2. 注重定量分析与定性分析的结合

定量分析是政府统计部门的传统分析方法,利用收集的数据,进行加工整理,得出总量、增速、占比以及增减变化情况。从量化角度对市场经济和社会活动做出表面解读,这是统计的常规优势。然而,如果由于时间节点或宏观政策调整等因素的影响,造成数据的异动或无法准确得出,则根据已知条件求结果的分析方式将会导致数据所反映的结果与实际情况产生背离,或者发生无法准确量化的情况。因此,加强定量分析与定性分析的协调配合非常必要,利用自身已有的统计数据结果和大数据特性展开关联性分析,将指标趋势、外部经济环境和市场经济发展的内在规律等方面进行有机结合,对数据和指标走势的判断进行定性的解读和分析,有助于得出更为真实可信的预测结果和更有建设性的对策建议。这是将政府统计部门的专家思维、大数据思维与行政思维相结合的创新思维模式,能够为政府决策提供通俗易懂、准确便捷的基础依据,目的就是促使政府统计部门提供更多的统计服务,获得更多的支持和话语权。

3. 从数据分析的静态模型转为数据分析的动态模型

静态模型(横截面模型)和动态模型(时间序列模型),两者都是揭示变量之间因果关系的结构模型。静态模型是以截面数据为样本,而动态模型是以时间序列数据为样本。在进行样本外预测时,都需要给定预测点或预测期的解释变量数值,然后根据模型计算结果变量的预测值以及预测值的置信区间,最后再进行预测结果的判断,这是两者的共同点。其不同点则在于,静态模型是基于独立随机抽样的截面数据构建的，其拟合优度一般较低，通过调查得到的样本观测值往往存在较大的观测误差；动态模型是基于时间序列样本数据构建的，其拟合优度一般较高，通过统计得到的样本观测值往往存在较小的观测误差。因为数据构建的基础不同，所以它们在数据预测应用中面临的问题也不同。

从实践来看，加强定性分析是未来政府统计工作的努力方向，传统意义上用于数据分析的静态模型要适应政府统计职能转型升级的需要。虽然直观上看，静态模型的预测误差较动态模型的预测误差小，但是从预测需求的角度来看，更多的需求是针对动态模型的。因此，利用大数据技术，将以往这些单一的、刻板的静态数据关联起来，放入动态数据分析模型中，将使这些数据发挥与以往在静态数据分析模型中截然不同的作用。

4. 不断提高数据挖掘分析能力

政府统计工作的传统分析方式是根据统计制度的设计要求和对于研究对象的经验认知，对以传统方式采集上来的数据进行计算分析。然而，大数据背景下的数据分析工作，政府统计部门面临的则是大量存储于云端的非结构化数据或半结构化数据。在此背景下，数据分析变成政府统计部门一个关键性的技术环节，需要专业化的数据挖掘与分析处理技术来探寻数据之间的内在关系，寻找更多有价值的衍生信息。这就要求大数据环境下的政府统计部门不但要具备将非标准化信息转化为结构化标准数据的能力，而且还要有测度数据变量之间内（外）生影响因素的专业化数据分析水平。

面对海量数据，为了让统计在未来的数据竞争中发挥更大的社会功能，必须在数据挖掘方面进行更深入的探索，具体而言，重点应关注以下五个方面：一是要利用现代信息技术努力缩短数据采集、传输、汇总、存储、发布等主要环节的时间，降低数据产品发布的滞后性；二是增加对主要统计指标的解读和诠释，加大对统计数据的解读力度；三是丰富数据公布途径，除传统媒体外，增加对互联网、微博、社交平台等新媒体的发布，更好地满足社会各界对统计数据的需求；四是在发布载体、时间、频率的选择上更加灵活，使政府统计更好地服务大众、服务社会；五是结合新技术，如采用数据可视化技术直观地展示数据，使大众更易于理解统计数据。

（六）构建政府统计的大数据平台和名录库

部门统计数据和部门的行政记录都是依照各职能部门的自身管理需要，通过审批、登记等方式进行记录和存储的结构化数据，不仅数据的连续性较好，而且数据的质量也较高，因此非常适于大数据技术的应用开发。由于这些数据通常会涉及各职能部门的自身利益问题，部门会以数据安全为由进行自我保密，或者某些条件下提供的数据也很有可能受到行政干扰而失真，导致形成政府综合统计与部门统计合作的壁垒。建立政府统计的大数据平台和名录库，则能消除这些隔阂和阻碍，加快大数据在政府统计应用方面的发展速度，同时还能大大降低行政成本，提高政府统计工作的效率和质量。

从具体措施来看，首先是技术问题，既要保证数据的安全性，又不增加职能部门负担。政府统计的技术部门应该根据政府统计自身的特点和部门统计职能与业务需求的不同，利用互联网、云计算等方式建立开放的登录端，通过云端来对部门自身信息采集系统中的行政记录进行数据的转移和传输，或者尝试开发有大数据汇总、整理和同步上传功能的软件，让大数据平台和名录库方便政府统计工作，同时不增加职能部门的工作量和负担。

其次是运行维护问题，既要保证数据的时效性，又能满足政府统计对数据质量的要求。利用大数据的超强处理能力，在最短的时间内更新大数据平台与名录库当中的数据信息，让后期的数据分析和统计成果更具时效性，同时大数据平台与名录库的系统自身也要有强大的逻辑判定和条件汇总功能，对各个部门的相关数据进行综合的筛选和定性，提高数据质量，不能因逻辑冲突、条件不符等情况的发生造成数据和系统的崩溃。

最后是数据的开发利用问题，既要保证数据的共享性，又能提高工作效率。政府统计与各职能部门之间都可以共享到大数据平台和名录库的开发成果，各取所需，相互佐证，有利于职能部门对社会信息进行全面的、实时的了解，如特殊行业前置手续的到期日期以及财务状况等，便于行政执法，规避风险。同时，也有利于政府统计从中得到更为准确、翔实的数据，为统计基础工作打下坚实的基础，节省大量的人力、物力和财力，这无疑都是提高政府统计工作效率的最直接体现。

（七）优化统计数据安全保障机制

在信息社会，数据安全成为各国政府首要关注的问题之一。大数据背景下的统计工作，数据结构各式各样，对数据安全标准和保密性要求也不尽相同，在高度透明的网络运行中，如何进行统计数据的采集、处理以及公布都十分重要。因此，大数据时代政府主管部门应该更加注重数据的安全管理，实现统计信息化与数据安全建设的协调发展，提高数据安全识别、保密性的兼容和设防控制技术，确保现代科技条件下的信息与数据安全。一方面，统计部门应将网络安全技术与大数据技术相融合，建立数据防火墙，确保统计平台的安全稳定运行。另一方面，统计组织体系和管理体系等方面也需要不断完善，建立起数据安全管理应急处置机制，最终共同构建一个全方位、全天候的安全保障体系，推进统计数据的存储与安全融合向更深层次的发展。

六 结语

大数据的迅猛发展，在全球范围内掀起了前所未有的浪潮。对政府统计而言，大数据将多种数据收集方式和来源整合在一起，采用现代信息技术和架构高速处理与挖掘数据，可以提高数据的应用价值，更好地为政府、企业、居民决策提供服务。

国际官方统计界早已开始关注并尝试使用大数据，提出在保证统计工作质量的前提下，充分利用非传统数据资源生产官方统计产品，为科学使用和开发非传统数据提供专业化的指导。在20世纪90年代，利用行政记录已经被国际官方统计界提出，并被列为基本原则之一。联合国《官方统计基本原则》第五款规定：用于统计目的的数据可以来自各种渠道，如统计调查或行政记录等。从国际上看，新加坡已经开始使用商场和超市记录的价格信息计算本国CPI；丹麦、芬兰等北欧国家均已停止传统意义上的人口普查，取而代之的是使用日常行政登记数据。大数据时代的到来为官方统计数据提供了新的供给渠道，也刺激了统计数据使用方产生新的需求。政府统计部门普遍意识到了充分利用大数据进行统计的巨大潜力，主动采取措施利用其开展统计工作。因此，尽管还存在一些技术难题，但利用大数据优化开展政府统计工作的前景十分广阔。政府统计部门如能拓宽视角，更新观念，大胆科学地研究探索，政府统计使用大数据定将大有可为。

面对大数据的汹涌浪潮，我国政府统计部门必须充分认识利用它的重要性和巨大潜力，勇敢面对各种挑战，顺应历史发展潮流，将其作为政府统计的重要数据来源与推动政府统计创新发展的动力源泉，制定合理利用大数据的基础框架，使用科学的方法，大胆地将大数据应用于政府统计。大数据时代环境下，目前按专业、部门条块分割的方式所进行的机构设置模式亟待优化，政府统计部门需要依照海量数据的采集、分析、挖掘和发布这几个技术层面，进行相应的机构设置，构建统一、协调、有序、优化的统计机构体系，打破部门、行业、科室、级别等限制，按照统计业务流程分别设立制度设计部门、数据采集部门、数据管理部门、数据发布部门、数据质量评估部门、数据分析部门、执法监察部门等职能中心。总而言之，最关键的就是要积极构建政府大数据统计体系，全方位顺应大数据的要求，改革和发展现行的政府统计体系。

参考文献

［1］"大数据中的统计方法"课题组：《大数据时代统计学发展的若干问题》，《统计研究》2017年第1期。

［2］Yuxin：《美国：大数据国家战略》，http：//www. jifang360. com/news/ 2014112/ – n633955656_ 2. html，2014。

［3］［美］阿尔温·托夫勒：《第三次浪潮》，生活·读书·新知三联书店1984年版。

［4］陈梦根、刘浩：《大数据对CPI统计的影响及方法改进研究》，《统计与信息论坛》2015年第6期。

［5］程园园：《大数据时代大数据思维与统计思维的融合》，《中国统计》2018年第1期。

［6］崔鹏达：《大数据时代下政府统计工作的变革》，硕士学位论文，吉林大学，2015年。

［7］耿直：《大数据时代统计学面临的机遇与挑战》，《统计研究》2014年第1期。

［8］国家统计局：《中华人民共和国统计大事记（1949—2009）》，中国统计出版社2009年版。

［9］何强：《政府统计视阈中的大数据核心思想刍议》，《调研世界》2015年第2期。

［10］雷款婷：《探析大数据对官方统计的影响》，《中国国情国力》2014年第7期。

［11］李金昌：《大数据与统计新思维》，《统计研究》2014年第1期。

［12］李鹏：《大数据时代来了》，《北京科技报》2013年1月28日。

［13］李勇、罗良清、张敏、李禹锋：《大数据时代我国经济统计现状及趋势研究》，《中国统计》2016年第12期。

［14］刘晓：《联合国"全球脉动"计划发布〈大数据开发：机遇与挑战〉》，http：//www. docin. com/p – 750680124. html，2012。

[15] 马建堂：《大数据在政府统计中的探索与应用》，中国统计出版社 2013 年版。

[16] 孟生旺、袁卫：《大数据时代的统计教育》，《统计研究》2015 年第 4 期。

[17] 米子川、姜天英：《大数据指数是否可以替代统计调查指数》，《统计研究》2016 年第 11 期。

[18] 漆威、黄恒君：《大数据在政府统计中的角色定位及应用路径探讨》，《调研世界》2016 年第 4 期。

[19] 邱东：《大数据时代对统计学的挑战》，《统计研究》2014 年第 1 期。

[20] 田茂再：《大数据时代统计学重构研究中的几个热点问题》，《统计研究》2015 年第 5 期。

[21] 涂子沛：《大数据：正在到来的数据革命》，广西师范大学出版社 2012 年版。

[22] 汪毅霖：《大数据预测与大数据时代的经济学预测》，《学术界》2016 年第 11 期。

[23] 王国钧：《政府统计如何应对大数据时代的到来》，《中国统计》2013 年第 9 期。

[24] [英] 维克托·迈尔-舍恩伯格、肯尼思·库克耶：《大数据时代：生活、工作与思维的大变革》，浙江人民出版社 2013 年版。

[25] 魏瑾瑞、蒋萍：《数据科学的统计学内涵》，《统计研究》2014 年第 5 期。

[26] 肖红叶：《大数据时代的统计创新：数据工程》，《统计与信息论坛》2016 年第 11 期。

[27] 许小乐：《"大数据"与政府统计改革》，《调研世界》2013 年第 5 期。

[28] 雨前：《大数据国家档案之英国：大数据的积极拥抱者》，http://www.chinacloud.com/yunzixun/yunjisuanxinwen/20140122_

22857. html，2014。

[29] 张明康：《大数据应用于政府统计的探索与实践——基于财税数据应用的研究》，《调研世界》2014年第3期。

[30] 郑京平、王全众：《官方统计应如何面对Big Data的挑战》，《统计研究》2012年第12期。

[31] 朱建平、张悦涵：《大数据时代对传统统计学变革的思考》，《统计研究》2016年第2期。

[32] 朱建平、章贵军、刘晓葳：《大数据时代下数据分析理念的辨析》，《统计研究》2014年第2期。

[33] 诸葛明、汤诚蓉：《地方政府统计在大数据时代的定位探讨》，《统计科学与实践》2016年第11期。

[34] 邹颖：《大数据时代下对政府统计的思考改革研究》，《现代经济信息》2018年第13期。

[35] 闫荣国、刘天信：《大数据时代统计变革与应对之策探析》，《西安文理学院学报》（社会科学版）2015年第5期。

[36] Task Team on Big Data, "Classification of Types of Big Data", UNECE Statistics, 2013.

[37] UN GLOBAL PULSE, "Big Data for Development: Challenges & Opportunities", http://www.unglobalpulse.org/, 2012.

[38] World Economic Forum, "Big Data, Big Impact: New Possibilities for International Development", http://www.weforum.org/, 2012.

专题二 中国投入产出核算发展评析与展望

摘要 投入产出核算或称投入产出分析,不仅核算国民经济总量指标,还核算各总量指标的分部门形成和使用结构,重点反映国民经济各部门之间的技术经济联系,在经济管理与分析中具有广泛的应用。投入产出技术在长期的发展历程中不断完善,已基本形成了一套完整的投入产出核算体系,在类型上既有投入产出动态模型与投入产出静态模型之分,又有实物型投入产出模型与价值型投入产出模型。投入产出方法最早引入我国可追溯到20世纪50年代,经历了从探索到成熟、从不定期编表阶段到制度化编表阶段的发展过程。特别是改革开放后,投入产出核算的理论研究和实践工作进入了大发展时期,形成了逢2、逢7年份编制投入产出基年表,逢0、逢5年份编制投入产出简表的固定统计制度,已被广泛应用于贸易、能源、环境、人口等众多研究领域。目前我国最新的国民经济核算体系《中国国民经济核算体系(2016)》,对投入产出核算做了诸多改进与完善,如核算表式的改进、引入"经济所有权"概念、增加产品分类、修订部分核算指标等。相比于国外投入产出技术,我国起步较晚,在取得一系列成就的同时还存在一些不足与缺陷,主要体现在:(1)政府统计的整体性、一致性不足;(2)非"纯"产品部门;(3)编表价格的不同;(4)调查对象的区别;(5)调查方案设计与编表方法;(6)基础数据处理困难及质量问题;(7)核算外人为因素的影响。为此,我国应进一步加强学习和研究,准确把握我国投入产出核算与世界各国先进理论和实践水平之间的差距,从部门分类、核算价格、编表方法等方面做出改进和发展，特别是随着大数据的到来，应积极将大数据技术应用到我国投入产出核算的实际工作当中，提高我国投入产出核算效率和质量，不断完善我国的投入产出核算体系。

关键词　投入产出表　实物型　价值型　投入产出模型　SNA2008

一　投入产出核算发展回顾

投入产出核算常常也被称为投入产出分析（Input – output Analysis），在苏联和东欧各国被称为部门联系平衡法，在日本被称为产业关联法，在中国大多被称作投入产出分析、投入产出法或投入产出技术。投入产出核算不仅核算国民经济总量指标，如增加值、总投入、总产出、中间投入和中间使用等，还核算各总量指标的分部门形成和使用结构，重点反映国民经济各部门之间的技术经济联系，是国内生产总值核算的扩展和延伸。

（一）投入产出核算产生背景

任何科学思想和方法的产生都有其历史渊源，投入产出核算亦是如此。投入产出核算产生的历史渊源主要有如下两方面。

一是早在1758年，法国经济学家魁奈（Francois Quesnay）就提出了"经济表"（Tableau Economique），19世纪马克思提出了两个部门再生产模型，之后瓦尔拉斯（Leon Walras）构造了多个生产部门一般均衡数学模型，这些理论方法对投入产出分析的产生具有重要的作用。

魁奈的"经济表"以图表形式从数量上描述了生产者与消费者在商品和劳务上的流通情况，用实际数字和算术公式表示一个农业国的年产出及其生产耗费在农业阶级、工业阶级（从事制造业和艺术工作的人员）和所有者阶级（地主、教会和国王等）之间的分配情况。

马克思通过对"经济表"的考察和研究，建立了简单再生产和扩大再生产的两部门再生产模型，并利用公式和图表描绘了经济两部门之间的相互联系，这些工作无疑推动了投入产出分析的产生。

法国经济学家瓦尔拉斯在1874年提出了被后人称为"瓦尔拉斯一般均衡"的经济理论。在经济学说史上，瓦尔拉斯第一个提出了一般均衡的数学模型，并试图解决一般均衡的存在性问题。瓦尔拉斯的一般均衡价格决定思想是通过数学公式阐述的。假定有m种消费品，n种要素劳务和mn种技术系数，由于消费品和要素劳务的交易数量和价格均是未知的，所有未知变量的总和是2m+2n+mn。如果其中一种商品被选定为标准商品，充当计价单位，该种商品的价格被界定为1，则所有其他商品的价格都由它表示。这种情况下，需要决定的未知变量是2m+2n+mn-1。此时，独立方程的数目与未知数的数目相同，方程会有唯一解。在这样的经济系统中，消费者希望取得最大效用，企业家希望获得最大的利润，资源所有者则希望获取尽可能多的报酬。那么，方程所决定的均衡就是稳定的均衡，一旦经济制度处于非均衡状态，市场的力量会自动地使经济制度调整到一个新的均衡状态。瓦尔拉斯的一般均衡理论经帕累托、希克斯、谢尔曼、萨缪尔森、阿罗、德布鲁以及麦肯齐等经济学家的改进和发展之后，成为现代一般均衡理论。

魁奈、马克思和瓦尔拉斯的核心思想是社会中生产部门之间存在联系，各部门生产出的商品与货物会相互流通，并且市场中生产者与消费者会在某一状态达到均衡，这为近代投入产出平衡表的出现奠定了思想基础。

二是20世纪20年代苏联编制了国民经济平衡表。十月革命以后，苏联在生产资料公有制的基础上实行计划经济，即政府用计划手段来指导国民经济的发展。在此背景下，根据苏联政府的决定，苏联中央统计局于1924年编制了1923/1924国民经济平衡表并出版了一本专著，其中包括各种价值平衡表，如社会产品生产和分配平衡表、国民收入平衡表、部门间产品生产和分配平衡表以及实物平衡表等。这些平衡表对列昂惕夫（W. Leontief）提出投入产出分析产生了重大影响。首先，这些表中提出了以棋盘式平衡表的形式研究国民经济各个部门和主要产品生产与消耗之间的平衡问题，列昂惕夫的投入产出表即采用了这种形式来反映各个生产部门之间的联系；其次，1923/1924 国民经济平衡表的作者之一杜波维科夫曾经指出，"国民经济各部门之间存在连锁联系"，列昂惕夫的投入产出分析也汲取了这个重要思想。

但是，随后这些平衡表在苏联受到了批判。1929 年斯大林在《论苏联土地政策的几个问题》一文中，对这些平衡表加以严厉批判，认为这些工作是从资产阶级《均衡论》出发，没有正确体现马克思再生产理论，是一种"数学游戏"。这些批判在较长时期内严重影响了苏联有关平衡表的研究工作。因此，尽管苏联最早编制了国民经济平衡表，但是投入产出技术却没有产生于苏联，而是由列昂惕夫在美国所创立。苏联的这些工作对列昂惕夫创立投入产出技术有很大的影响，因为列昂惕夫对苏联的这些工作有深入的了解，他离开苏联以前所发表的一篇论文（Leontief，1925）中曾指出，以波波夫（Popov）为首的一批俄国统计学家构造了一个简单的国民经济核算体系，由此进行部门间联系的分析和研究。[1]

从技术角度看，苏联的这些平衡表与投入产出分析存在很大差别。例如，这些平衡表未利用数学方法，没有提出和计算直接消耗系数和完全消耗系数等。因此，苏联仅仅编制了有关投入产出的国民经济平衡表，催生了投入产出技术的萌芽，而真正在国民经济领域运用投入产出进行核算的是在 20 世纪 20 年代之后的美国。

（二）投入产出核算发展历程

美国著名经济学家列昂惕夫是投入产出账户的创始人。1936 年，列昂惕夫发表了《美国经济体系中的投入产出的数量关系》一文（Leontief，1936），这是有关投入产出分析技术的最早论文。

---

[1] 陈锡康、杨翠红：《投入产出技术》，科学出版社 2011 年版。

1941年，列昂惕夫在哈佛大学又出版了《美国经济结构1919—1929》一书，该书系统地论述了投入产出的原理和方法，并利用美国的统计资料编制了美国经济1919年和1929年投入产出表。全书分为三篇，第一篇为基本概念、方法和思想来源等，第二篇为理论结构，第三篇为统计资料的来源及处理等。该书在1951年再版时增加了美国经济1939年的投入产出表。1948年列昂惕夫在哈佛大学建立哈佛经济研究项目组（Harvard Economic Research Project），培养了第一批投入产出学者。1953年列昂惕夫与很多著名学者如钱纳里（Chenery, H. B.）和沃尔特·艾萨德（Walter Isard）等合作出版了《美国经济结构研究：投入产出分析等理论和经验探讨》一书。这本书包括理论和应用两部分，在理论部分重点探讨了度量技术变动的经济方法，研究经济结构变动的技术，并提出了动态投入产出模型和地区间投入产出模型等。列昂惕夫在该书的动态分析一章中提出了连续型和离散型动态投入产出模型，并研究了连续型动态投入产出开模型和连续型动态投入产出闭模型的求解及其经济解释，包括最大特征根的经济解释等。对于离散型动态投入产出模型，列昂惕夫提出了多年时滞动态投入产出模型等。在应用分析部分，列昂惕夫及其合作者阐述了编制和应用投入产出表的具体方法，包括资料来源、数据加工以及分析应用等。需要特别指出的是，著名的区域科学专家和投入产出专家沃尔特·艾萨德院士阐释了编制和应用地区投入产出表的许多问题。①

之后，投入产出分析很快传播到世界上很多国家。西欧国家和日本于20世纪50年代前后开始编制投入产出表，接着很多发展中国家也开始着手编制投入产出表。据不完全统计，20世纪50年代

---

① 沃尔特·艾萨德（1919—2010年）被称为西方区域科学、空间经济学创始人，1943年获得哈佛大学经济学博士学位，他于1954年创办了世界上第一个区域科学协会、第一个区域科学系、第一个区域科学研究所和第一本区域科学杂志，1960年他又出版了《区域分析方法》一书，书中系统阐述了区域开发的理论和方法，标志着区域科学的正式形成。

开始编制投入产出表的国家有美、英、丹麦、荷兰、挪威、加拿大和澳大利亚七个国家。20世纪50年代之后，很多发达国家如日本，发展中国家如埃及、马来西亚、赞比亚等，以及苏联和很多东欧国家也都开始编制投入产出表。

20世纪60年代以前，苏联和东欧国家对于在经济研究和计划工作中应用数学方法和计算机等很不重视并采取批判态度。不过由于国内经济发展的需要和受到美、英、日等国应用投入产出技术的影响，20世纪50年代这种状况开始扭转过来。1961年苏联中央统计局开始编制价值型和实物型投入产出表，其中价值表分为83个生产部门，实物表则按157种有重要国民经济意义的主要产品编制。此后，苏联又编制了1966年和1972年投入产出表。这些投入产出表曾经广泛地用于分析苏联各经济部门之间的联系、为编制年度计划和五年计划提供了重要参考，并用于研究产品的价格形成和计算产品的理论价格等。

1968年，联合国统计局出版的《国民经济核算体系》（*System of National Accountings*）一书开始把投入产出表作为新国民核算体系中的一个重要组成部分。1973年，联合国统计局出版的《投入产出表和分析》一书介绍和推荐了根据英国经验发展起来的"商品—产业部门法"，并修改和更新了投入产出表的RAS方法。后来，瑞典皇家科学院宣布列昂惕夫作为"唯一的和无可争辩的投入产出技术的创始人"获得1973年度的诺贝尔经济学奖。1988年，国际投入产出协会成立，列昂惕夫和斯通（Richard Stone）被选为国际投入产出协会名誉主席。截至2018年，国际投入产出协会共召开了25次国际投入产出技术会议。

投入产出方法最早引进我国可追溯到20世纪50年代。1959年孙冶方访问苏联，回国后即开始倡导该方法。中国的第一张投入产出表是1973年的61种产品实物型投入产出表，第一张国民经济全部门投入产出表是于1982年试编完成的1981年23部门价值型投入产出表。1986年国务院决定正式编制全国1987年投入产出表，并且要求以后每 5 年编制一次。目前,我国已经正式编制了 1987 年、1992 年、1997 年、2002 年、2007 年、2012 年全国投入产出表。除了国家级,我国各地区也编制了地区投入产出表,部分部门和企业也编制了本部门和本企业的投入产出表。投入产出分析在经济预测、经济分析、计划制订等方面发挥了重要的作用。1992 年,在制定新国民经济核算体系时,我国将投入产出核算作为其中一部分。

二 投入产出核算的理论与体系

(一)投入产出核算的经济理论基础

作为一种经济数量分析方法,投入产出核算是经济理论和数学模型的有机结合体。投入产出核算必须要以经济理论为前提,二者相辅相成,紧密结合。投入产出表的编制与数学模型的建立,要在正确的经济理论指导下进行,且必须有经济理论的支撑。

1. 社会总产品理论在投入产出总体框架中的应用

有关社会总产品的理论是马克思再生产理论的重要组成部分,投入产出的总体设计就是以此为基础及出发点的。这里的社会总产品与西方经济学中的总产品有着显著的区别:社会总产品指产出产品的总和,其中包括生产过程中消耗的生产资料,而西方经济学认为,生产过程中消耗的生产资料属于重复计算,在计算总产品时应该扣除这一部分。生产过程中消耗的生产资料即投入产出表中的中间产品项,所以是否承认中间产品在社会总生产的作用,是区别两个不同总量概念的分水岭。显然,投入产出分析选择了社会总产品,并让中间产品在投入产出表及其数学模型中扮演着重要的角色。

2. 社会总产品实物运动与价值运动的统一

投入产出表的行向是用来表现产品的使用价值,其中本年消耗使用的生产资料就属于中间产出,其余主要作为消费、投资或库存，被称为最终产品。投入产出表的列向是用来反映产品的价值构成，其中本年消耗使用的生产资料属于中间投入，这部分价值为转移过来的价值，其余部分的价值就是新创造价值，或被称为初始投入。若从宏观经济的角度来观察社会总产品，行向按产品的使用性质划分并表现了产品的实物运动，列向区分为不同的价值形成过程且反映了产品的价值运动。

3. 两部类再生产公式即两部门投入产出模型

如果社会总产品只划分为两个部类，即一个是生产资料生产部类 X_1，另一个是消费资料生产部类 X_2。它们的价值构成均为三个组成部分，即转移价值 C、劳动力价值 V 和剩余价值 M（见图 2-1）。则两部类再生产公式可表述为：

$$C_1 + V_1 + M_1 = X_1 \tag{2-1}$$

$$C_2 + V_2 + M_2 = X_2 \tag{2-2}$$

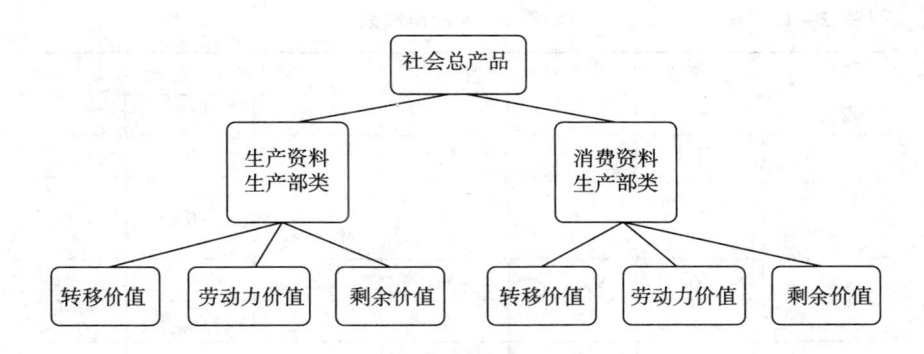

图 2-1 社会总产品分类

由于投入产出表同样按照该原理进行设计，则可以用包含两个部门的投入产出表来反映再生产公式的内容，如表 2-1 所示。其中投入产出表的列向是由两个部类的价值构成，C_1 和 C_2 是转移价值，处在中间投入栏内，V_1、M_1、V_2、M_2 属于新创造价值，放在初始投入栏中，总投入分别为 X_1、X_2。投入产出表的行向反映两个部类产品的实物去向，其间必须进行如下交换才能实现：

$$V_1 + M_1 = C_2 \qquad (2-3)$$

该等式表示用第一部类的生产资料去换取第二部类的消费资料。这样,反映在投入产出表中的第一行中:

$$C_1 + C_2 = X_1 \qquad (2-4)$$

该公式表示第一行合计总产出为 X_1,C_1、C_2 作为生产资料应放在中间产品栏下,同一行在最终产品栏下为零。再看表的第二行:

$$V_1 + M_1 + V_2 + M_2 = X_2 \qquad (2-5)$$

对于只能作为生活消费的消费资料 V_1、M_1、V_2、M_2,应填入第二行的最终产品项下,而第二行的中间产品项下全为零,第二行的合计总产出是 X_2。因此,用两部门投入产出表就可充分再现两部类再生产公式,若采用同样的方法,也可以用四部门投入产出表来表示四部类的扩大再生产公式。

表 2-1　　　　　　　　　两部门投入产出简表

投入	产出	中间产品 I	中间产品 II	最终产品 消费	最终产品 积累	总产出
物质消耗	I	C_1	C_2	0	0	X_1
物质消耗	II	0	0	$V_1 + V_2$ $M_1 + M_2$	0	X_2
新创造价值	V	V_1	V_2			
新创造价值	M	M_1	M_2			
总产出(投入)		X_1	X_2			

(二) 投入产出核算体系

投入产出核算和国内生产总值核算在国民经济总量指标的口径、范围和计算原则上基本一致。与之不同的是,投入产出核算不仅核算国民经济总量指标,而且还核算各个总量指标的结构,因此,它是国内生产总值核算的扩展和延伸。原因在于:首先,投入产出核算既核算国民经济总量指标,也核算各总量指标的结构;其次,投入产出核算侧重反映国民经济各部门之间的技术经济联系，从而充分揭示各总量指标的形成过程；最后，投入产出表充分体现生产、收入、支出三种计算国内生产总值方法的统一。

投入产出核算的形式表现为投入产出模型，投入产出模型具有两种模型形式：其一是投入产出表；其二是投入产出数学模型。二者密不可分，相互联系，形成一个完整的模型体系。

1. 投入产出核算模型的类型

根据不同的划分依据，投入产出核算模型可以分为不同的类型（见表2-2），不同种类型具有不同的特征，其应用的范围也不一样。

表2-2　　　　　　　投入产出模型类型及主要特征

模型划分依据	模型类型	主要特征
根据投入产出模型反映的时期	投入产出动态模型	变量与时间因素有关
	投入产出静态模型	模型中不包含时间因素
根据模型中变量的计量单位	实物型模型	表中大部分指标以实物单位为计量单位，例如千克（公斤）、吨、米、千米（公里）、千瓦小时等
	价值型模型	表中所有指标都以货币单位为计量单位，例如我国的人民币元、万元、亿元，其他国家的货币美元、日元、英镑、欧元等
根据资料调查范围	宏观模型	主要包括地区模型、地区间模型、部门间模型
	微观模型	主要指企业模型
根据调查资料的性质和内容	报告期投入产出模型	表中资料为报告期的实际数据
	计划期投入产出模型	表中资料为计划期的计划数据

2. 投入产出核算模型的基本形式

投入产出模型的种类很多，最基本的模型为全国静态投入产出模型，该模型以整个国民经济为描述对象，反映某一时间内（通常为一年）各产品（或部门）间投入和产出的内在联系。按照计量单位的不同，静态投入产出模型又可以分为实物型投入产出模型与价值型投入产出模型，而实物型投入产出模型包括实物型投入产出表和实物型投入产出数学模型，同样，价值型投入产出模型包括价值型投入产出表和价值型投入产出数学模型。前者是以实物单位度量的，后者是以产品价格进行度量的。尽管世界上大部分国家所用的投入产出表均为价值型投入产出表，但是价值型投入产出表易受价格波动的影响，所以实物型投入产出表也具有不可忽视的作用和地位。下面简要介绍两种模型投入产出表的一般理论与编制方法。

（1）实物型投入产出模型

①实物产品间的生产联系

国民经济中存在成千上万种实物产品，各种产品在生产过程中，会消耗掉一定数量的其他产品，所以产品在生产过程中由于存在这种互相消耗，会形成错综复杂的相互联系。具体可以分为：实物产品间的直接联系和间接联系；实物产品间的单向联系和双向联系；实物产品间的顺联系和逆联系。

直接联系是指两个部门（或两种产品）之间不经过其他部门或产品而发生的产品之间的直接消耗关系；间接联系是指两个部门（或两种产品）之间要经过其他部门（或产品）而发生的产品消耗关系。

单向联系是指先行部门为后续部门提供生产资料，而后续部门的产品不再作为先行部门的产品投入，则称此两部门之间存在单向联系；双向联系是指部门之间相互消耗、相互提供产品的联系。

顺联系是指从原材料开始，依次经过各加工环节，最后生产出产品，称为顺联系，单向联系即为顺联系；逆联系是指后续部门的产品又进入先行部门的生产过程中去，作为先行部门的投入，则称此两部门之间存在着逆联系。

②实物型投入产出表

a. 实物型投入产出表结构

实物型投入产出表主要包括两部分：第一部分为基本流量表，

其中主栏表示中间投入，宾栏表示中间产品。表的行向表示主栏产品提供给自己和其他产品作为生产消耗的数量，列向为生产宾栏产品而消耗自己和其他产品的数量。这一部分反映了各产品之间相互提供与相互消耗的数量依存关系，这种关系是由生产技术与消耗结构决定的。

第二部分为最终产品部分，该部分为第一部分在行向的延伸，因此主栏与第一部分相同，宾栏是最终产品使用。其行向是最终产品的分配使用表，它反映各主栏产品可供分配使用的数量，列向是最终产品构成表，它反映各项最终产品由各主栏产品构成的数量。第一、第二部分的行向反映了各主栏产品作为中间产品和最终产品使用的数量。

实物型投入产出表具有如下的平衡关系：

中间使用 + 最终使用 = 总产出 (2 – 6)

（中间产品 + 最终产品 = 总产品）

由此，我们可以得到简化的实物型投入产出表，如表 2 – 3 所示。

表 2 – 3　　　　　　简化的实物型投入产出表

投入	产出	中间产品					最终产品	总计
		1	2	…	n	其他		
物质消耗	1	q_{11}	q_{12}	…	q_{1n}		y_1	Q_1
	2	q_{21}	q_{22}	…	q_{2n}		y_2	Q_2
	⋮	⋮	⋮	⋮	⋮		⋮	⋮
	n	q_{n1}	q_{n2}	…	q_{nn}		y_n	Q_n
劳动报酬		q_{01}	q_{02}	…	q_{0n}			

由表 2 – 3 可知，中间产品栏为投入产出表的第一部分，最终产品栏为投入产出表的第二部分。表中，一共有 n 类产品，从行向来看，反映的是各类产品的分配使用情况：其中一部分作为中间产

品,表示在一定的时期内(通常以年度计)作为生产过程中消耗使用的产品,比如 q_{11} 表示在一定的时期内生产过程中为了生产产品1而消耗使用产品1的数量。中间产品总共有 n 种,另加一个其他项。另一部分作为最终产品,即本期不再返回生产过程的物质产品,它包括了本年内永远或暂时脱离了生产过程的实物产品,如用于人民生活和社会消费的消费品(永远脱离生产),或者用于投资的产品(暂时脱离生产),或者用于出口的产品(脱离本国加工过程)。中间产品和最终产品之和为生产总量 Q。

从列向来看,反映的是各类社会产品生产的过程中需要消耗其他产品(包括自身)的数量,比如 q_{11} 表示在一定的时期内生产过程中为了生产产品1而消耗使用产品1的数量。投入包括中间投入和初始投入。对于实物型投入产出表,行向可以相加,列向由于单位不一致所以无法相加,不能建立有关数量关系。

所以根据实物型投入产出表只能建立行模型,对于上述简化的投入产出表,可以按行依次建立 n 个方程,即 n 种产品的生产和分配使用的平衡方程:

$$q_{11} + q_{12} + \cdots + q_{1n} + y_1 = Q_1$$
$$q_{12} + q_{22} + \cdots + q_{2n} + y_2 = Q_2$$
$$\vdots$$
$$q_{n1} + q_{n2} + \cdots + q_{nn} + y_1 = Q_n$$

(2-7)

在实际编制实物型投入产出表时,可以加上各类产品的资源数量,并将最终产品细分为消费、投资、出口等项目,这样实物型投入产出表就可以成为一种综合的物资平衡表,反映各类产品的资源分配使用的平衡状况。

b. 实物型投入产出表的特点

实物型投入产出表中的计量单位是实物量,表中行向可以相加,但是列向由于单位不尽相同,所以不能相加,因此投入产出表的列向不能反映各类产品的消耗总量,只能反映各种产品在生产过程中的具体消耗。社会生产中的产品种类是数不胜数的,所以实物型投入产出表中不可能包含所有的产品，为了弥补这个缺点，需要在中间产品栏下增加一列其他项，如果需要更加详细地了解其他项还可以将它进一步划分成行业等。实物型投入产出表能够较为确切地反映国民经济中各类产品生产过程中的技术联系，使它不受价格变动和价格背离价值等因素的影响。

（2）价值型投入产出模型

①基本假设

a. 同性质假定（不可替代假设）

假设一个部门只生产一种特定的同质产品而且只采用一种技术生产；同时，一种产品只由一个部门生产。此时部门称为"纯部门"或"产品部门"，同一部门的产品可以相互替代，不同部门的产品不能相互替代。该假设是最核心的假设，它使得每个部门都成为一个单纯生产某种产品的集合体，而不用考虑部门内部生产过程中不同生产技术的差异和产品的相互替代，从而使模型能准确反映各部门产品的物质消耗构成，在"产品"和"部门"之间建立一一对应的关系。

b. 比例性假定（线性假定）

假设国民经济各生产部门投入量与产出量成正比例关系，比例系数就是直接消耗系数，即随着产品生产（产出）的增加，所需的各种消耗（投入）则以同样的比例增加。

c. 系数稳定性假设

假设直接消耗系数在一个周期内是固定不变的。即一方面，直接消耗系数不随时间变化，在一个周期内，各部门的生产技术水平固定不变，抽象掉了劳动生产率提高和技术进步的因素；另一方面，直接消耗系数在同一部门的各个企业之间保持不变，同一部门内各个企业的技术水平、技术条件相同，或者它们有相同的消耗系数，或者整个部门各个企业的平均值为直接消耗系数。这个假设为编制出来的投入产出表能应用于经济分析、经济预测和计划管理提供了保证。

d. 生产周期的假设

投入产出模型假设每个部门的生产经营活动,从生产要素的投入到产出的分配和使用,都在一个周期内完成。

②价值型投入产出表

在价值型投入产出表中,整个国民经济被分成若干个部门,并以货币为计量单位,所以它比实物型投入产出表覆盖的范围更大,一般来说,价值型投入产出表的行和列反映了投入产出表的平衡关系,具体来说,价值型投入产出表的行反映各部门产品的实物运动过程,而列则反映各部门产品的价值形成过程(见表2-4)。

表2-4 价值型投入产出表

投入 \ 产出		中间产品				最终产品			进口	总产出
		部门1	…	部门n	合计	最终消费	资本形成	出口		
中间投入	部门1	第Ⅰ象限				第Ⅱ象限				
	⋮									
	部门n									
	合计									
增加值	劳动者报酬 生产税净额 固定资产折旧 营业盈余	第Ⅲ象限				第Ⅳ象限				
	合计									
总投入										

(三)投入产出核算的发展与应用

1. 投入产出技术的发展

早期的投入产出表及其模型比较简单,只是静态的产品投入产出表。它是由一个中间使用流量矩阵,右边连接一个最终需求向量,垂直方向连接一个原始投入或增加价值向量。将中间产品流量元素的系数矩阵求逆即 $(I-A)^{-1}$，可以用这个逆矩阵将最终需求转换成产品总量，也可以用这个逆矩阵的转置矩阵将原始投入转换成单位产品总投入即价格。几十年来，经过许多国家经济学家的研究和应用，投入产出分析的原理已经比较成熟，建立起了一系列的模型体系，并在深度方面也有很大的发展。图2-2为投入产出技术发展至今形成的投入产出计划模型体系。

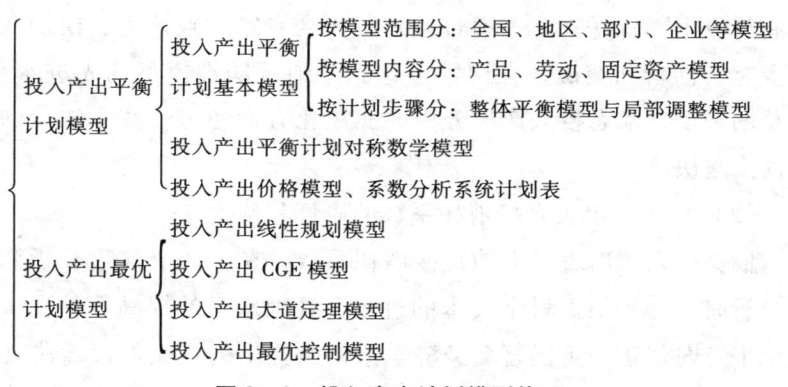

```
                        ┌ 投入产出平衡   ┌ 按模型范围分：全国、地区、部门、企业等模型
          ┌ 投入产出平衡 │ 计划基本模型 ─┤ 按模型内容分：产品、劳动、固定资产模型
          │ 计划模型    │              └ 按计划步骤分：整体平衡模型与局部调整模型
          │            │ 投入产出平衡计划对称数学模型
          │            └ 投入产出价格模型、系数分析系统计划表
          │            ┌ 投入产出线性规划模型
          │ 投入产出最优│ 投入产出CGE模型
          │ 计划模型    │ 投入产出大道定理模型
          └            └ 投入产出最优控制模型
```

图2-2 投入产出计划模型体系

投入产出理论的发展主要有以下几个方面。

（1）外生变量内生化，静态模型向动态模型发展

静态投入产出模型只能反映一个时点上（一般为一年）的经济发展情况，当用于预测和计划分析时，往往将投资与消费、净出口等都作为外生变量处理。动态投入产出模型可以再现投资与生产之间相互联系、相互制约的循环往复的发展过程，将投资由静态的外生变为动态的内生，即由模型本身导出。同时，由于加入了时间因素，就可以反映出经济体在一个时间序列上的变化规律，即逐年的发展动态。

早在投入产出分析问世不久，就有人探讨动态模型问题。戴维·哈京斯于1948年提出了以微分方程组形式表达的动态模型。列昂惕夫于1953年和1970年也先后研究并提出了著名的"动态求逆"模型,以差分方程组的形式表达了动态投入产出模型,为动态模型的实用化奠定了基础。1986年、1988年分别在日本和匈牙利召开的第八届和第九届国际投入产出技术会议上,有关动态投入产出理论与应用研究的论文很多,说明动态投入产出在很多国家的经济研究中都受到了重视。

在此期间,中国动态投入产出分析研究也取得了一些成果。1987年8月,赵新良等(1987)完成的"辽宁动态投入产出模型研制与应用"课题在北京通过鉴定,与会专家一致认为,模型在技术上有所创新和突破,在国际上达到了地区同类模型的先进水平。但总的来说,动态投入产出分析在实用化方面还有一些方法论的问题尚未解决。

(2)投入产出表直接消耗系数的修订和预测

根据投入产出表得出的直接消耗系数,在应用于政策分析和预测分析时,必须根据科学技术的进步、管理水平的提高等外在条件变化来及时修正。英国著名经济学家斯通提出的双比例尺度法(又称RAS法),在世界各国得到了普遍应用,此后不断有人在这方面进行研究和改进。直接消耗系数修订方法,至今仍是一个国际和国内学术界十分关注的方法论问题。

(3)投入产出的优化模型

投入产出模型本身并不具有择优功能,利用它建立的计划模型只能得到各部门相互协调的平衡计划方案,制订一个既能满足投入与产出的平衡关系,又能使经济系统取得最优经济效果的方案要求将投入产出技术与线性规划、非线性动态规划等数学模型结合起来,建立起投入产出的最优化模型。

对此,美国经济学家 R. 多夫曼、索洛等(1958)曾将线性规划与投入产出分析结合起来对经济活动进行分析,并研究了动态最优模型,即大道定理。此外,国外还将瓦尔拉斯的一般均衡论模型改进为可计算的一般均衡模型,简称 CGE 模型。它在解出最优计划的同时可解出一组均衡价格,用以研究最优价格体系,模拟市场运行规律。

(4) 投入产出分析与其他数量经济分析方法相结合、渗透

在研究经济系统动态问题时，投入产出分析还可以与其他数学形式相结合。比如投入产出分析与动态规划模型的结合，不仅使模型增加了时间因素，而且还能够进行优化处理。又如，投入产出分析的动态分析还可能涉及诸如诺依曼模型、大道定理模型等方法。在这些模型中运用了有关集合论、极值原理及最优控制等原理和方法。总之，从投入产出分析的不断发展来看，单独地、孤立地使用投入产出分析是无法满足研究应用需求的。它与其他经济数学方法的结合是今后发展的必然趋势，同时在结合中，也不断使自身更加系统化、完善化。

2. 投入产出核算的应用

投入产出核算在应用方法上也有很大的扩展，不仅体现在应用的深度上，还体现在应用的广度方面，主要有：地区间研究；核算劳动、固定资产、投资；研究环境污染及其治理；特殊领域的应用，包括收入分配、人口、教育、国际贸易、生态保护等。

从文献上看，我国一些学者在投入产出分析的应用研究方面做了不少工作，取得许多有价值的成果。例如，陈锡康（1992）提出了投入占用产出表，将投入产出分析称为投入占用产出分析。他将生产过程对流量形式的劳动对象的使用称为消耗或投入，而把对存量形式的劳动对象和对劳动资料的使用称为占用。因此，投入占用产出表包含了更多的信息，可以分析、预测更多的指标。1991年，陈锡康等专家编制了"中国城乡经济投入占用产出表"，这是世界上第一个城乡间的投入占用产出表。

薛新伟、王冬（1997）等提出了"灰色投入产出理论"。他们认为任何经济系统赖以生存的客观环境不仅包括物质基础（中间投入、初始投入和占用产出，统称为白色要素投入），还包括非物质基础（劳动者文化素质、生产积极性、政治因素、气候因素、市场行情、整体科技水平等，统称为灰色投入）。这些非物质因素虽然不像物质因素那样看得见、数得着，但其影响完全可以感觉到，因

此将考虑非物质因素的投入产出表称为灰色投入产出表，不过如何有效地将这些灰色要素进行量化仍是一个难点问题。

雷明（2011）基于现代边际机会成本（MOC）理论，结合中国国民经济核算实践，集中从投入产出核算角度出发，围绕核算架构设计及应用案例分析两条主线就如何将自然因素纳入国民经济核算，构建实用有效的资源—经济—环境一体化绿色核算体系问题进行创新性研究，并提出了绿色投入产出理论。

陈楷（2013）运用投入产出技术，首先编制实物价值型投入产出表和含实物流量的能源投入产出表，建立能量型农业投入产出模型，并计算出完全综合能耗系数；其次利用折能系数，编制2007年能量型农业投入产出表；最后利用编制出的投入产出表来研究农业生产。通过计算人工投能产投比和无机能比例系数，发现了农业生产中人工投能不足和化肥投入量过多，并得出了目前我国农业生产模式主要是由于掠夺土地中积聚的能量使得耕地质量下降，进而危害农业可持续发展的结论，并提出了改善耕地质量的可行性建议。

李鑫茹等（2017）利用完全需要系数矩阵的幂级数展开式探讨了投入产出乘数的时滞性，通过研究得出，完全效应和乘数指标反映的只是各轮效应的加总，而外部事件对经济体的影响是随着生产过程的开展逐步产生的，并且由于价值型投入产出表的直接消耗系数为小于1的非负数，故而随着时间的推移，影响效果会逐渐减弱。同时，他们通过对直接效用和各轮间接效应的时滞性的讨论，总结出投入产出乘数时滞长度的分析方法，即投入产出开模型、局部闭模型和投入占用产出模型下时滞长度的计算方法。

潘安（2017）通过构建环境投入产出模型和采用中国地区投入产出数据，计算了2012年我国31个省份的对外贸易隐含碳，并从对外贸易和区域间贸易两个方面考察我国碳排放转移，并找到我国不同地区在碳排放转移中的地位差异和原因。

郑珍远等（2017）以城镇和乡村作为研究分组标志，编制福建省"六普"城乡人口投入产出表，分析了"六普"人口投入产出表的平衡关系，计算出福建省人口投入产出的相关系数，并利用马尔可夫过程来模拟人口转移过程，进而对福建省"十二五"期间的总人口进行预测。

（四）投入产出核算发展新动向

1. 区域间投入产出分析

投入产出技术在近几十年间发展日趋完善，已经基本形成了一套完整的投入产出核算体系。但是由于近几十年来高新技术产业的发展以及国家间政治、商贸、学术间交流的频繁，全球经济贸易往来增加，商品与服务的进出口规模日益扩大，各国家间的隐含碳排放转移以及全球价值链视角下能源消耗的计算逐渐纳入学界的视野。由此，需要进一步扩充投入产出表以及发展投入产出核算技术，于是区域间投入产出模型应运而生。

区域间投入产出模型是根据区域间商务及劳务的流动，将各区域投入产出模型链接而成的。最初，区域间投入产出模型主要是用来反映各个地区不同产业之间的经济联系，并对各个地区商品和劳务流动进行描述，是进行区域之间产业结构和技术差异比较，分析区域间产业相互联系影响、区域间资源合理配置、地区经济溢出与反馈效应等研究的重要基础工具。

随着社会的发展，生态环境问题逐渐成为各个国家关注的焦点，环境问题不再是一个国家或一个地区的事情，已经成为全球性的问题。所以，近年来区域间投入产出技术更多地被用于隐含碳排放、能源开采及消耗等方面的测算。例如，李小平、卢现祥（2010）从全球污染产业转移角度探讨了国际贸易对二氧化碳排放的影响。李珊珊、罗良文（2012）探讨了FDI行业结构对中国对外贸易隐含碳排放的影响。Zhao等（2014）基于国际垂直专业化分工视角对中国外贸中的隐含碳进行了分析。徐盈之、郭进（2014）通过构建多区域的投入产出模型对开放经济条件下国家碳排放责任进行了比较研究。以上学者都基于不同的研究对象，使用不同地区的投入产出表和贸易数据，构建出符合不同主题的区域间投入产出表，解决不同的区域经济问题。

根据编制方式与表达式的不同，区域间投入产出模型可以分为 IRIO 模型（Interregional Input – Output Model）与 MRIO 模型（Multi-regional Input – Output Model）两类。其中，IRIO 模型也称为 Isard 模型（Isard，1953），该模型要求将所有产业区域进行划分，不仅要编制各地区内的流量矩阵，还需要对各地区产品对其他地区的流向进行调查，是一个流入非竞争性型模型，对基础数据的要求量非常大，编制比较困难。MRIO 模型，又称为 Chenery – Moses 方法，其数据资料要求相对较少。针对 IRIO 模型与 MRIO 模型，下面分别作简要介绍和剖析。

（1）区域间 IRIO 模型

假设模型所包括的区域个数为 m，每个区域的部门数量相同，都为 n 个，且分类方法和口径一致。需注意的是，此处假定各区域部门数量相同，仅是为了表述及讨论的方便，各地区部门数量不同并不会影响地区间 IRIO 模型的建立。

区域间 IRIO 模型的基本形式如表 2 – 5 所示。

表 2 – 5　　　　　　区域间 IRIO 模型的基本形式

项目			中间需求		最终需求	总产出
			地区 1	⋯	地区 m	地区 1⋯地区 m	
			部门 1⋯部门 n	⋯	部门 1⋯部门 n		
中间投入	地区 1	部门 1 ⋮ 部门 n	$Z^{11}⋯Z^{1m}$			$F^{11}⋯F^{1m}$	X^1
	⋮	⋮	⋯			⋮	⋮
	地区 m	部门 1 ⋮ 部门 n	$Z^{m1}⋯Z^{mm}$			$F^{m1}⋯F^{mm}$	X^m
增加值			$V'_1⋯V'_m$				
总投入			$X'_1⋯X'_m$				

在中间投入部分，区域间 IRIO 模型详细记录了各地区各产品在本地区内和其他地区的投入和使用情况。如果按照相同的地区顺序排列，将区域间 IRIO 模型的中间投入矩阵分别按照以地区分组的子矩阵形式，那么对角线上的子矩阵分别表示本地区各部门产品在本地区内的投入使用情况，与单区域模型的中间投入矩阵含义一致，即非对角线上的子矩阵表示任一地区的各部门产品在其他地区各部门的投入使用情况。

最终需求部分由不同地区的最终需求子矩阵组成，并分别记录了各个地区不同部门产品在各地区最终需求的使用状况。类似地，增加值部分也相应划分成各地区的增加值子矩阵，记录各地区的各项增加值收入。

由此，多地区的区域间 IRIO 模型的行平衡关系式可以写成：

$$x_i^r = (z_{i1}^{r1} + \cdots + z_{in}^{r1}) + (z_{i1}^{r2} + \cdots + z_{in}^{r2}) + \cdots + (z_{i1}^{rm} + \cdots + z_{in}^{rm}) + f_i^1 + \cdots + f_i^{rm}$$

$$= \sum_s \sum_j z_{ij}^{rs} + \sum_s f_i^{rs} \qquad (2-8)$$

列平衡关系式可以写为：

$$x_j^s = (z_{1j}^{1s} + \cdots + z_{nj}^{1s}) + (z_{1j}^{2s} + \cdots + z_{nj}^{2s}) + \cdots + (z_{1j}^{ms} + \cdots + z_{nj}^{ms}) + v_j^s$$

$$= \sum_r \sum_i z_{ij}^{rs} + v_i^s \qquad (2-9)$$

其中，z_{ij}^{rs} 是地区 r 部门 i 对地区 s 部门 j 的投入，f_i^{rs} 是地区 r 部门 i 的产品所提供给地区 s 的最终需求，v_j^s 是地区 s 部门 j 的增加值，s_i^r 和 s_j^s 分别是地区 r 部门 i 和地区 s 部门 j 的总产出。

(2) 区域间 MRIO 模型

MRIO 模型与 IRIO 模型最重要的区别是在地区间贸易的处理方式上的不同。在 IRIO 模型中，区域间贸易是具体到各地区各部门的中间需求或最终需求的，IRIO 模型需要调查各地区各部门产品的流入和流出；而 MRIO 模型则对各地区间各种产品的贸易进行了同质化假设。

MRIO 模型中的区域间贸易系数是按部门计算的，对于部门 i，

$\tilde{z}_i^{rs}$ 表示部门 i 的产品从地区 r 到地区 s 的流出,包括对于地区 s 的中间需求和最终需求的流出。因此,对于每一个部门 i,都可以建立一个产品流动矩阵,如表 2-6 所示,矩阵中每一列总计表示模型中所有地区部门 i 的产品对该地区的流入。

表 2-6　　　　　部门 i 产品的区域间流动矩阵

流出地区	流入地区				
	1	2	⋯	s	⋯
1	$\tilde{z}_i^{11}$	$\tilde{z}_i^{12}$	⋯	$\tilde{z}_i^{1s}$	⋯
2	$\tilde{z}_i^{21}$	$\tilde{z}_i^{22}$	⋯	$\tilde{z}_i^{2s}$	⋯
⋮	⋮	⋮	⋯	⋮	⋯
r	$\tilde{z}_i^{r1}$	$\tilde{z}_i^{r2}$	⋯	$\tilde{z}_i^{rs}$	⋯
⋮	⋮	⋮	⋯	⋮	⋯
总计	t_i^1	t_i^2	⋯	t_i^s	⋯

对于地区 s 的部门 i,其列和可表示为:

$$t_i^s = \tilde{z}_i^{1s} + \tilde{z}_i^{2s} + \cdots + \tilde{z}_i^{rs} + \cdots = \sum_r \sum_i \tilde{z}_i^{rs} \qquad (2-10)$$

将上式右侧的每个元素都除以 t_i^s,可以得到部门 i 中地区 r 对地区 s 的产品流出占所有地区对地区 s 的产品流出的比例,也称为地区间贸易系数:

$$c_i^{rs} = \frac{\tilde{z}_i^{rs}}{t_i^s} = \frac{\tilde{z}_i^{rs}}{\sum_r \tilde{z}_i^{rs}} \qquad (2-11)$$

模型中为了使用方便,将地区间贸易系数改写为按照不同地区进行组合的矩阵形式,用 C^{rs} 表示:

$$C^{rs} = [c_1^{rs}, c_2^{rs}, \cdots, c_n^{rs}] \qquad (2-12)$$

C^{rs} 中的元素表示来自地区 r 的任一部门的产品投入在地区 s 中的比例。

2. 物质流投入产出分析

由于自然资源的稀缺性和环境污染的严峻性,循环经济逐步成为世界各国发展的主要方向。与此同时，物质流投入产出分析方法也正迅速成为推进循环经济建设的决策工具。2010年之前物质流分析多基于国家层面的研究，近几年来，探索区域间物质流分析逐渐成为新的发展方向。

物质流分析方法主要采用实物单位衡量经济活动中物质投入、产出和物质利用效率，尤其是衡量污染物质的投入产出规模对环境的影响的方法。国外对物质流分析方法的探索可追溯到20世纪70年代，1978年Ayres第一次提出了利用"物质平衡原理"考察国民经济的物质流动。接着，G. Wernick等在此基础上针对美国的物质流平衡，首次提出了国家物质流分析基本框架。之后，1986年和1993年有关研究者对物质流分析方法的基本思想进一步进行了挖掘和拓展。20世纪90年代初，工业生态观念的倡导推动了物质流分析的研究，奥地利、日本和德国拉开了物质流分析方法在全世界广泛应用的序幕。

国内最早开展物质流分析研究的有北京大学环境学院陈效逑、清华大学徐明等人，其中，陈效逑等（2000）发表了《中国经济—环境系统的物质流分析》，清华大学徐明（2004）、南京财经大学李刚等（2004）也相继开展物质流分析在我国的应用研究，内容包括国家层面、产业层面物质流分析和物质流分析评价指标体系等。从目前来看，国内外物质流分析研究的重点主要集中在物质流分析的范围、内容和评价指标体系等方面，但对区域层面的物质流分析研究还比较少，同时，具体的研究方法和框架体系也不够成熟，尤其是对经济系统物质流分析"黑箱白化"的探索和采用投入产出法编制物质流投入产出表，探索经济系统物质代谢的关系研究更少。[①]

物质流分析的基本出发点是，人类活动所产生的环境影响在很大程度上取决于进入经济系统的自然资源和物质的数量与质量，以

---

① 张颖、单永娟、韩雪梅：《北京经济系统物质流投入产出表的编制及其分析》，《自然资源学报》2009年第3期。

及从经济系统流入自然环境中的废弃物质的数量和质量。物质流分析方法就是以质量守恒定律为基本依据，从物质的质量出发，将通过经济系统的物质分为输入、贮存和输出三大部分，通过研究三者之间的关系，来测度人类经济活动与自然资源和环境的动态联系与状况。物质流分析框架如图2-3所示，前者产生对自然环境的扰动，引起环境功能的退化，后者引起环境的污染。

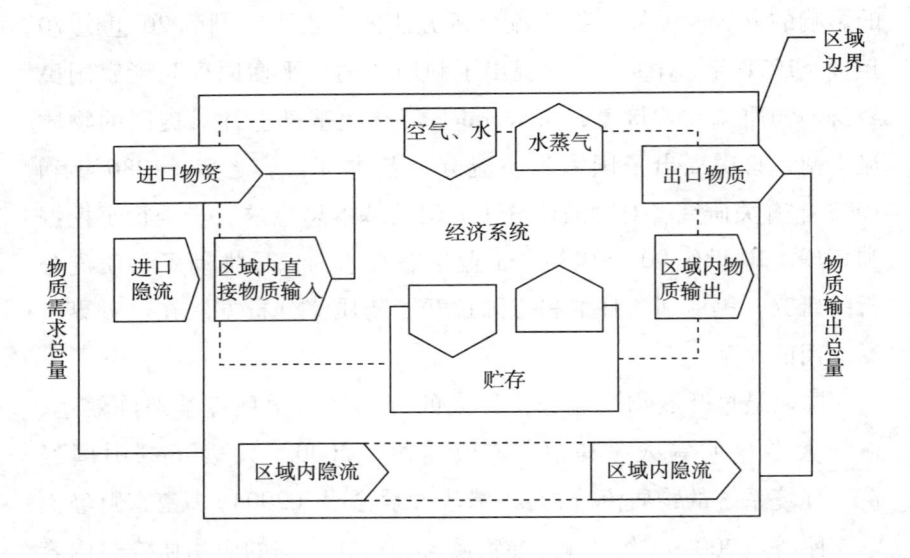

图 2-3 物质流分析框架

物质流投入产出表主要是在上述理论的基础上，根据投入产出的有关原理编制的。它的基本形式与投入产出表相同，也将表区分为4个象限，分别为物质消耗、物质输出、物质输入和备注区。另外，物质流投入产出表的部门划分是按国民经济三次产业进行划分的，主要基于两方面的考虑：一是依照物质流分析的基本思想和物质分类标准，数据的获得相对容易；二是从整体上能较直观地分析经济系统内部物质流动的技术性联系，是对经济系统在物质流分析中"黑箱白化"的一种探索。经济系统物质流投入产出表的形式如表2-7所示。

表2-7 经济系统物流投入产出表

消耗投入		第一产业	第二产业	第三产业	直接物质输出					空气输出		区域内隐流	出口物质	物质输出总量
					固体废物	粉尘	烟尘	废水	SO₂	CO₂	O₂			
第一产业	农林													
第二产业	能源矿物													
	水													
循环物质	固体物质													
	水													
贮存物质														
不含循环合计	物质													
进口	隐流													
空气输入	O₂													
	CO₂													
直接物质输入	不含水													
	循环物质													
物质需求总量														

[指标注释]

1. 直接物质输入量 DMI = 区域内物质投入 + 进口物质
2. 直接物质输出量 DMO = 区域内物质输出 + 出口物质
3. 物质需求总量 TMR = 区域内物质投入 + 进口物质 + 区域内隐流
4. 物质输出总量 TMO = 区域内物质输出 + 区域内隐流 + 出口物质
5. 区域内物质消耗 DMC = 直接物质输入量 - 出口物质
6. 物质贸易差额 PTB = 进口物质 - 出口物质
7. 物质消耗强度 MC = 物质需求总量/人口总数
8. 物质生产力 MP = 国内生产总值/物质需求总量
9. 直接物质循环利用率 = 循环物质总量/直接物质总量
10. 废弃物再资源化率 = 循环物质总量/区域内物质输出

三　中国投入产出核算的发展

(一) 中国投入产出核算的发展历程

中华人民共和国成立以来，我国投入产出核算经历了从探索到成熟、从不定期编表阶段到制度化编表阶段的发展过程。投入产出工作在我国的研究最早开始于20世纪50年代，至今已有60多年的发展历史。经过几十年的发展，投入产出技术在中国已被广泛应用于贸易、能源、环境、人口等众多研究领域。相比于国外投入产出技术，我国起步较晚，但是我国投入产出核算却有着发展迅速、应用领域广、模型种类丰富、参与人员多等特点。

20世纪50年代末，由著名经济学家孙冶方和著名科学家钱学森倡导，在中国科学院成立了投入产出技术专门研究小组。我国第一张投入产出表是由国家计委、国家统计局、中国人民大学、国家信息中心等单位共同编制的1973年全国实物型投入产出表，该表包含了61个部门。这张投入产出表标志着我国正式引入投入产出分析，此后，国家统计局同有关部门合作编制了1979年、1981年、1983年投入产出表，这三个投入产出表均有实物型和价值型两种形式（见表2-8）。

表2-8　　　　我国制度化之前的投入产出表

年份	部门个数	表形式	表类型
1973	61	实物型	基年表
1979	61	实物型	延长表
	21	价值型	—
1981	146	实物型	基年表
	26	价值型	—
1983	146	实物型	延长表
	22	价值型	—

资料来源：陈锡康、杨翠红等编著：《投入产出技术》，科学出版社2011年版。

官方投入产出核算的建立与发展大体上以国务院发布国办发〔1987〕18号文件为分界点，分为不定期编表阶段（1987年之前）和制度化编表阶段（1987年之后）。1987年3月，国务院办公厅印发了《关于进行全国投入产出调查的通知》（国办发〔1987〕18号）。通知要求，每5年进行一次全国投入产出调查，编制投入产出表，即逢2、逢7年份开展大规模投入产出调查，编制投入产出基年表，逢0、逢5年份通过小规模调查和对基本系数表进行调整，编制投入产出简表。从此，投入产出表的编制成为一项固定统计制度。

自国务院发出《关于进行全国投入产出调查的通知》后，我国的投入产出核算正式进入了核算制度化、规范化、常态化的阶段。按照国务院的通知要求，截至2017年，我国已成功编制7张投入产出基年表、6张投入产出延长表（见表2-9），目前正在编制2017年投入产出基年表。

表2-9　　　　我国制度化之后的投入产出表

年份	部门个数	表形式	表类型
1987	118	价值型	基年表
1990	33	价值型	延长表
1992	119	价值型	基年表
1992	151	实物型	基年表
1995	33	价值型	延长表
1997	124	价值型	基年表
2000	40	价值型	延长表
2002	122	价值型	基年表
2005	42	价值型	延长表
2007	135	价值型	基年表
2010	42	价值型	延长表
2012	139	价值型	基年表
2015	42	价值型	延长表

除国家层面上的投入产出核算，我国不少地区也开展了地区投入产出核算。地区投入产出核算的时间与国家投入产出核算的时间并不一致。我国第一个编制地区投入产出表的省份是山西省，编制时间为1979年，分别编制了实物型和价值型投入产出表。此后，黑龙江（1981）、上海（1981）、天津（1982）等省份也分别编制了各自的投入产出表。除了一些省份，许多城市也编制了城市投入产出表，比如武汉（1983）、大连（1983）、重庆（1984）、西安（1985）和哈尔滨（1985）等。据统计，1979—1986年，我国共有25个省份编制了地区投入产出表。[①]

随着国家投入产出核算进入制度化阶段，中国的地区投入产出核算也进入了制度化的阶段。截至目前，除西藏自治区以外，中国内地30个省（自治区、直辖市）均与国家同步编制了地区投入产出表。

除国家层面和地区层面的投入产出核算外，许多企业也编制了企业投入产出表，并将投入产出技术应用到企业的生产管理中。早在20世纪60年代，我国就曾尝试编制企业投入产出表。60年代初，中国科学院数学所运筹室研究人员赴鞍山试编了鞍山钢铁联合企业的投入产出表。不过遗憾的是，由于"文化大革命"，研究工作被迫中断。在此以后，我国所编制的企业投入产出表多为机械、化工、纺织、陶瓷、运输等行业。目前，我国有100多家企业曾编制过企业投入产出表。

此外，我国的一些科研机构和高校也在不断尝试编制其他类型的投入产出表（包括国家统计局与其他科研机构合作编制的投入产出表），如中国科学院陈锡康等人编制的农业投入产出表（1982、1984）、城乡经济投入产出表（1992）；国家信息中心编制的1997年八大区域间投入产出表；国家统计局和国家信息中心合作编制的

---

① 对我国制度化之前的投入产出发展综述，参见王勇《中国投入产出核算：回顾与展望》，《统计研究》2012年第8期。

2002年和2007年中国区域间投入产出表；国家统计局与中国人民大学合作编制的可比价投入产出序列表（1992、1997、2002和2005）；中国科学院地理科学与资源研究所和国家统计局合作编制的中国2007年30个省（自治区、直辖市）区域间投入产出表；国家统计局和日本国际协力机构（JICA）、日本经济产业省合作编制的2007年中日区域间投入产出表。

企业、科研机构和高校编制的投入产出表进一步完善和丰富了我国的投入产出核算，是官方投入产出核算的必要补充，为我国的投入产出分析和应用提供了大量宝贵的数据。

（二）中国投入产出核算的变化特点

从1973年我国第一张投入产出表诞生到2017年中国投入产出基年表的编制，我国投入产出核算实践取得了巨大的进步，主要体现在以下五个方面：

1. 投入产出表基年表表式的改变

我国编制投入产出表从实物型投入产出表转变到价值型投入产出表，从MPS表式转变到SNA表式。在不定期编表阶段，我国投入产出表仅有实物型表，自从国务院发布《关于进行全国投入产出调查的通知》后，全国投入产出表绝大部分转变为价值型表式，只有1992年的投入产出表既包括119个部门的价值型投入产出表又包括151个部门的实物型投入产出表。

实物型投入产出表相比于价值型投入产出表，可以描述物质产品的实物运动，进而揭示出各实物产品之间的技术联系，具有不受价格因素影响的特点。但是，实物型投入产出表也存在一定缺陷，主要体现在以下几个方面：第一，由于不同产品的单位不同，实物型投入产出表只有行模型，没有列模型，形式较为单调；第二，实物型投入产出表无法容纳所有的社会经济系统产品；第三，在世界上绝大多数国家均编制价值型投入产出表的情况下，我国仍编制实物型投入产出表不利于与国际进行比较。

我国在1990年及以前的投入产出表均是在MPS范式下的投入

产出表。1990年之后的投入产出表则为SNA范式下的投入产出表。MPS体系下的投入产出表注重对物质生产部门的核算,对服务业的核算考虑较少。我国投入产出表由MPS表式向SNA表式进行转化首先是我国的核算体系由MPS向SNA进行转变的直接结果;其次是我国编制SNA投入产出表进一步满足了国际比较的需要。

2. 编表方式的改进

由于受统计基础条件的限制,我国编制投入产出表主要以直接分解法为主、间接分解法为辅,而不是国际通用的UV推导法。在我国的统计实践中,统计单位是企业单位,而不是产业活动单位。这种统计单位的设定是不符合投入产出法制度中对"纯"部门的要求。一般企业(尤其是大中型企业)通常包含多个基层产业活动单位,自产自耗产品的核算就会成为一个难题。在国际投入产出的规定中,只有将自产自耗产品全部进行分解还原,才能得到企业在从事生产活动过程中从外部获得的真实的各种生产投入量。目前,我国已经开始在这方面的分解研究工作,改进编制投入产出表的方式,尽可能地使投入产出核算与我国现行核算体系相衔接。

3. 资料来源渠道的拓宽

我国编制投入产出表的基本前提是收集到大量的基层数据。随着我国统计体系的不断完善,编表时所需要的数据也不断丰富。早期编制投入产出表时的数据大部分通过统计调查获得,如专项调查、抽样调查、重点调查等。在目前编制投入产出表的过程中,我国已经开始将现有的核算资料、行政管理资料、会计决算资料等辅助资料纳入投入产出表的核算范围内,不断丰富投入产出表资料。另外,我国定期的全国经济普查也为投入产出表的编制提供了大量基础性资料。

4. 部门规模的扩大

从我国投入产出核算发展来看,1979年投入产出表的部门为21个,1981年为26个,1983年为22个,1987年为118个,

1992年为119个，1997年为124个，2002年为122个，2007年为135个，2012年为139个。① 逢2、逢7年份基于大规模投入产出调查编制的投入产出基年表中的部门数明显增多，与此同时，逢0、逢5年份基于上一个投入产出表得到的投入产出延长表部门数也在不断增多。1990年部门为33个，1995年为33个，2000年为40个，2005年为40个，2010年为42个。不断扩大的部门规模很大程度上提高了我国投入产出表的质量，极大拓展了投入产出表的应用空间，是我国投入产出核算实践不断进步的一大表现。

5. 编表单位的不断增加

相比于早期投入产出表的编制，我国当前投入产出表的编制呈现编表单位增加的特点。早期编表过程中，国家统计局几乎承担了编制投入产出表的全部工作，很少有其他部门参与协助编制。随着投入产出表对数据要求越来越高，仅有国家统计局的参与已经不能满足编制高质量投入产出表的要求，因此，不断有相关单位参与到编制投入产出表的过程中来。

目前，我国的投入产出表编制是由国家统计局、财政部、中国铁路总公司（原铁道部）、海关总署等部门合作完成的。我国目前的投入产出调查采用条块结合的调查方式。编表单位的不断增加保障了基础数据的质量，可以提高投入产出表的编制质量。

（三）《中国国民经济核算体系（2016）》与投入产出核算

1. 2016年中国投入产出核算体系

中国国民经济核算体系确定了一套全面、系统的基本概念、基本分类、核算原则、核算框架、基本指标和基本核算方法，是我国开展国民经济核算工作的标准和规范。根据这个标准核算的一整套国民经济核算数据，相互联系、协调一致，是经济分析的重要依据。而投入产出核算在中国国民经济核算体系中占据着十分重要的

---

① 王勇：《中国投入产出核算：回顾与展望》，《统计研究》2012年第8期。

地位。①

　　过去，我国一直实行《中国国民经济核算体系（2002）》，该体系实施十多年来，随着我国社会主义市场经济的发展，经济生活中出现了许多新情况和新变化，宏观经济管理和社会公众对国民经济核算产生了许多新需求。目前最新的国民经济核算体系为《中国国民经济核算体系（2016）》，该体系根据联合国等的《2008年国民账户体系》（SNA2008）修订而成。2016年核算体系的投入产出核算章节中，生产法、收入法、支出法国内生产总值被整合到一起，这样可以进一步细化和扩展国内生产总值核算的内容，可以更好地揭示国民经济各部门间相互依存、相互制约的数量关系。2016年中国投入产出核算的主要内容是编制供给表、使用表和投入产出表。

　　供给表又称产出表，是 n 个产品部门 × m 个产业部门表（见表 2 - 10）。从行向看，反映某一产品部门的货物和服务是由哪些产业部门生产的，合计为该产品部门的货物和服务总产出；加上进口和进口税（不包括增值税），即得到按生产者价格计算的总供给；再加上各类产品中的不可抵扣增值税、商业毛利和运输费用，就是按购买者价格计算的总供给。从列向看，反映某一产业部门生产的各产品部门货物和服务价值量，合计为该产业部门的总产出。在供给表中，全部产业部门总产出等于全部产品部门总产出。②

　　我国投入产出使用表包括三个象限（见表 2 - 11）。第一象限按 n 个产品部门 × m 个产业部门列示，从行向看，表明各产品部门生产并提供给各产业部门使用的货物和服务价值量；从列向看，表明各产业部门从事生产活动所消耗的各产品部门的货物和服务价值量。第二象限是第一象限在水平方向上的延伸，其主栏与第一象限的主栏相同，也是 n 个产品部门；其宾栏由最终消费支出、资本形

---

① 资料来源：国家统计局有关负责人就国务院批复国家统计局《中国国民经济核算体系（2016）》有关问题答记者问，http: //www. stats. gov. cn/tjsj/sjjd/201707/t20170714_1513205. html，2017 - 07 - 14。

② 参考《中国国民经济核算体系（2016）》第三章投入产出核算。

表 2-10　我国投入产出供给表形式

产业部门＼产品部门	产业部门 1…产业部门 j…产业部门 m	进口（到岸价）	进口税	按生产者价格计算的总供给	不可抵扣增值税	商业毛利和运输费用	按购买者价格计算的总供给
产品部门 1							
…							
产品部门 i							
…							
产品部门 n							
产出合计							

（产业部门列标题下为：总产出（生产者价格））

资料来源：《中国国民经济核算体系（2016）》。

表 2–11　我国投入产出使用表形式

产业部门 / 产品部门		中间使用			最终使用							总使用(购买者价格)
		产业部门1	…	产业部门n	中间使用合计	最终消费支出			资本形成总额			
						居民消费支出	为住户服务的非营利机构消费支出	政府消费支出	合计	固定资本形成总额	存货变动	贵重物品获得减处置	合计	出口	最终使用合计	
产品部门	产品部门1	第Ⅰ象限				第Ⅱ象限							
	…												
	产品部门n												
	合计												
增加值	劳动者报酬	第Ⅲ象限											
	生产税净额												
	固定资产折旧												
	营业盈余												
	合计												
总投入(生产者价格)													

资料来源：《中国国民经济核算体系（2016）》。

成总额、出口等最终使用项目组成,反映各产品部门生产并用于各种最终使用的货物和服务价值量。第三象限是第一象限在垂直方向上的延伸,其主栏由劳动者报酬、生产税净额、固定资产折旧、营业盈余等增加值项目组成;宾栏与第一象限的宾栏一致,也是 m 个产业部门,反映各产业部门按生产者价格计算的增加值构成情况。

投入产出表,即产品部门×产品部门表,由三个象限组成(见表2-12)。第一象限是行列名称相同、次序相同的 n×n 个产品部门的方阵,主栏为中间投入,宾栏为中间使用,反映国民经济各产品部门之间的技术经济联系。从行向看,反映第 i 产品部门(行)生产并提供给第 j 产品部门(列)使用的货物和服务价值量;从列向看,反映第 j 产品部门在生产过程中消耗第 i 产品部门生产的货物和服务价值量。

第二象限是第一象限在水平方向上的延伸,其主栏与第一象限的主栏相同,也是 n 个产品部门;其宾栏主要由最终消费支出、资本形成总额、出口等最终使用项目组成,主要反映各产品部门生产并用于各种最终使用的货物和服务价值量及其构成。第三象限是第一象限在垂直方向上的延伸,其主栏由劳动者报酬、生产税净额、固定资产折旧、营业盈余等增加值项目组成;宾栏与第一象限的宾栏相同,也是 n 个产品部门,反映各产品部门增加值的构成情况。

供给表、使用表、投入产出表之间存在着紧密的联系。在一定的假设下,可以通过供给表和使用表推导出投入产出表。同样,也可以通过供给表和投入产出表推导出使用表。另外,供给表和使用表还存在如下平衡关系:

$$
\begin{aligned}
\text{供给表中按购买者价格计算的各产品部门总供给} &= \text{使用表中按购买者价格计算的各产品部门总使用} \\
&= \text{供给表中各产业部门总支出} \\
&= \text{使用表中各产业部门总投入}
\end{aligned}
$$

(2-13)

表 2-12　我国 2016 年投入产出表形式

产出 \ 投入		中间使用			最终使用							出口	进口	进口税	总产出（生产者价格）
		产品部门 1	…	产品部门 n	中间使用合计	最终消费支出				资本形成总额					
						居民消费支出	为住户服务的非营利机构消费支出	政府消费支出	合计	固定资本形成总额	存货变动	贵重物品获得减处置	合计			
中间投入	产品部门 1					第Ⅰ象限							第Ⅱ象限			
	…															
	产品部门 n															
	合计															
增加值	劳动者报酬					第Ⅲ象限										
	生产税净额															
	固定资产折旧															
	营业盈余															
	合计															
总投入（生产者价格）																
不可抵扣增值税																

资料来源：《中国国民经济核算体系（2016）》。

2. 2016年国民经济核算体系下投入产出核算较以往的不同与改进

我国国民经济核算体系由MPS体系改进为SNA体系后,总共颁布了两版国民经济核算体系,分别为《中国国民经济核算体系(2002)》和《中国国民经济核算体系(2016)》,这两版核算体系分别参考和借鉴了联合国颁布的SNA1993和SNA2008。2002—2016年,我国国民经济核算体系依据国际形势变化并参考自身国情做了多次修订后,最终形成了2016版国民经济核算体系。《中国国民经济核算体系(2002)》专门阐述了投入产出核算的基本理论与表式,为我国开展投入产出核算提供了实践指南。2002年中国投入产出表如表2-13所示。

2016年中国投入产出表相比于2002年中国投入产出表,主要有以下几个方面不同。

(1) 表式上的不同

第一,最终使用栏下的最终消费栏增加了为住户服务的非营利机构消费支出项,并且把农村居民消费和城镇居民消费两项合并,统称居民消费支出(见表2-12)。主要原因是在过去多数非营利机构为政府管理的事业单位,但是近年来我国民间非营利组织发展较快,出现了很多从事非市场生产但又不隶属于政府部门的非营利机构,它们在促进经济发展、维护社会和谐等方面发挥着重要作用。因此在2016年国民经济核算体系中,将这类非营利机构从政府部门划分出来,单独设置。

第二,最终使用栏下的资本形成总额栏增加了贵重物品获得减处置项,在2002年核算体系中,资本形成总额只包括固定资本形成总额和存货增加,并且固定资本形成总额的核算分类也与SNA2008有较大差距。因此,2016年核算体系按照SNA2008的定义,将资本形成总额范围扩大,其中即包括贵重物品获得减处置。

第三,进口项后面增添了进口税一项。

第四,总投入项下面新增不可抵扣增值税一项。

表 2－13　我国 2002 年投入产出表形式

投入 \ 产出	中间使用			最终使用								进口	总产出
^	产品部门1	…	产品部门n	中间使用合计	最终消费				资本形成总额			出口	最终使用合计		
^	^	^	^	^	居民消费 ||| 政府消费	合计	固定资本形成总额	存货增加	合计	^	^	^	^
^	^	^	^	^	农村居民消费	城镇居民消费	小计	^	^	^	^	^	^	^	^
中间投入 产品部门1	第Ⅰ象限				第Ⅱ象限										
…															
产品部门n															
中间投入合计															
增加值 劳动者报酬	第Ⅲ象限															
生产税净额															
固定资产折旧															
营业盈余															
合计															
总投入															

(2) 引入"经济所有权"概念

借鉴SNA2008的修订，我国2016年国民经济核算体系引入了一个非常重要的概念，即经济所有权。所有权分为法定所有权和经济所有权，经济所有权这一概念的引入，将改变国民经济核算中一些交易的记录方式，从而会对我国国民经济核算体系中一些重要指标产生较大影响。如农村的土地，根据宪法规定，除法律规定属于国家所有外，其他的土地属于集体所有。引入经济所有权概念后，享有土地承包经营权的农民成为土地的经济所有者。农民将土地承包经营权流转给其他个人或单位使用所获得的收入属于居民财产收入，将成为居民收入的重要组成部分。

(3) 按照SNA定义修订"生产者价格"概念，并引入"基本价格"概念

SNA2008使用两种价格核算投入产出，分别为基本价格和生产者价格。在2002年国民经济核算体系中，投入产出核算采用的是生产者价格，但是与SNA中的生产者价格存在差别，SNA中的生产者价格不包含所有的增值税，而我国的生产者价格中包含应交增值税。这一差别可能导致我国分行业增加值等数据缺乏国际可比性，因此，在2016年国民经济核算体系中，我国按照SNA定义修订了"生产者价格"概念。在SNA2008中倾向于按基本价格计算产出和增加值，因为产出的基本价格和中间投入的购买者价格代表了生产者实际收付的价格，更加便于统计和记录。由此，在2016年国民经济核算体系中，我国也引入了"基本价格"的概念。

(4) 增加了产品分类

2002年国民经济核算体系没有涉及产品分类，2016年国民经济核算体系根据《统计用产品分类目录》对社会经济活动中的货物类产品和服务类产品进行了统一分类和编码，以用于以货物类和服务类产品为对象的所有统计调查活动。

(5) 修订部分核算指标

2016年国民经济核算体系对部分重要指标的定义、统计方法做出

了修订，包括总产出、劳动者报酬、生产税净额、资本形成总额等。

第一，2016年国民经济核算体系关于总产出指标的修订主要包括以下两个方面：一是按照SNA2008定义的生产者价格计算总产出；二是对部分行业总产出的计算方法进行修订，如中央银行产出、非寿险服务产出等。

第二，我国劳动者报酬指标与SNA2008中雇员报酬存在差异：2008年SNA将自营职业者的劳动报酬和收益统一作为混合收入处理，因此，雇员报酬不包括自营营业者的劳动报酬，而我国国民经济核算中的劳动者报酬则包括所有劳动者的劳动报酬。在2002年国民经济核算体系中，由于不易区分，将个体经营户的劳动报酬和经营利润全部作为劳动者报酬处理，而在2016年国民经济核算体系中，则明确提出将个体经营户的混合收入按一定比例区分为劳动者报酬和营业盈余。另外，2016年国民经济核算体系还根据SNA2008的建议，将雇员股票期权纳入劳动者报酬。

第三，2016年国民经济核算体系修订了生产税净额指标，进一步明确了我国生产税和生产补贴的核算范围。

第四，在2002年国民经济核算体系中，资本形成总额只包括固定资本形成总额和存货增加，2016年国民经济核算体系将资本形成总额范围扩大，包括贵重物品获得减处置，这在表式上的区别方面也有体现。除此以外，2016年国民经济核算体系还重新修订了固定资本形成总额的核算范围和核算分类，包含了研究与开发、娱乐、文学艺术品原件等知识产权产品。

（6）改进了居民自有住房服务产出及研究与开发支出的核算方法

在2002年国民经济核算体系中，城镇居民自有住房服务价值是按成本法计算的，比较适合住房租赁市场不发达的国家。但是近年来，随着我国经济的快速发展，居民收入水平不断提高，住房制度和房地产市场发生巨大变化，全国各地房价和房租大幅度上涨，而房屋建造成本并没有同步上升，按成本法计算的城镇居民自有住房服务价值存在明显低估的问题。因此，2016年国民经济核算体系采用市场租金法计算城镇居民自有住房服务产出，这种方法能够比较客观地反映城镇居民自有住房服务价值。

SNA2008改变了研究与开发（R&D）这种知识产权产品的核算方法，能为所有者带来经济利益的研究与开发支出不再作为中间投入，而是计入增加值或固定资本形成。据此，我国2016年国民经济核算体系对研究与开发支出的核算方法进行了相应的调整。

四 中国投入产出核算问题分析

投入产出核算在中国已经有50多年的历史，特别是改革开放后，投入产出核算的理论研究和实践工作进入了大发展时期，取得了长足的进步。但是在取得一系列成就的同时，我们应该清晰地看到其中的不足与缺陷。

（一）政府统计的整体性、一致性不足

首先，从目前我国投入产出核算的发展情况来看，在我国政府统计中，各专业统计在产品的分类和产业的分类上均没有实现一致化，规范统一的产品分类还没有广泛应用于基础统计数据的采集。例如，城乡住户调查中实施的产品分类、国际比较项目中实行的产品分类和支出法GDP核算中采用的产品分类在粗细程度等方面相去甚远，而投入产出核算中采取的部门分类与工业统计中采用的国民经济行业小类也不能完全对应。

其次，从GDP核算角度来看，支出法GDP核算是分产品进行的，而生产法GDP核算是针对不同的国民经济产业或行业进行的。我国尚未形成协调统一的产品分类和产业分类体系，统计上没有较为严格统一的产品分类标准，各部门、各专业使用的产品目录不衔接、不统一，无法进行对比，很难实现数据共享，再加上各自选取不同来源的统计数据进行计算，我国生产法GDP核算和支出法GDP

核算的数据结果难以相互验证，更无法将生产法和支出法两种方法核算出的 GDP 数据差距控制在一个合理的范围内。

最后，从统计制度的角度来看，不同于美国、加拿大等统计工作在世界处于领先地位的国家，我国的各项统计制度往往由相关业务处制定，然后报统计设计管理部门批复后即可执行。这种审批流程缺乏对各项调查问卷本身质量及其可操作性的后续评估，以及对各项统计调查之间协调性情况的评估，会降低统计数据质量。

由此可见，我国政府统计工作与发达国家仍存在一定的差距。针对投入产出核算，将我国和加拿大进行对比分析会发现，无论是在统计频率、统计数据质量、统计调查方法方面，还是在统计法制观念和统计人员队伍建设等方面，我国和发达国家的投入产出统计水平还存在较大差距（见表 2-14）。

表 2-14　　　　我国和加拿大的投入产出核算对比

国家 角度	加拿大	中国
统计频率	从 1996 年开始，每年 11 月国会统一公布国家、省、自治区投入产出表	从 1987 年后，5 年进行一次全国投入产出调查，即逢 2、逢 7 年份编制投入产出表
统计数据质量	数据质量非常高，被加拿大统计局有关部门、相关政府部门、工商企业和学术界等国内外用户广泛使用	产业分类标准不统一，统计数据来源多且杂，导致统计数据质量不高
统计调查方法	方法严谨规范，可以通过编制出的投入产出表直接得到分产业的总产出和中间投入。在高质量数据的基础上分步骤进行编制，并且调查方法与 SNA 推荐的方法相一致	方法较为规范，但结合我国自身国情，调查方法与 SNA 推荐的方法不一致，导致我国编制出的投入产出表不能起到协调生产法、收入法和支出法 GDP 核算框架的作用

专题二 中国投入产出核算发展评析与展望 | 121

续表

国家 角度	加拿大	中国
统计法制观念	法制观念非常强，严格为政府、企业、个人信息保密，被调查对象同样法制观念强，统计数据具有完全的独立性，很少受到干扰	调查者和被调查者的法制观念均不高，统计数据独立性较差，易受到非相关因素的干扰，从而影响了数据质量
统计人员	核算人员充足，加拿大直接负责国民经济核算工作的人员有200多人，包括投入产出、生产、收入、国际收支核算、分析研究等	核算人员较为充足，国家统计局中国民经济核算的统计人才越来越多

资料来源：杨为众：《赴加拿大投入产出短期学习感受》，《内蒙古统计》2009年第1期。

（二）非"纯"产品部门

投入产出表的部门分类与现行的国民经济行业分类有所不同，投入产出表一般采用产品部门分类，即以产品为对象，把具有某种相同属性（如产品用途相同等）的若干种产品组成一个产品部门，根据产品部门的资料编制投入产出表。但是，同一个产品部门的货物或服务要同时满足三个基本相同的条件比较困难，因而在实际操作中，只能根据某种货物或服务符合某一个基本相同条件而划分为同一个产品部门，对符合另一个基本相同条件的其他货物或服务则划归为另一个产品部门。投入产出表采用的产品部门分类，真正实现了按货物或服务的属性归类，因而产品部门应该是产品的"纯"部门。

投入产出模型的基本假定第一条即为"纯"产品部门的假定。"纯"产品部门的假设是投入产出分析的核心假设。根据该"纯"产品部门的假定，每个产业部门只生产一种特定的同质产品，并且具有单一的投入结构，而且只用一种生产技术方式进行生产。该假设的意义在于，使每个部门都成为一个单纯生产某种产品的集合体,以使模型能够反映各部门产品的不同用途,并按照不同的用途说明其使用去向。同时,不考虑部门内部生产过程中不同生产技术的差异和产品的相互替代,其目的是使模型可以准确地反映各部门产品的物质消耗构成。基于该假设,部门间的物质技术联系可以很方便地由物质消耗构成表现出来,便于用线性方法计算和分析。

我国投入产出表采用的产品部门分类并非都是"纯"产品部门,以2012年中国投入产出表为例,电信行业和其他信息传输服务业划分为同一个产品部门,建筑装饰业和其他建筑业划分为同一个产品部门,批发和零售业划分为同一个产品部门,银行业、证券业和其他金融活动划分为同一个产品部门,房地产业(包括房地产开发经营业、物业管理业、房地产中介服务业、其他房地产活动)等行业都划归为同一个产品部门。虽说是因受制于基础数据质量不得已才这样划分,但是必须承认,我们所划分的产品部门不够"纯",它们并非都是只提供某一种产品的"纯"部门。同时,在部门划分时对生产范围的界定、与现行国民经济行业分类的一致性等问题都有待进一步研究和改进。

(三) 编表价格的不同

根据SNA2008的定义,基本价格是生产者就其生产的每单位货物或服务产出从购买者那里所获得的、扣除了生产或销售时应付的所有税、再加上所获得的所有补贴后的金额,[1] 它不包括生产者在发票上单列的任何运输费用。生产者价格是生产者就其生产的每单位货物或服务产出从购买者那里所获得的、扣除了向购买者开列的所有VAT[2]或类似可抵扣税后的金额,它不包括生产者在发票上单列的任何运输费用。购买者价格是购买者在指定时间地点获得每单位货物与服务所支付的金额,它不包括任何VAT或类似可抵扣税。货物的购买者价格包括按购买者要求在指定时间运送货物到指定地

---

[1] 联合国、欧盟委员会等:《2018年国民账户体系》,中国统计出版社2012年版。
[2] 一种涉及面很广的税种,通常要覆盖大部分或所有货物与服务。

点而另行支付的运输费用。三者的关系如下：

生产者价格＝基本价格＋产品税（不包括发票单列 VAT）－产品补贴　　　　　　　　　　　　　　　　　　　　　　　　　（2－14）

购买者价格＝生产者价格＋购买者的不可抵扣 VAT＋另行支付的运输费用＋批发商和零售商的商业毛利　　　　　　　　（2－15）

其中，生产者价格和基本价格中都不包括在销售发票上单列的增值税或类似可抵扣税。但是我国投入产出表采用的编表价格是含增值税的生产者价格，与我国国民经济核算体系的价格相同，等于购买者价格减去流通费用（包括批发零售的附加费和运输费）。

从 GDP 核算角度上看，我国 GDP 核算和投入产出核算采用的生产者价格比 SNA2008 推荐的生产者价格多出了购买者不可抵扣增值税这一部分，比 SNA2008 推荐的基本价格多出了购买者不可抵扣增值税和产品税减补贴两部分。而从目前我国的征税状况来看，总体上对企业征税较重，尤其是对烟草、酒类等产品税很高的行业。按照我国的生产者价格计算出的增加值将高出采用基本价格核算出的增加值 40% 以上，这部分行业的增加值数据与国际上大部分采用基本价格的国家核算出的相应行业的增加值数据相比，可比性较差。由于不可抵扣的增值税的存在，我国核算出的国内生产总值（GDP）偏高，进而会高估我国的经济发展成果，影响了我国 GDP 数据的国际可比性。

从投入产出核算角度来看，投入产出核算采用的生产者价格比 SNA2008 推荐的生产者价格多出了购买者不可抵扣的增值税这一部分，比 SNA2008 推荐的基本价格多出了购买者不可抵扣的增值税和其他产品税减补贴两部分。根据我国现行的增值税条例，我国对国民经济各行业及各类型企业所征收的增值税税率不尽相同，而产品税只针对部分特殊行业征收。这样会导致以我国现行生产者价格编制出的投入产出表，比采用 SNA2008 推荐的生产者价格和基本价格编制出的投入产出表，都不同程度地偏离企业乃至各行业和经济体的真实结构。由于我国采用生产者价格编制出的投入产出表在很大程度上扭曲了我国经济体的中间投入即消耗结构,降低了所编制的投入产出表的价值,从而导致研究和分析各种经济问题时的偏差,特别是对投入产出分析所擅长的经济结构问题研究以及进行各项政策模拟带来负面影响。

(四)调查对象的区别

我国投入产出核算的调查对象是法人企业,而美国、日本、加拿大等大部分发达国家的投入产出核算的调查对象均为产业活动单位,即使在亚洲的部分发展中国家,也都按产业活动单位进行调查。

投入产出核算分析要求调查对象为"纯"部门,而在现实经济发展中,一个法人企业通常包含不止一个产业活动单位,我们不能粗略地假定一个法人企业为只提供一种产品的"纯"部门。然而当下我国的投入产出核算只针对法人企业进行核算,这样,可能很难反映出我国国民经济活动的真实状态,难以利用这种调查资料进行预测和为决策提供可靠依据。

(五)调查方案设计与编表方法

我国的投入产出调查方案设计不尽合理,具体表现为:(1)对被调查对象的负担考虑不够。那些被抽中需要既填报投入构成又填报期间费用的大型企业将承担巨大的压力,而小型企业的统计力量明显不足以填报内容多、指标细、技术难度大的投入产出调查表。(2)全国性的调查方案下发较晚,被调查企业不能做好充足的准备。(3)前期投入产出调查的宣传力度不够,导致投入产出核算工作较为匆忙。(4)投入产出调查和工业成本费用调查的数据不能相互衔接、配套和支撑。(5)原材料的分解及归类困难,分类方式过多又增加难度。(6)诸多数据资料没有对应项。城市公共交通业、管道运输业、仓储业、房地产业和居民服务业等众多服务业填同一种表,致使调查单位等许多数据资料由于没有对应项,只能填入其他项,这会影响到对相关行业的结构分析(见图2-4)。此外,对各省份而言，流入流出的数据难以把握。①

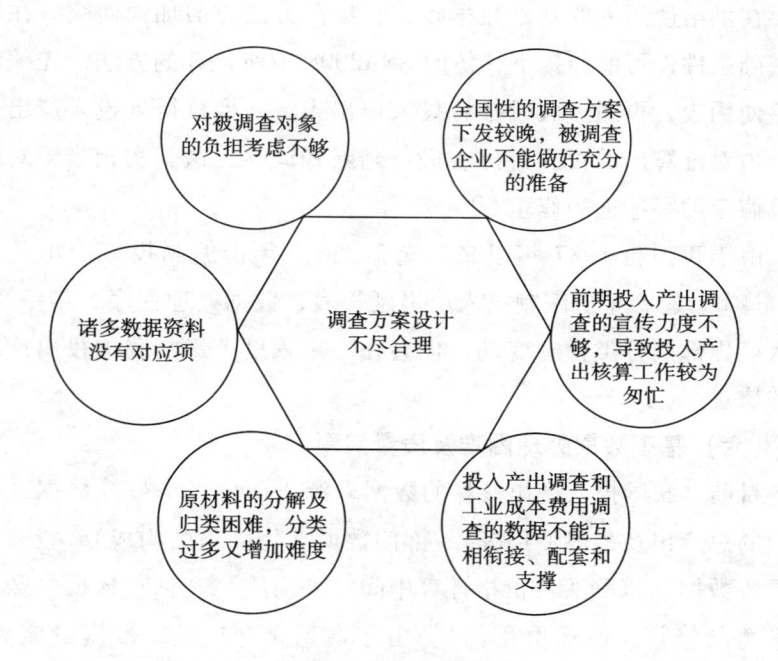

图 2-4　我国投入产出调查方案设计不足之处

现阶段，我国国民经济核算是以生产法 GDP 为准的，投入产出核算分别以生产法 GDP 及其分行业增加值、支出法 GDP 各构成项数值作为它的控制数，主要起到细化 GDP 核算、为 GDP 核算提供一些比例系数以及服务于宏观经济分析等作用，其编制方法不同于美国、加拿大等国采用的联合国统计司 SNA2008 所推荐的方法：先编制出长方形的供给使用表，然后用它推导出对称的投入产出表。

我国现阶段的投入产出表顺延历史的习惯，通过调查资料先编制投入产出表和供给表，然后再推算使用表，所以编制出的投入产出表并不能起到协调生产法、收入法和支出法 GDP 核算框架的作

---

① 何继票、邱琼：《中国投入产出核算的缺陷及其改进路径》，《经济理论与经济管理》2011 年第 6 期。

用。将来我国如果更加侧重于发挥投入产出表核算框架的功能,就需要在供给使用表的基础数据收集和编制方法方面加强研究。在数据基础条件许可的前提下,仿照 SNA2008 中所推荐的方法,先编制供给使用表,再通过假设推算投入产出表。在推算得到投入产出表后,再对推算出的投入产出表进行判断和调整,这其实相当于对原推算假定的一些适当修正。①

由于我国自 1987 年以来,逢 2、逢 7 年份编制投入产出基年表,逢 0、逢 5 年份编制投入产出延长表,数据处理程序 5 年一变,投入产出部门分类常有变动,也会在一定程度上影响我国投出产出表的质量。

(六) 基础数据处理困难及质量问题

目前,我国投入产出核算的数据来源于国民经济核算数据(各部门的总产出及最终使用等)、部门数据(增加值的构成)、投入产出调查数据(以购买者价格计算中间投入构成)和估算数据(数据的平衡与修订、流通费用等)。由于数据来源广泛,数据量庞大,再加上各部门统计数据的质量参差不齐,导致在编制投入产出表时存在许多局限。例如:调查数据缺乏全面性;不同部门数据的协调性有待提高;估算数据的质量无法得到保证等。

另外,投入产出核算在各个领域都有着广泛的应用,如水资源、能源利用、温室气体排放、金融、人口、生态环境、军事等方面。以上每一个领域都拥有复杂繁多的数据,这对编制各个领域的投入产出表是一个很大的挑战。另外,由于投入产出表与其他领域的数据来源和部门标准不同,投入产出表在应用于其他领域时需要对部门分类进行调整,这在一定程度上降低了投入产出表的应用价值。

(七) 核算外人为因素的影响

随着统计技术越来越先进,调查数据的获取越来越容易,有时

---

① "SNA 的修订与中国国民经济核算体系改革"课题组:《SNA 关于供给使用核算的修订与中国投入产出核算方法的改革研究》,《统计研究》2013 年第 11 期。

候由于调查人员或者被调查者自身法制观念不强，被调查者的隐私不能够有效得到保护，导致调查的独立性较差，最终影响数据质量，导致上传到相关统计部门的数据质量参差不齐，难以分辨，最终可能会影响到投入产出编表的质量。

另外，在投入产出基础数据的获得以及编表过程中数据合并时，由于调查人员自身统计素质的高低，不可避免地会出现人为因素导致的误差。这些误差同样会影响到投入产出表的准确性，但这种人为误差可以尽量避免，并且对于投入产出表的准确性影响较小。

五 中国投入产出核算的改进思路和对策

投入产出核算是国民核算体系中的五大核算内容之一，用以反映全社会的产品运动过程，其分析指标和模型围绕各产品部门之间的联系展开，通过投入产出核算可以满足社会各界对经济技术联系及相关均衡分析等信息的需求。因此，在国民经济管理和分析当中，投入产出表及相关模型、指标具有重要作用。对于上文分析指出的我国投入产出核算存在的诸多不足，下面将有针对性地提出相应的改进思路，以积极推动我国投入产出核算的发展。

（一）部门分类的调整

目前，我国的基层调查单位是法人企业。法人企业的生产活动比较庞杂，通常包括一项主要活动和一项以上的次要活动，不满足投入产出核算中"纯"部门的要求，按照SNA的规定，需要对这样的单位进行分解来获取适当的数据。在我国的投入产出调查中，只是对规模以上工业企业的生产活动，按照其最终产品所属的行业小类进行了类似的分解。其他的调查单位如规模以下工业企业、建筑业企业和服务业法人企业，由于各种原因，还无法进行这种分解，不能够细化到"纯"部门层面，所以对真实体现这些行业部门的产出和消耗造成困难。

针对这一实际问题，我们首先需要研究如何从我国的实际出发，参照国家统计局公布的《统计用产品分类目录》①和《国民经济行业分类注释》②，在设计投入产出调查方案时，争取使投入产出部门分类与《统计用产品分类目录》中的分类相互对应。另外，仍需深入研究联合国统计司推荐采用的《主产品分类》（CPC）和《全部经济活动的国际标准产业分类》（ISIC），针对我国生产、中间消耗、最终需求的现状，逐步制定与《主产品分类》和《全部经济活动的国际标准产业分类》相互协调的产业和产品部门分类，并且把规范统一的产业和产品部门分类广泛应用于基础数据的收集工作中。

另外，我国投入产出核算的部门分类还需要细化。2012年我国投入产出表从部门分类上说，把国民经济部门细分为139个部门。但是，我国经济规模越来越大，某些部门的产出和增加值达到非常大的规模，不利于对产业结构情况开展深入研究。一些发达国家如美国、加拿大，其编制并发布的投入产出表，部门分类规模都在400—500个。因此，从细化程度和具体程度上来看，许多美欧发达国家投入产出核算的水平远远高于我国。所以在各种资料特别是服务业详细资料可得的前提下，我国投入产出表部门分类的详细程度仍需要进一步提高。

（二）核算价格的改进

目前，我国投入产出表采用的编表价格是含增值税的生产者价格。若继续沿用此价格，可能增大GDP核算的水分，夸大我国经济发展的成果规模。对投入产出核算而言，不真实的数据会影响经济政策的制定，扭曲对我国生产结构的分析和判断，不利于对我国各产业及经济总体生产活动情况进行正确的分析和预测。因此，我国应大力推动投入产出核算价格与SNA推荐的生产者价格接轨，减少

---

① 国家统计局：《统计用产品分类目录》，中国统计出版社2015年版。
② 国家统计局：《国民经济行业分类注释》，中国统计出版社2013年版。

因计入购买者不可抵扣的增值税所带来的生产结构及经济结构上的这部分偏差。我们可以通过按不含应交增值税的生产者价格计算投入产出表各产品部门的总产出，减去按购买者价格计算的中间投入，使投入产出各产品部门不含应交增值税的增加值得以实现。这种改进措施同样可以应用到 GDP 核算当中，我国也应逐步采纳国际通用的基本价格来核算 GDP。

（三）编表方法的改进

首先，我们要做好投入产出调查的试点工作，在上一次全国性投入产出调查方案的基础上，力争改进新的投入产出调查方案，使每次制定的投入产出调查方案都能充分考虑企业统计现状，让企业中的统计人员易理解、易填报，以增强调查方案的可操作性。同时简化代码分类，以方便基层填报，从源头上保证调查数据和编表的质量。[①]

其次，我们需要做好投入产出调查和工业成本费用调查等专业统计的衔接工作，有针对性地收集数据，以实现投入产出调查和专业统计调查相结合。在此基础上，根据一些技术假定改进编表方式，由供给使用表推算对称型的投入产出表，充分发挥其作为国民经济核算框架的功能。

最后，从国民经济核算角度考虑，在编制供给使用表时，不能直接利用已核算的增加值和总产出数据作为控制数，而要以当期所拥有的最详细信息，重新计算编表年份的增加值和总产出数据，并在编表过程中不断调整。另外，也应当加大对社会公众的普及力度，使社会公众逐步接受更加频繁的 GDP 等指标的数据修订。

（四）投入产出核算的及时性

自 1987 年以来，我国逢 2、逢 7 年份编制投入产出基年表，逢 0、逢 5 年份编制投入产出延长表，由于投入产出表编制过程中

[①] 何继票、邱琼：《中国投入产出核算的缺陷及其改进路径》，《经济理论与经济管理》2011 年第 6 期。

需要收集大量的信息和数据,导致我国编制的投入产出表时效性较差。

国际上部分发达国家为了解决投入产出核算的时效性问题,在编制基年表的同时,也按年度编制年度简表。美国从1998年开始编制年度供给使用表,虽然分类不如基年表详细,但是在很大程度上可以提升编表速度。加拿大是以投入产出表(含供给使用表)作为整个核算体系的基准,每个年份都编制分类详细的投入产出表,虽然不能解决时效性问题,但每年会公布最新编制完成的投入产出表,形成了定期制度。

因此,我国可以充分借鉴部分发达国家的做法,在保障人员和资金需求的情况下,向编制年度简表的方向努力。这样既能够加快投入产出表的发布频率,又能够形成投入产出表的完整序列。

(五)编制非竞争型投入产出表

考虑到实际应用的需要,以及对外贸易在我国经济发展中的重要作用,我国的投入产出表必须向非竞争型投入产出表发展。国际上,美国、日本等都有一套编制非竞争型投入产出表的成熟方法可供借鉴。在非竞争型投入产出表的编制工作中,主要的困难涉及进口数据的判断和区分。一方面,在货物进口方面,我国货物进口的形式多样,存在大量的加工贸易和保税物流(保税区和保税仓库等),对这些货物去向等准确把握存在困难。[1]另一方面,我国的服务贸易统计还相对薄弱,编制准确的进口服务矩阵对我国来说还是一个严峻的挑战。

(六)大数据技术的应用

进入21世纪以来,"大数据"一词越来越多地被提及,人们用它来描述和定义信息爆炸时代产生的海量数据,并命名与之相关的技术发展与创新。最早提出"大数据"时代到来的是全球知名咨询

---

[1] 齐舒畅、王飞、张亚雄:《我国非竞争型投入产出表编制及其应用分析》,《统计研究》2008年第5期。

公司麦肯锡，该公司认为："数据，已经渗透到当今每一个行业和业务职能领域，成为重要的生产因素。人们对于海量数据的挖掘和应用，预示着新一波生产率增长和消费者盈余浪潮的到来。"① 其实，大数据在物理学、生物学、环境生态学等领域以及军事、金融、通讯等行业的应用已有时日，但近些年来，随着互联网和信息行业的发展，"大数据"一词引起了世界各国的高度关注。

大数据具有大量性、实效性等诸多特点，若将大数据技术应用于投入产出核算当中，对投入产出技术乃至国民经济核算将会是一场革命。大数据技术应用到投入产出核算主要有以下优势。

1. 拓宽投入产出核算的资料来源

大数据的一个最主要特点是具有大量的数据。对于投入产出核算而言，这种大量性的特点将丰富投入产出核算的数据资料，拓宽投入产出核算的数据来源渠道。进入信息化时代，应用大数据技术能够收集到几乎所有调查对象的数据资料。大数据的大量性在投入产出核算中主要体现在微观数据的全面获取，依据投入产出表的编制要求，制定完善的收集标准和具体的收集指标，借助互联网、物联网和手机移动终端等电子信息设备自动采集企业或产业活动单位详细的生产交易数据。具体来看，大数据将从以下几个方面改进投入产出核算。

（1）编表方法的改进

投入产出表的编制主要有两种方法：直接编表法和间接推导法。SNA 推荐采用间接推导法进行编制，然而由于我国投入产出核算中的使用表并不是基于基础数据得到的，所以目前我国的编制方法仍以直接编表法为主。直接编表法存在两大缺陷：首先，直接编表法需要大量的基层调查资料，若是该资料在调查中存在统计上的遗漏或错误，将极大地影响到投入产出表的准确性；其次，不能很好地用投入产出核算去协调三种方法核算 GDP 结果的一致性。

---

① 资料来源于搜狐科技，http://www.sohu.com/a/236038769_99946731。

在大数据背景下，充足、海量的数据能够很大程度上改进我国投入产出核算的编表方法：第一，可以运用大数据改善我国现行的直接编表法，大数据技术使得投入产出核算数据的全面性和准确性得到改善，基层调查数据的质量大大提高，这就有利于投入产出表进一步发挥其经济分析的功能；第二，在大数据的技术支持下，可以按照SNA推荐的间接推导法编制投入产出表，从而在编表方式上同国际接轨，有利于充分发挥协调GDP核算数据一致性的作用。

（2）编表价格的完善

我国现行的投入产出核算采用的是包含不可抵扣增值税的生产者价格，这与我国目前的国民经济核算价格相同，然而SNA推荐的基本价格不包含购买者不可抵扣增值税和产品税减补贴两项。我国采用现行的生产者价格进行投入产出核算，直接后果是投入产出表会受到税收以及价格因素的影响，无法准确反映国民经济各行业的真实生产结构。

在大数据技术的支持下，货物的不可抵扣增值税、生产税、生产补贴等信息的数据可以较为轻松地获取，从而使我国的投入产出核算价格可以和SNA推荐的基本价格接轨。大数据对于编表价格的改进可以具体从两个方面进行：一是建立线上线下多渠道大数据采集平台，对购买者价格、生产者价格以及基本价格之间的差异数据进行全面收集，最终编制出用基本价格衡量的投入产出表；二是基于互联网技术在当前的价格体系中的作用，如通过数据扫描器、互联网搜索数据以及网上交易数据等渠道获得，以更及时地反映行业价格变动。

（3）核算表式的改进

我国编制的投入产出表为竞争型投入产出表，而SNA推荐的为非竞争型投入产出表，这两种编表方式均为对称式，但是表格形式却不相同。二者主要有如下差别。

首先，竞争型投入产出表假设国外进口的产品和国内生产的产品可以相互替代，而非竞争型投入产出表则假设二者不能相互替代。

其次，非竞争型投入产出表的进口项是在中间投入和最终使用的下方添加一行，中间投入和最终使用仅包括国内生产产品，这种编表形式更加准确，贴近真实情况，而竞争型投入产出表的进口项在最终使用的右侧添加一列，中间投入和最终使用同时包括国内生产的产品和进口产品；非竞争型投入产出表还可以较为清晰地反映生产过程和最终需求过程对进口产品的消耗，同时，学术研究中也更多地通过非竞争型投入产出表进行分析。相比之下，竞争型投入产出表使用价值与分析价值相对较低。[①] 实际上，我们可以通过在投入产出核算的大数据平台上加入关于中间产品消耗的数据项，该项可以有效区分国内生产产品和进口产品，从而使我国的编表形式可以从竞争型投入产出表转化为非竞争型投入产出表，这将极大地提高我国编制投入产出表的准确性。

（4）部门分类的细化

部门分类的细化程度在某种程度上决定了投入产出表的质量，美国、加拿大等发达国家的部门分类为几百个以上。我国编制的2012年投入产出基年表有139个产品部门，投入产出延长表有42个产品部门，虽然和1987年相比已经有很大的提升，但是与发达国家相比仍具有一定差距。

随着我国经济的飞速发展，经济规模不断扩大，许多新兴产业不断涌现，我国投入产出核算的部门数仍需要进一步增加，这有利于从更加细致的层面对国民经济的不同部门进行深入分析，全面地反映出当今各行业的产业结构。在大数据技术的支持下，我们不仅可以建立全面的投入产出大数据行业分类标准，对现有的行业分类进一步细化，还可以根据细化的行业分类标准，选取具有代表性的各类产品并收集其生产过程的相关数据。

---

① 齐舒畅、王飞、张亚雄：《我国非竞争型投入产出表编制及其应用分析》，《统计研究》2008年第5期。

(5) 编表范围的扩大

我国现行的投入产出核算主要集中在国家和省级层面，除了一些统计基础较好的城市（如大连、厦门、宁波等），大多数城市由于自身统计基础较薄弱，缺乏相关人才尚未编制投入产出表。反映中国不同地区间货物和服务流动的统计数据的缺失，对我国区域间投入产出表的编制造成了很大困扰与不便。通过大数据技术的应用，可以较好地解决这方面的问题。

首先，大数据技术可以处理海量数据，能较好地解决由于数据庞大而使编表范围受到限制的问题。

其次，通过大数据平台可以建立全国范围内不同地区的投入产出数据共享机制，规范核算数据来源，保证核算数据质量。

最后，利用大数据技术可以建立区域间贸易追踪数据库，基于物联网和互联网技术，重点对各区域间的贸易流动状况进行监测和记录，为区域间投入产出表的建立提供数据基础。

2. 提高投入产出核算的时效性

大数据的另一个特点是时效性，在信息瞬息万变的今天，统计数据时效性显得更加重要，投入产出核算工作量巨大，任务艰巨，所以我国逢2、逢7年份才编制一次投入产出基年表，但是编制时间过长会导致数据时效性较差，所以利用大数据技术更好、更快地编制投入产出表成为摆在统计工作者面前的一个紧迫课题。

(1) 投入产出表发布的及时性

由于收集数据的时间过长、收集数据量的庞大、编制过程的复杂性等因素，投入产出表的发布时间往往滞后于参考年两年以上。在经济形势快速变化的背景下，按照当前速度发布投入产出表不利于及时认识我国各行业的生产结构特征，也不利于及时制定科学的宏观经济政策，对国民经济结构进行调节、引导和管理。通过大数据技术编制投入产出表可以实现数据及时获取、及时处理，缩短投入产出核算的编制时间，增强投入产出表的数据时效性。

(2) 投入产出表修正的及时性

由于收集、整理的数据过于复杂，投入产出核算数据质量难以得到保障，所以需要不断对投入产出核算的数据进行修正，以保证投入产出表的准确性。但是我国后续的修正机制并不完善，原因主要是修正投入产出表需要耗费大量的时间和精力重新收集数据资料，这将耗费巨大的时间和经济成本。通过大数据技术可以较好地解决这一问题，充分利用大数据时效性强的特点，采用云计算和储存技术，通过搭建云数据平台，可以最大限度地实现数据的自动化管理，有助于解决投入产出核算数据的传输、整理、存储和发布等各个环节所遇到的问题。在云数据处理平台上，可以实现基础数据的及时处理、更新以及向终端的同步，在终端中的文件可以及时将数据进行修改，修正之前已有的投入产出表。

六 总结与展望

我国投入产出核算经过几十年发展已经取得显著的进步，为投入产出技术的应用和推广提供了坚实的数据基础。但是就目前来看，我国投入产出核算仍然存在一些问题，有待进一步完善和发展。

（一）投入产出核算学术研究

首先，大数据时代的投入产出核算技术研究。大数据（Big data 或 Mega data）指的是所涉及的数据量规模巨大到无法通过人工在合理时间内实现截取、管理、处理并整理成为人类所能解读的信息。随着近些年互联网技术的快速发展，大数据逐渐为人们所熟知，全球逐步进入了一个崭新的大数据时代，其正在催生一场史无前例的信息革命和产业革命。大数据将对传统的政府统计带来巨大的冲击与挑战，对投入产出核算同样将产生巨大的影响，既能为投入产出核算提供更丰富、全面的基础数据支持，也对数据的清洗、筛选、整理与利用提出了新的难题。同时，由于大数据的条件下产业细分程度将显著深入，而且现代经济中企业混业生产经营的特点极其明显，这与投入产出核算有关"纯"部门的假定形成了明显的冲突与矛盾，如何发展和完善大数据条件下的投入产出核算技术将是未来值得深入研究的一个课题。

其次，区域间投入产出表的理论与编制方法研究。区域间投入产出表是进行区域间投入产出分析的重要工具，目前还没有国家或地区进行周期性的区域间投入产出表的编制，其原因一方面是基础数据的缺乏；另一方面是编制过程相对复杂。在现代经济条件下，经济全球化和地区一体化的倾向明显，编制多区域投入产出表可以更为清晰地呈现和解析不同地区之间经济融合与分化发展的趋势及特征。大数据和电子信息网络技术的发展，为编制区域间投入产出表提供了有利的基础，加强区域间投入产出核算的理论与方法研究，逐步实现区域间投入产出核算的常规化将是大势所趋。

再次，我国要大力加强与各国投入产出研究学者和统计部门的合作。投入产出核算的研究离不开国与国之间的相互学习与借鉴，国际合作的优势在于可以共享彼此成果，追踪学术前沿。国内学者和统计部门应大力加强与国外尤其是发达国家投入产出学者的进一步合作，吸收和借鉴国外优秀的投入产出技术研究成果，不断改进我国的投入产出表的编制及应用。

最后，我国的投入产出核算还应加强与经济计量分析方法的结合。投入产出分析历来是与经济计量分析密切结合的，投入产出核算本身既包括投入产出表的编制，还包括投入产出数据模型。投入产出核算和经济计量分析有着各自的优点，彼此可以相互补充和完善，投入产出核算与其他计量分析方法的结合可以充分发挥投入产出模型严谨、其他计量方法灵活的特点，推动经济分析更为深入、全面和严谨。例如，以投入产出模型为依托，将总产出、中间投入、增加值等指标作为变量进行研究，采用问题导向型方法，针对特定问题开发科学的数学模型，可以更准确地描述国民经济中的数量规律和结构特征，更好地服务于宏观经济管理与调控。

（二）投入产出核算实践应用

首先，应该清醒地认识到，与发达国家实践和 SNA2008 等国际核算准则相比，当前我国投入产出核算还存在一些不足以及投入产出表编制的缺陷，如产业活动单位非"纯"部门、编表价格为未去掉增值税的生产者价格、部门规模较小等问题。针对这些不足与缺陷，既有赖于进一步完善统计基础，培养更多统计数据人才，加强统计能力建设，还要加强投入产出编制方法的完善，进一步细化投入产出表，大力发展大数据核算技术，完善各项统计规章制度、法律法规，加强国际合作力度，充分借鉴世界各国的有益经验。

其次，应紧密结合中国当前的实际问题，大力发展具有中国特色的投入产出核算方法。改革开放 40 年来，我国经济社会发展取得了骄人的业绩，但也涌现了诸多问题，如区域发展不平衡、能源消费巨大、环境破坏、收入分配不均衡和对外贸易摩擦等问题。在今后的投入产出核算发展中应紧密围绕这些问题，在投入产出模型开发、实践应用方面加强研究，充分利用投入产出核算解决我国实际问题，更好地发挥投入产出核算技术的作用，准确把握我国经济发展规律和结构特征，促进我国经济的可持续发展和高质量发展。

总之，我国的投入产出核算在过去几十年里虽然取得了巨大的成绩，但我们不能够松懈，仍需进一步加强学习和研究，准确把握我国投入产出核算与世界各国先进理论和实践水平之间的差距，不断改进和完善我国的投入产出核算体系。

参考文献

[1] "SNA 的修订与中国国民经济核算体系改革"课题组：《SNA 关于供给使用核算的修订与中国投入产出核算方法的改革研究》，《统计研究》2013 年第 11 期。

[2] 陈杰：《2008SNA 与投入产出核算》，《中国统计》2009 年第 12 期。

[3] 陈楷、陈锡康:《编制2007年能量型农业投入产出表》,中国投入产出学会第九届年会论文集2013年版。

[4] 陈梦根:《2008SNA实施与国家统计发展战略》,《统计研究》2012年第3期。

[5] 陈锡康、王会娟:《投入占用产出技术的若干重要应用》,《管理学报》2010年第12期。

[6] 陈锡康、王会娟:《投入占用产出技术理论综述》,《管理学报》2010年第11期。

[7] 陈锡康、杨翠红等编著:《投入产出技术》,科学出版社2011年版。

[8] 陈锡康:《投入占用产出分析》,企业发展与系统工程——中国系统工程学会第七届年会论文集1992年。

[9] 陈效述、乔立佳:《中国经济—环境系统的物质流分析》,《自然资源学报》2000年第1期。

[10] 高敏雪:《SNA08的新面貌以及延伸讨论》,《统计研究》2013年第5期。

[11] 国家统计局国民经济核算司:《2012年中国投入产出表》,中国统计出版社2014年。

[12] 何继票、邱琼:《中国投入产出核算的缺陷及其改进路径》,《经济理论与经济管理》2011年第6期。

[13] 雷明、赵欣娜:《可持续发展下的绿色投入产出核算应用分析——基于中国2007绿色投入产出表》,《经济科学》2011年第4期。

[14] 李刚:《基于可持续发展等国家物质流分析》,《中国工业经济》2004年第11期。

[15] 李杰锋:《基于MRIO模型的中国制造业贸易隐含碳测度》,《统计与决策》2017年第19期。

[16] 李珊珊、罗良文:《FDI行业结构对中国对外贸易隐含碳排放的影响——基于指数因素分解的实证分析》,《资源科学》

2012 年第 5 期。
[17] 李小平、卢现祥：《国际贸易、污染产业转移和中国工业 CO_2 排放》，《经济研究》2010 年第 1 期。
[18] 李鑫茹、刘鹏、陈锡康：《投入产出乘数的时滞性分析》，《管理评论》2017 年第 7 期。
[19] 刘起运、陈璋等：《投入产出分析》，中国人民大学出版社 2004 年版。
[20] 潘安：《对外贸易、区域间贸易与碳排放转移——基于中国地区投入产出表的研究》，《财经研究》2017 年第 11 期。
[21] 齐舒畅、王飞、张亚雄：《我国非竞争型投入产出表编制及其应用分析》，《统计研究》2008 年第 5 期。
[22] 邱东：《大数据时代对统计学的挑战》，《统计研究》2014 年第 1 期。
[23] 宋旭光：《物联网技术对国民经济核算发展的影响》，《统计研究》2014 年第 10 期。
[24] 谭娟、陈鸣：《基于多区域投入产出模型的中欧贸易隐含碳测算及分析》，《经济学家》2015 年第 2 期。
[25] 王亚菲、谢清华：《中国区域资源消耗及其驱动因素分析》，《统计研究》2014 年第 11 期。
[26] 王亚菲：《经济系统物质投入产出核算框架设计》，《统计研究》2012 年第 4 期。
[27] 王勇、艾伟强：《大数据背景下中国投入产出核算的机遇与挑战》，《统计研究》2015 年第 9 期。
[28] 王勇：《中国投入产出核算：回顾与展望》，《统计研究》2012 年第 8 期。
[29] 徐明等：《中国经济系统中化石燃料的物质流分析》，《清华大学学报》2004 年第 9 期。
[30] 徐盈之、郭进：《开放经济条件下国家碳排放责任比较研究》，《中国人口·资源与环境》2014 年第 1 期。

[31] 许宪春、李立:《中国投入产出核算与联合国 1993 年 SNA 投入产出核算的比较》,《统计研究》1998 年第 1 期。

[32] 许宪春:《关于进一步完善中国投入产出核算的设想》,《统计与信息论坛》1998 年第 2 期。

[33] 许宪春:《中国国民经济核算:发展·改革·挑战》,《统计研究》2008 年第 7 期。

[34] 薛新伟、王冬:《灰色投入产出理论及模型方法初探》,《系统工程理论与实践》1997 年第 1 期。

[35] 杨为众:《赴加拿大投入产出短期学习感受》,《内蒙古统计》2009 年第 1 期。

[36] 张颖、单永娟、韩雪梅:《北京经济系统物质流投入产出表的编制及其分析》,《自然资源学报》2009 年第 3 期。

[37] 赵玉焕、王乾:《基于 MRIO 模型的中国区域间碳关联测度》,《北京理工大学学报》(社会科学版) 2016 年第 3 期。

[38] 郑珍远、郑婷婷、陈晓玲:《福建省人口投入产出模型的构建及实证分析》,中国投入产出学会第九届年会论文集,2013 年。

[39] 中国投入产出协会:《中国 1992—2012 年投入产出基本流量表》,http://www.stats.gov.cn/ztjc/tjzdgg/trccxh/zlxz/trccb/201701/t20170113_1453448.html,2017。

[40] European Commission, International Monetary Fund, Organization for Economic Co-operation and Development, United Nations, World Bank, *System of National Accounts* 2008, New York, 2009.

[41] Gilchrist, D. A., L. V. St. Louis, "Completing Input-Output Tables Using Partial Information with an Application to Canadian Data", *Economic Systems Research*, Vol. 11, No. 185, 1999.

[42] He, Juhuang, "A Method of Deriving Input-Output Coefficients under the Assumption of Mixed Technology", *Economic Systems Research*, Vol. 2, No. 1, 1990.

[43] Yang, C., Chen, X., Xu, J., "A Method to Optimize Gross Fixed Capital Investments for Water Conservancy in China", *Economic Systems Research*, 2008.

[44] Zhao, Yuhuan et al., "CO_2 Emissions Embodied in China's Foreign Trade: An Investigation from the Perspective of Global Vertical Specialization", *China and World Economy*, Vol. 22, No. 4, 2014.

专题三　中国失业统计体系：改革与发展

摘要　随着我国市场经济的不断发展，失业统计数据对宏观经济管理的重要性日益提高。从实践上看，受传统计划经济体制的影响，我国失业统计发展较为滞后，一直以来备受社会各界的诟病。从国际上看，失业统计的调查方法很多，主要有四种：(1) 工时统计；(2) 就业机构统计；(3) 劳动力抽样调查；(4) 社会保险统计。目前中国采用的失业统计指标是城镇登记失业率和城镇调查失业率，根据这两种失业率来反映我国劳动力市场的具体情况。分析表明，我国现行失业统计体系尚存不少问题，诸如：一是对失业的界定不准确；二是统计范围不够全面；三是没有考虑隐性失业问题；四是失业统计指标体系的设置存在缺陷。我国应该从失业统计的目标及任务出发，立足基本国情，对统计制度与方法进行改革，借鉴国际标准，不断完善失业调查的统计方法和指标体系，扩大统计范围，使失业统计能够覆盖全社会，更科学、准确地反映就业与失业状况。中国失业统计体系改革重点应抓好以下三个方面的工作：(1) 科学界定失业统计口径，建议取消失业人口统计的年龄上限，适当提高失业人口统计的工作时间界定；(2) 优化城乡失业统计制度，建议改进和完善城镇失业调查方法，加大对农村失业统计的力度，逐步实施农村失业调查；(3) 完善失业统计指标体系，建议分地区、分行业实行有差异的失业统计，针对不同行业的特点设计不同的失业统计指标，采取不同的就业、失业标准和统计方法。

关键词　失业统计　调查失业率　登记失业率　统计口径　指标体系

现阶段，我国作为一个社会主义市场经济体制国家，市场机制在国民经济运行中逐渐占据了主导地位。随着经济社会体制改革的不断深化，就业和失业问题越来越成为全国上下高度重视的一个民生问题。从实践上看，失业统计历来是各国监测宏观经济运行和开展宏观调控的关注重点，也是目前影响我国社会稳定、经济发展和改革大局的一个重要因素，失业统计数据可以为制定宏观经济政策、治理失业问题等提供有效的建议和依据。

李克强总理在 2018 年的政府工作报告中明确指出，2018 年发展的主要预期目标是：国内生产总值增长 6.5% 左右，城镇新增就业 1100 万人以上，城镇调查失业率在 5.5% 以内，城镇登记失业率在 4.5% 以内等。2018 年首次将城镇调查失业率作为预期目标，这一指标涵盖农民工等城镇常住人口，可以更全面反映就业状况，更好体现共享发展要求，城镇调查失业率指标的提出为失业统计制度的发展提供了新的契机。2018 年 4 月 17 日，国家统计局首次正式发布中国城镇调查失业率，当年 1—3 月份全国城镇调查失业率分别为 5.0%、5.0% 和 5.1%，31 个大城市的城镇调查失业率分别为 4.9%、4.8% 和 4.9%，之后每月定期发布全国 31 个大城市的城镇调查失业率。

我国失业统计历来受到不少学者的诟病，和国际通行的失业统计体系对比，我国失业统计体系还存在不少问题。自中华人民共和国成立以来，我国失业统计历经了多次重大的改革，统计口径和方法不断完善，但在一些具体的问题上，比如失业统计口径、隐性失业、城镇调查失业率等方面，还存在许多不足之处。特别是当前我国正不断加强国际合作和经济往来，经济发展不断与国际接轨，因此，大力增强统计数据的国际可比性势在必行。但长期以来我国的失业统计体系和国际标准存在一定的差异性，加快对失业统计体系改革的步伐，有着非常明显的现实意义，更有助于促进我国的失业统计不断与国际接轨。

一 失业理论

雇佣劳动制度的出现导致了失业问题的产生,失业问题一直以来就备受学者关注,不同学者对失业问题也有不同的研究,因此提出了不同的失业理论。在经济学上,失业理论主要由马克思主义失业理论和西方经济学失业理论构成。

(一)马克思主义失业理论

马克思在分析和研究西方雇佣劳动制度和失业问题的过程中,逐步创立了自己的失业理论。马克思在《资本论》中详细论述了他的资本积累理论和相对过剩人口理论,这些理论揭示了资本主义生产的正常运转机制和资本主义积累的一般规律。马克思从劳动和资本的相互关系中总结出,相对过剩人口(失业人口)不仅是资本积累的必然产物,而且是资本主义生产方式存在和发展的必要条件,由此形成了马克思主义关于失业的理论。《资本论》中关于失业问题原因的描述,是从资本的本质和资本积累开始的。资本积累是指资本家把剩余价值转化为资本,或剩余价值的资本化。追求剩余价值是资本的本性,剩余价值规律和竞争规律是资本积累的内在动力和外在压力。在资本积累过程中,资本不仅在数量上不断增长,而且在构成上也会发生变化,其对工人阶级的命运产生了深刻影响。因为随着资本积累的不断演进,资本家为了追求更多的剩余价值并在竞争中处于有利地位,必然采用更多的先进技术和设备,这样资本有机构成就有着不断提高的趋势。随着资本积累,由于技术替代、市场竞争等原因,劳动力的供给却在不断增加。这样就形成了相对于资本的需要来说过剩的劳动力人口,即失业的本质是劳动力商品的相对过剩。

马克思主义失业理论以劳动力商品学说为基础,在这种学说背景下,就业是指劳动力实现自身价值,可以看成一种商品买卖,劳动力产生的价值作为资本的要素并入生产过程，在商品交换过程中实现劳动力的价值；失业是指劳动力未产生价值，劳动力的价值没有在工作中起到任何作用，劳动力人口作为商品停留在流通领域。而这种现象的产生，本质在于劳动力人口的相对过剩性，因为在资本积累过程中资本有机构成不断提高，使得资本对劳动力人口的需求相对减少，一部分劳动力人口不得不从生产中游离出来，成为相对于劳动力需求而言的过剩人口，即失业人口。

在马克思主义理论下，失业人口也被称为相对过剩人口，资本主义社会相对过剩人口有三种基本形式，即流动形式的过剩人口、潜在形式的过剩人口和停滞形式的过剩人口，它们分别表示暂时找不到工作的临时失业工人，农村中的过剩人口和没有固定职业、依靠干些杂活勉强维持生活的劳动者。相对过剩人口不仅是资本主义制度的产物，而且这种过剩人口反过来又成为资本主义积累的杠杆，是资本主义生产方式存在和发展的必要条件。

马克思主义失业理论十分精练，对于失业的本质有很好的阐述，但是，它没有论述社会主义条件下的失业问题。马克思主义经典作家过多地探讨了失业的制度根源，将失业的存在完全归于资本主义制度本身，对于失业的经济学根源则少有论述，从经济学角度分析失业的根源或形成机理有所不足。另外，马克思主义失业理论只是从总量上把握失业人口，即劳动力总供给超过资本增值需要的劳动力总需求，造成劳动力人口过剩，而在我国目前的环境条件下，结构性失业问题也比较严峻，因此马克思主义失业理论并不能很好地概括我国的失业问题。

（二）西方经济学失业理论

西方关于失业问题的研究起步较早，可以追溯到古典经济学家，很多学者和经济学派对于失业都有自己不同的理论，因此，西方经济学形成了不同的失业理论。西方经济学失业理论真正开始和形成于 20 世纪 30 年代的经济危机时期，目前，很多经济学派已经形成了自己相对完善、自成体系的失业理论，如凯恩斯学派、货币学派和发展经济学派等。

1. 凯恩斯以前的传统失业理论

在凯恩斯以前的传统失业理论，假定市场是完全竞争的，通过市场价格机制和自发调节作用可以使一切可供使用的劳动力资源都能被有效利用，即劳动力工资可以随着市场的供给而自由变动，只要工人愿意工作且可以接受完全竞争条件下的市场工资水平，就不会存在"非自愿失业"的现象，但可能出现自愿失业和摩擦性失业。"自愿失业"即工人在现有条件下可以找到工作，但因为不满意现有工资水平等原因而选择了失业；"摩擦性失业"即因为季节性或技术性原因而导致的失业。传统经济学家的上述理论观点主要源于"萨伊定律"。可以说，"萨伊定律"是传统失业理论的基石。"萨伊定律"的基本内涵就是"供给会自己给自己创造需求"。

2. 凯恩斯学派的失业理论

凯恩斯学派的创始人为英国经济学家凯恩斯，其在1936年出版的《就业、利息和货币通论》一书中阐述了自己的失业理论。凯恩斯理论的基础是有效需求理论，"有效需求"即指在有效市场条件下，当商品的总供给价格和总需求价格达到均衡状态时的社会总需求，或者是国民收入（或总收入）中投资与储蓄达到均衡状态时的总需求。但是，在资本主义社会中，仅仅依靠自发的供给与需求的变动，或者自发的储蓄与投资的变动而形成的有效需求，在一般情况下都不能实现"充分就业"，即不能完全消除"非自愿失业"。"非自愿失业"存在的根本原因在于社会的有效需求不足，根据凯恩斯理论，有效需求受"消费倾向""资本边际效率"和"灵活偏好"三个心理因素影响。依据有效需求不足理论，凯恩斯认为传统失业理论存在一定的弊端，并论证了"非自愿失业"是可能长期存在的，因此可通过刺激消费，扩大有效需求，鼓励投资（比如降低利率、提高人们的投资信心等）以及增加就业等来提高就业率，从根本上消除"非自愿失业"。

20世纪60年代中期以后，后凯恩斯流派代表人物提出了"结构性失业"问题。"结构性失业"即由于与劳工市场的结构方面如技术结构不相适应而造成的失业,表现为失业与职位空缺的并存,同时,后凯恩斯流派也将结构性失业和通货膨胀问题一起进行了研究。

20世纪80年代以来,针对劳动力市场存在着某些障碍,以致不能实现劳动力和劳动市场的匹配,劳动力资源不能得到充分的利用这一现象,西方经济学家在凯恩斯失业理论基础上,经过长期探索,发展并完善起来一种全新的失业理论,对凯恩斯的失业理论进行了完善,为解释"非自愿失业"又提出了"效率工资模型""内部人模型""隐含合同理论"以及其他一些失业理论。效率工资理论是一种有关失业的劳动理论,主要为了解释工资刚性,效率工资理论阐述的是工资率水平跟生产效率之间的关系,其核心概念是员工的生产力与其所获得的报酬呈正向关系。内部人模型即强调工资行为与失业之间存在着不对等的关系,对企业来说,解雇劳动力是耗费成本的,即解雇成本、雇用成本和培训成本,其结果是"内部人"相对外部人来说具有一定优势。隐含合同理论最早假定信息是完全的,后来发展出来的模型则引入了信息不完全假定,在隐含合同理论模型中,假定只有企业厂商了解经济状态的实际情况,即隐含合同是风险厌恶的工人与风险中性的厂商之间在工资和就业问题上的一种非正式协议。[1]

3. 货币学派的失业理论

货币学派的代表人物是美国经济学家弗里德曼,他提出了"自然失业率假说"。自然失业率是指在没有货币因素干扰的情况下,当劳动力市场和商品市场的自发调节力量发挥作用达到供求平衡状态时的失业率。自然失业是指在信息不充分、部门之间劳动力供求结构性加强、培训劳动力又需要较高成本的情况下,社会中出现的

---

[1] 此处的失业理论参考了夏远洋《我国失业统计的历史、现状及改革》,部分有改动。

一部分自愿的、摩擦性的和结构性的失业，其对总劳动力的比率叫作自然失业率。正如弗里德曼所言："在任何时候，都存在着与实际工资率结构相适应的某种均衡失业水平。"[①] 弗里德曼认为，自然失业率在现代社会中始终存在，但会一直在变化，并不是一个固定不变的量。以自然失业率为基础，他认为，菲利普斯曲线关系即失业与通货膨胀之间的交替关系是不正确的，并且提出要发挥市场的自发调节作用以解决失业问题，反对最低工资率的规定和工会对工资率的干涉，强调通过市场的自动调节作用来达到平衡。

卢卡斯将理性预期引入失业理论，认为如果人们具有完备的信息，则货币就是中性的，而且也不存在任何对自然失业率的偏离；若出现偏离则是预期错误导致的。因为工人和雇主不能迅速地区分出各种类型的信息，因此无法从各种真实材料中提炼出可靠的信息。从根本上说，理性预期将使经济按照自然失业率水平来运行，因此卢卡斯主张"无为而治"，政府应保持政策的稳定性和连续性，反对愚民政策。

4. 发展经济学派的失业理论

发展经济学派的代表人物是刘易斯、费景汉、拉尼斯和托达罗等，发展经济学旨在通过研究和解决发展中国家的经济问题以促进经济发展。刘易斯、费景汉和拉尼斯主要探讨了二元结构发展模式下的失业问题。所谓二元结构，即指发展中国家的经济由传统农业部门和现代工业部门两个不同的经济部门组成，传统农业部门的劳动生产率很低，边际劳动生产率甚至为零和负数，这里有大量的非公开性失业，即隐性失业问题，而现代工业部门的劳动生产率相对较高，但从业人数较少，其相对较高的工资水平可以吸引传统农业部门劳动力的转移。目前，我国二元经济结构还较为明显。发展经济学派强调现代工业部门资本积累的重要性，因为加快现代工业部

[①] 弗里德曼：《货币政策的作用》，载《现代国外经济学论文选》（第1集），商务印书馆1979年版。

门的资本积累，可以增强其吸纳传统农业部门劳动力的能力，最终达到解决二元结构失业问题的目标。

在二元结构发展模式的基础上，托达罗探讨了劳动力转换下的失业问题，强调收入预期在农村人口转移中的重要作用。他与刘易斯等人的不同在于，他看到了解决发展中国家失业的艰巨性和困难性，并且断定，发展中国家城市中的失业和乡村过剩劳动力或非公开性失业会长期存在。另外，发展经济学家还就发展中国家城市中公开性失业问题提出了统筹解决的一揽子政策。

5. 其他失业理论及小结

在长期的发展中，西方经济学失业理论不但从总量上考察了失业问题，而且也注意到了结构性问题；不仅分析了发达国家的失业问题，而且也探讨了发展中国家的失业现象；既有失业一般现象和问题的分析与揭示，又有解决这一问题的一系列对策建议，等等。实际上，除上述几个代表性学派的失业理论外，西方经济学中还有其他一些失业理论，如职业搜寻和匹配理论。该理论的出现统一了人们对摩擦性失业和结构性失业的认识，为自然失业率理论奠定了微观基础。20世纪70年代后期以来，经过乔瓦诺维奇、匹萨里迪斯和豪威特等人的努力，职业搜寻和匹配理论获得了长足发展。根据职业搜寻与匹配理论，在任何一个时点上，劳动力市场上总有一些新工作岗位被创造出来，然后一些失业者通过市场上的供需见面进入新的工作，这一过程就是一个供需匹配的过程。该理论认为，工人能理性地选择放弃某些工作并保持失业状态，以期在未来得到更好的工作。

总的来看，虽然西方经济学不同学派对于失业有着不同的理论，但这些均是从经济学单一角度进行分析的，虽然从总体上考虑了失业的结构问题，但没有考虑到社会问题、人口问题，也没有考虑到基本国情，因此我们在研究失业问题时应结合我国的实际情况，有针对性地对我国的失业问题进行分析并给出应对之策。

(三) 失业的类型

根据前面对失业理论的回顾和简析，可以总结出失业的类型有很多，如按照失业的原因划分，可以分为自愿失业、非自愿失业、摩擦性失业、结构性失业、周期性失业等。

所谓自愿失业，即指劳动者按照自身现有的条件，可以找到工作，但是不愿意接受现行的工作条件和收入水平而离职所造成的失业。这种失业是由于劳动者主观不愿意就业而造成的，所以被称为自愿失业，无法通过经济手段和政策来进行消除，所以不在经济学的研究范畴内。

非自愿失业，即指具有劳动能力、愿意接受现行工资水平，但仍找不到工作而处于失业状态。非自愿失业是由于劳动供给等客观原因造成的，可以通过经济手段和相关就业政策来消除。

所谓摩擦性失业，即指人们在转换工作过程中所造成的失业，一般为过渡性或短期性的。摩擦性失业即生产过程中由于难以避免的摩擦所导致的短期局部性失业，如劳动力流动性不足、工种转换困难等。造成摩擦性失业的原因有很多，主要是短期局部性因素，如劳动力市场信息流动性差、劳动力跨地区流动不够充分、工种转换过程存在困难等。因此，可以通过加强劳动力市场间的流动性、健全劳动力市场的信息系统等政策方法来消除摩擦性失业。

结构性失业，即劳动力的供给和需求不匹配造成的失业，在劳动力的供给方面存在空缺职位，但是又存在失业现象，主要是因为失业者没有合适的技能，或者居住地不当，因此无法填补现有的职位空缺。理论上讲，结构性失业是长期的，造成结构性失业最主要的原因是劳动力的供给方即失业者本身的客观条件。结构性失业是由经济变化引起的，这些经济变化导致劳动力市场中特定类型的劳动力的供给大于需求，如市场对技术的需求发生变化，原有劳动力不能适应新的技术变化，或者说技术进步使得劳动的生产效率变高，现有工作所需劳动力的数量降低；另外，也可能是因为行业的轮动，劳动力的流动跟不上行业规模变化的速度，导致一些劳动力失去原有的岗位，而又不能很快适应新的岗位，从而导致了结构性失业，劳动力缺乏流动性使得结构性失业长期存在。

周期性失业，即指由于经济周期波动所导致的失业。因为经济的发展是有一定规律的，由于宏观经济衰退和萧条的周期变化，社会需求也发生相应的变化，这必然会导致一部分劳动力面临失业。当经济处于萧条期时，消费者的需求下降，因此各厂商的生产规模也会进行相应的调整，为了节约成本，就会采取裁员的政策，从而造成较为普遍的失业现象。周期性失业受行业的影响较大，不同行业的周期性失业现象也有明显差别，一般来说，受消费者需求影响越大的行业，其周期性失业现象越明显。

技术性失业，即由于技术的进步和发展，越来越多的企业引进先进的技术代替传统劳动者以提高生产效率，从而导致失业的产生。目前来看，在互联网、人工智能（AI）技术不断发展的大背景下，技术水平不断进步，生产管理和经营销售也越来越有序化，用技术替代劳动者已成为时代发展的必然，因此这部分失业者也不可避免地存在。

季节性失业，即由于季节变化所导致的失业，如在我国的东北地区，由于天气寒冷，会对一部分企业的生产造成影响，甚至有部分企业在冬季停工，这就会导致部分劳动者失业。

隐性失业，即表面上有工作，实际上对生产没有贡献。隐性失业者的边际产出为零甚至为负，如我国过去一些国有企业制度不完善，人事管理制度松散，造成部分员工的工作效率低下，人浮于事的现象很常见。此外，在我国农村地区，由于农业一体化和科技化发展的速度加快，农村出现越来越多的剩余劳动力，这也是隐性失业产生的重要原因。

二 失业统计：基本方法

（一）失业的界定

经济发展一个很重要的目标就是保证充分就业[①]，因此失业数据的获取就显得十分重要。失业数据既可以衡量宏观经济的运行状况，同时也为治理失业问题提供了重要的依据。经济学上将失业定义为劳动力的闲置，也就是指劳动力没有得到充分的利用，劳动者和劳动资料在总量、时间、空间和结构上没有得到有效的分配、利用和结合。

国际劳工组织对失业人员的定义如下：（1）目前没有工作，没有被雇用，也没有自谋职业；（2）目前具有劳动能力，可以工作；（3）愿意且正在寻找工作。虽然世界各国的失业率的测算、对失业的界定及失业统计体系都存在一定的差异，但其对于失业的统计均是从本国自身的特点出发，构建一套符合自己国情的比较完善、可供借鉴的统计框架。下面我们比较一下中国和世界主要发达国家对失业者的界定差异及失业率的不同的计算方法。

长期以来，我国采用的是城镇登记失业率，对失业者的界定为：具有非农业户口，在一定的劳动年龄内（16岁至退休年龄，即男性16—60岁，女性16—55岁），有劳动能力、无业并要求就业，并在当地就业服务机构进行待业登记的人员。这里需要注意的是，在全国各省、自治区、市（直辖市）、特别行政区、县、乡、镇工作的"公益性岗位"人员也应包括在失业人员范围内，因为这些"公益性岗位"人员，他们挣的不是工资，而是国家财政部的"财政补

[①] 经济学上，宏观经济政策的四大目标包括充分就业、价格稳定、经济增长和国际收支平衡。

贴",还有一些工作在全国各地政府部门的"社会保障所"和"社会保障部门"的人员,他们也都是"公益性岗位"人员,所以也都应归为失业人群范围内。其次,若出现被暂时解雇而等待重返原工作岗位或者在30天之内等待到新的工作单位报到、由于暂时患病或认为本行业一时没有工作可找而又不寻找工作的人,则也应该属于失业人群。

与失业人群相对应,我国政府也对非失业者进行了范围划分,非失业者包括:(1)劳动年龄规定以外的无工作者;(2)丧失工作能力者;(3)在校学习的人;(4)不愿工作的人。

我国对于失业率的计算公式为:失业人数除以劳动力人数。

对比其他发达国家对于失业的界定,不同国家的标准也不尽相同。美国对于失业者的界定为:调查周中无工作、有工作能力(暂时生病除外),过去四周内(含调查周)曾进行求职活动者及被暂时解雇的工作者和等待30天内开始新工作者。即失业人员的范围包括:(1)调查周内没有工作,在最近四周内曾积极寻找工作并且可以工作的人;(2)调查周内没有工作,离职后等待被召回去工作而不需要寻找工作的人。美国对于失业率的计算公式为:失业人数除以非军人劳动力人数。美国目前的失业统计体系已经比较成熟和健全,美国采用政府公布的非农人口失业率来衡量社会的一般失业情况,同时辅之以私人公司ADP公布的"私人非农企业失业率"作为补充。非农人口失业率的调查统计工作主要由美国劳工部下设的美国劳工统计局负责,通过现期人口调查(CPS)来估计全国的劳动力市场状况。劳动力样本调查采用多阶段和分层抽样,依据总体人口结构来进行划分,CPS调查范围为从美国全部家庭中选取的6万个调查样本,大约涉及人口11万。美国劳工统计局会依据被访者每周的工作时间对他们进行分类,然后根据分类结果对调查所获数据进行加权处理,换算成以全部人口为基数,进而对美国整体劳动力失业情况进行估计。

日本对于失业者的界定为:调查周中无工作,进行过求职活动或者正等待先前的寻职结果，有工作能力的15岁以上者。失业率的计算公式为：失业人数除以劳动力人口。

　　加拿大对于失业者的界定为：调查周中无工作，过去四周内（含调查周）曾进行求职活动，且有能力的15岁以上者，包括从调查周起，四周内有新工作的待业者。加拿大对于失业率的计算公式为：失业人数除以非军人劳动力人口。

　　英国对于失业者的界定为：调查日中无工作，但有工作能力者，向失业保险所提出救济（失业保险、补助及免交保险费）申请者。在英国，劳工部的统计学家定期编制两套有严密定义的失业测量尺度。一套来自行政管理上对申请失业救济金的人数的合计，通常称为申请人合计；另一套来自通常称作劳动力调查的住户调查，这种调查使用国际劳工组织推荐的失业测量尺度，简称ILO。因此，这里仅以前者为例，申请人合计本源于每月社会安全部计算机系统处理的由当地就业服务办公室提供的数据，这些数据表明申请失业救济金的人数。统计上一般要求这些申请人认为自己是失业的，有能力或者愿意积极寻找工作，这个合计数包括所有申请失业救济金的人。失业救济金来源于申请人的国民保险分摊额的记录，持续期为一年；失业者收入支持由救济机构考察，国民保险贷款维护申请人获得州年金和其他救济金的合法性。通过国民保险收集到的信息包括人数、地址、职业、性别、申请人的出生日期，以及申请提出日期和终止日期。行政管理上的申请人合计有下列优点：数据取得较迅速，是月度数据，而且花费较低。同时，由于它是一种百分之百的计数，故这种尺度还能够提供每一个小地区的精确信息。但其缺点在于它依赖于救济体系，一旦救济体系有变，这种尺度下的统计数字就势必受到影响。除这些月度数字以外，还有每三个月进行一次的对申请人年龄和申请期限的分析，这种数据可以在郡辖小区的层次上取得，而且这种层次上进行的估计为更高级的汇总提供了基础。英国对于失业率的计算公式为：申请失业救济者除以总劳动力人口。①

对比上述各个国家对于失业者的界定和失业率的计算，发现各个国家都存在一定的差异。这也导致各个国家计算出来的失业率数据不能直接拿来对比，缺乏可比的基础。我国也同样如此，计算出来的失业数据结果也缺乏国际可比性，得不到国际上的普遍认可和接受。

国际劳工组织（ILO）官方网站统计数据显示，目前 ILO 成员国中大部分国家采用调查失业统计，因为各个国家的人口总是处于不断的变动中，因此大多数国家失业情况的发布指标采用调查失业率而非调查失业人数，同时有超过 80% 的国家已经对失业情况开展了月度调查。可见，在全国范围内开展月度失业率调查统计是国际上通用和主流的失业率统计方式。

我国目前已经开展了城镇调查失业率的调查工作，且在 2014 年首次公布了相关的调查失业率数据。整体来看，我国现阶段的调查失业率统计工作运行情况较好，数据基本能反映真实的失业情况，失业统计体系也越来越贴近我国真实的劳动力就业与失业的现状。

（二）失业统计的指标

国际上，关于劳动力市场的测量指标主要有四个：失业率、青年失业、长期失业和按受教育程度划分的失业。其中，各个国家主要使用的都是失业率这一指标，另外三个指标则作为补充。

1. 失业率

失业率是使用最广泛的失业统计指标，其等于失业人数除以就业人数与失业人数之和（即劳动力人口）。

2. 青年失业

国际劳工组织（ILO）关于青年的界定为 15—24 岁人口，成年人指 25 岁及以上人口。国际上关于青年失业统计的指标主要有四个，分别为青年失业率（青年失业者占青年劳动力的比例）、青年失业率与成人失业率之比、青年失业者占青年劳动人数的比例、青

---

① 参见李静萍《英国的失业统计》，《北京统计》1997 年第 1 期。

年失业者占青年人口的比例。

3. 长期失业

长期失业指标主要是按失业的时间划分。因为失业分为长期失业和短期失业，那么在考虑长期失业时，潜在假设就是不考虑短期失业，即我们只统计失业时间是以月或者年计算的失业者。国际上在考虑长期失业时，主要涉及两个标准：一是长期失业率，即失业时间超过一年以上的人占全部劳动力人口的比例；二是失业超过一年以上者占全部失业人数的比例，这可以衡量劳动力市场的长期就业与失业的状况，同时也可以衡量长期失业的影响范围。

4. 按受教育程度划分的失业

按受教育程度划分的失业即将失业者按照五大类受教育程度进行分类和划分，五大类受教育程度分别为接受教育不足一年、初级水平以下、初级水平、中级水平和高级水平，这样就可以根据失业者接受教育的程度对其进行划分，分析不同受教育程度中失业人员所占的比例，从而可以在国家针对不同受教育程度的失业者制定失业政策时提出关键性意见。

（三）失业统计的方法

失业统计的调查方法有很多，从国际上来看，主要有四种。

1. 工时统计

根据失去的工时统计折算出失业人数，进而可以得到相应的失业率，根据工时来统计失业，理论上来说，这种方法可以更加科学地反映出失业现象，因为通常的失业统计并不能很好地反映隐性失业问题。

2. 就业机构统计

通过就业机构的相关失业登记记录可获得有关数据。因为部分国家会对失业人员发放失业救济金，因此失业人员会在失业期间去相关劳动部门登记。通过就业机构统计的失业人员只包括正在寻找工作且每个月月底在就业机构进行登记的人员。除了没有工作岗位的人员外，失业人员还包括罢工人员、临时生病而不能工作的人员以及在失业救济项目中从事劳动的人员（又称为登记失业人员），但是实际有工作而想跳槽的人员不应包括在失业人群内。

3. 劳动力抽样调查

通过劳动力抽样调查可获得失业人数和就业人数。调查失业率为失业人数占劳动力人数（失业人数与就业人数之和）的比例。

国际准则规定劳动力抽样调查的总体范围应该为整个人口，即涵盖不同经济活动身份、性别、婚姻状况、族群等。但是在实际操作中，会由于各种原因排除一些人群，比如外国人、游牧民、季节性移民、无家可归的人或者居住在较偏远和交通不便地区的人。同时，在调查所包括的住户中，由于我们只统计失业相关数据，儿童的经济活动对我们的调查没有意义，因此儿童也被排除在调查范围之外。此外，劳动力抽样调查的样本必须足够大，才能以有效的抽样精度保证我们可以从样本中获取到有用的信息，才能保证根据抽样样本所计算出的失业率能够反映真实的劳动力市场情况。因此，在确定劳动力抽样调查最低样本时，必须考虑到所研究的地理区域或人口分组区域、与就业人数相关的如行业或职业的分类、数据估计的类型和频率、抽样精度要求等，保证在控制人力、物力和财力的要求下，样本量能够满足调查所需。

4. 社会保险统计

根据失业保险的覆盖和发放情况来统计失业数据。失业率则由享受失业保险待遇的人数除以参加该保险项目的总人数得出。结合实际来考虑，这种失业数据的统计方法与真实情况会有一定的差距，因为现有的劳动就业者不一定都参与了失业保险项目，这就导致了如果仅仅根据社会保险项目的实施情况来统计失业数据，可能会与真实的失业情况有所偏差。

综合来看，上述四种方法各有利弊，不同国家也采取不同的就业机构统计和劳动力抽样调查方式。具体地，根据就业机构统计得到登记失业人数和登记失业率，根据劳动力抽样调查得到调查失业人数和调查失业率，我国现行的失业统计方法也是这两种。

三 中国失业统计的发展与演进

（一）传统计划经济体制时期

中华人民共和国成立之初，经济基础薄弱，百废待兴，导致我国的失业问题比较严重。特别是农村，因为有很多农民破产，所以农村失业问题亟待解决，失业问题一再成为大家关注的热点问题，同时，城市失业问题也不容忽视，我国城市失业人数达到400万人。在当时经济萧条的大背景下，解决失业问题成为解决民生问题的重点工作。在经过三年的经济发展和经济复苏，我国完成三大改造，从新民主主义过渡到社会主义，土地改革也取得了显著成果，在此背景下，我国推出了第一个五年发展计划（1953—1957）。第一个五年计划的主要任务有两点，一是集中力量进行工业化建设；二是加快推进各经济领域的社会主义改造。[①]

"一五"期间，我国的经济发展还是取得很大成就的，比如我国对个体农业、手工业和私营工商业的社会主义改造任务基本完成，计划所规定的各项建设任务，主要依靠我国人民的力量，加上当时苏联等国家的大力援助，到1957年年底都胜利完成，使我国建立起社会主义工业化的初步基础。"一五"期间，由于建设和改革力度大，我国经济也有了初步发展，社会主义工业化也开始了萌芽，我国在这一期间基本解决了失业问题。

在计划经济体制时期，计划经济作为一种特殊的经济体系，几乎都依赖政府的指令性计划，国家在生产、资源分配以及产品消费等各方面都是由政府或财团事先进行计划的。政府对国民经济实行完全的计划管理，中央集权统一，一切生产资料归国家所有，人民

---

① 参考夏远洋《我国失业统计的历史、现状及改革》，硕士学位论文，对外经济贸易大学，2002年。

生产实行集中制。虽然在当时经济发展水平低、建设资金严重短缺、国力有限的条件下，运用这种行政集权的计划经济体制，能够保证把有限的资源集中到重点建设上，可以奠定国民经济良性循环的物质基础，但是这种经济体制无疑有诸多弊端。个人作为集体的一员，生产、消费全由国家掌控，生产效率严重低下，人浮于事的现象非常明显，所以在计划经济体制的就业制度下，我国很多的失业问题被无效劳动和低效劳动所掩盖。也就是说，在当时的大环境下，隐性失业问题很严重，而且当时出现的隐性失业问题至今仍未得到彻底解决。

（二）改革开放初期

我国从 1978 年改革开放以来，经济体制有了明显的变化，从计划经济体制向市场经济体制转换，但是这个转换经历了一个漫长的过程，呈现计划经济体制和市场经济体制并行的特征，即"双轨制"经济，这也是传统计划经济体制向市场经济体制过渡时期所特有的现象。

20 世纪 70 年代后期，大批下乡的知识分子陆续回城，城镇劳动力急剧增加，但是劳动岗位并没有增加，给失业状况本就严峻的城市带来更大的失业冲击。在这种严重失业状况的大背景下，我国开始了失业统计。最开始的失业统计是登记制度，即劳动部门登记统计城镇失业人数，层层统计汇总，最后得到全国的失业人数，并计算全国的城镇失业率。我国当时的失业统计范围只涉及城镇，农村的失业情况并没有统计。

实际上，这一时期虽然计划经济成分仍然占据重要地位，但我国市场经济成分不断发展壮大，带来了大量的就业岗位，失业问题有所缓解。随着农村剩余劳动力增加，越来越多的"民工"涌入城市寻找工作机会。1952 年，我国的城镇失业人数为 376.6 万人，城镇失业率为 13.2%，随后，城镇失业率有所下降，1957 年下降到 5.9%，1978 年改革开放之后，城镇失业人数也大幅上升，1978 年城镇失业人数为 530 万人，1980 年为 541.5 万人，但是城镇失业率较1952年明显下降，分别为5.3%和4.9%，随后，我国的城镇登记失业人数和登记失业率均在不断下降。到1992年，我国当时的城镇失业人数已经降为360.3万人，城镇失业率也降至2.3%。可见，改革开放后我国经济有了一个明显的提升和好转，就业问题也逐步得到改善，说明市场经济对于计划经济有着显著的优越性。

（三）社会主义市场经济体制时期

1992年以后，我国的社会主义市场经济体制初步建立，在市场经济不断发展的过程中，经济结构调整的效果明显，社会主义市场经济的观念逐步深入人心。但是，在我国从计划经济转向市场经济的过程中，中国劳动用工制度发生了重大变化，政府不再统一分配和安置，企业和劳动者开始进行双向选择，失业问题变得突出。1992年以来，我国的城镇登记失业人数和失业率如表3-1所示。

表3-1　　　　我国城镇登记失业人数和失业率　　　　单位：万人、%

年份	城镇登记失业人数	城镇登记失业率	年份	城镇登记失业人数	城镇登记失业率
1992	363.9	2.3	2005	839.0	4.2
1993	420.1	2.6	2006	847.0	4.1
1994	476.4	2.8	2007	830.0	4.0
1995	519.6	2.9	2008	886.0	4.2
1996	552.8	3.0	2009	921.0	4.3
1997	576.8	3.1	2010	908.0	4.1
1998	571.0	3.1	2011	922.0	4.1
1999	575.0	3.1	2012	917.0	4.1
2000	595.0	3.1	2013	926.0	4.1
2001	681.0	3.6	2014	952.0	4.1
2002	770.0	4.0	2015	966.0	4.1
2003	800.0	4.3	2016	982.0	4.0
2004	827.0	4.2	2017	972.0	3.9

资料来源：国家统计局。

由表 3-1 中数据可知，自我国初步建立社会主义市场经济体制以来，城镇登记失业人数就一直在不断地上升，从 1992 年的 363.9 万人上升到了 2017 年的 972 万人，增长了约 1.7 倍。1992—2003 年，我国城镇登记失业率一直在持续上升，且 2000—2003 年城镇登记失业人数和登记失业率急剧上升，到 2003 年达到 4.3%，这其中有很大一部分原因是大批国有企业员工下岗，我国城镇失业人数在短时间内迅速上升，之后失业率逐步维持稳定（见图 3-1）。近年来，我国城镇登记失业率基本维持在 4% 左右，一方面由于经济持续稳定发展；另一方面主要是我国加大了教育投资的力度，高校逐年扩招，部分适龄劳动人员推迟就业时间，这也在某种程度上缓解了一定的就业压力。

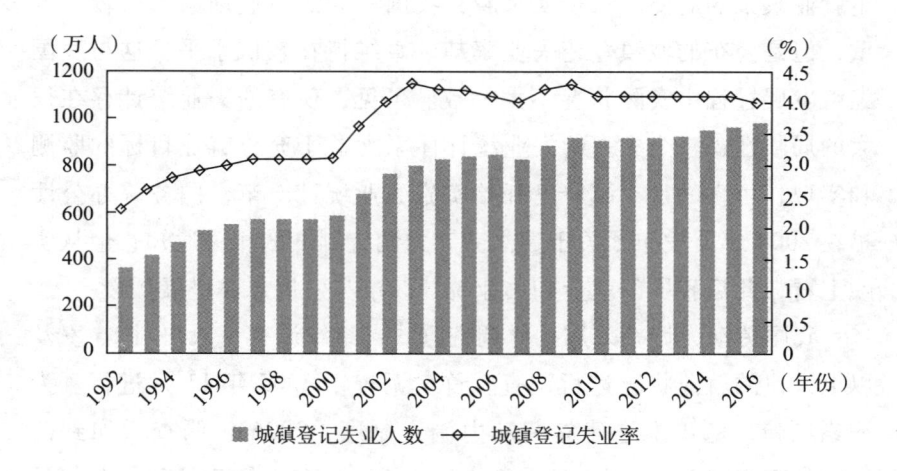

图 3-1　我国城镇登记失业人数和失业率

随着经济体制改革的逐步深化，市场经济越来越占据主导地位，失业问题也日益突出，特别是在经济体制改革的过程中，许多企业倒闭、破产、改革等，导致许多员工下岗，失业现象也变得更加严重。严峻的就业形势对失业统计提出了更高的要求，政府部门也越来越重视失业统计。当时我国的失业统计仅仅包括城镇失业率，而且只是根据在政府劳动部门登记的城镇失业人数来计算，还有很多人虽然处于失业状态，但并没有去劳动部门登记，同时，我国广大的农村地区也存在大量过剩劳动力，在统计上农村这部分失业人员也没有被包括进来。因此，每年公布的城镇登记失业率比实际的失业率要低，即城镇登记失业率统计存在很大的弊端，这一点也使得我国的失业统计备受社会各界批评。

随着我国社会主义市场经济体制不断完善，劳动就业制度改革不断深化，劳动就业形势和政府对劳动就业进行管理的方式也发生了重大变化。在计划经济体制下形成的就业统计制度，调查周期长，数据质量差，调查方法和标准不能与国际接轨，难以准确反映城乡就业总量和城镇失业的实际情况，不能满足国家宏观调控和制定就业政策的需要。从现实来看，我国实际的失业现象虽然较为严重，但是公布的城镇登记失业率却一直维持在较低水平，这与我国经济发展过程中实际状况不太一致。可见，现有的失业统计存在很大的局限性，一个失真的失业统计体系无益于充分就业目标的监测和实现，可喜的是，政府已开始实施失业统计改革，国务院办公厅早在2004年就发布了关于建立劳动力调查制度的相关通知，但从实践上看，此后我国的就业和失业统计改革与发展总体进展缓慢。

我国劳动力调查采用抽样调查方式，组织调查员入户对16岁及以上人口的就业状况进行调查。首次调查于2005年11月进行。为积累经验，稳步推进建立劳动力调查制度，2006年调查增加到两次。从2007年起，调查每季度进行一次，[①] 2015年7月起，全国月度劳动力试点调查工作正式启动，劳动力就业调查范围扩大为全国所有地级城市。

登记调查是由劳动部组织实施的，抽样调查是由国家统计局和劳动部共同组织实施的。调查失业率是通过城镇劳动力情况抽样调查所取得的城镇就业与失业汇总数据进行计算的，国家统计局与人

[①] 国务院办公厅：《国务院办公厅关于建立劳动力调查制度的通知》，2004。

力资源和社会保障部联合在"十二五"期间正式实施调查失业率。

2018年4月17日,国家统计局公布第一季度宏观经济数据,城镇调查失业率首次正式发布,此后我国按月定期发布全国城镇调查失业率和31个大城市城镇调查失业率。2018年1—3月,全国城镇调查失业率分别为5.0%、5.0%和5.1%,同比分别下降0.2个百分点、0.4个百分点和0.1个百分点。其中,31个大城市城镇调查失业率分别为4.9%、4.8%和4.9%,同比分别下降0.1个、0.2个和0.1个百分点。另外,截至第一季度末,外出务工农村劳动力总量17441万人,比上年同期增加188万人,增长1.1%。从国际上看,据国际劳工组织(ILO)2018年4月公布的最新数据,发达国家和地区平均失业水平为6.6%,发展中国家和地区平均失业水平为5.5%,全球平均失业率水平为5.7%。与世界其他国家和地区相比,我国城镇地区失业率水平既低于全球平均水平,也低于发展中国家和地区的平均水平,就业形势持续稳定。①

四 中国失业统计体系的现状

(一) 中国现行失业统计体系

1. 调查失业率统计发展历程

劳动力调查制度对建立健全城乡就业和失业调查统计体系,完善就业和失业统计及动态分析监测系统具有重大作用,可以及时、准确地反映我国城乡劳动力资源、就业和失业人口的总量、结构和分布情况,为政府准确判断就业形势,制定和调整就业政策,改善宏观调控,加强就业服务提供依据。

根据《国务院办公厅关于建立劳动力调查制度的通知》(国办

---

① 《国家统计局首次正式发布城镇调查失业率》,新华网,2018年4月17日,http://www.xinhuanet.com/fortune/2018-04/17/c_129852559.htm。

发〔2004〕72号）①的要求，劳动力调查采用抽样调查方式，组织调查员入户对16岁及以上人口的就业状况进行调查。每次调查需抽取样本40万户，涉及全国1800多个县（市、区）的130万人口。首次调查于2005年11月起正式实施，2006年劳动力调查增加到两次，分别于5月和11月进行，调查范围为中国大陆的城镇和乡村，调查对象为16岁及以上人口。从2007年起，调查每季度进行一次，分别于2月、5月、8月和11月进行。2009年3月，为更及时准确地反映劳动力市场的变化情况，建立了31个大城市月度劳动力调查制度，2013年4月将月度劳动力调查范围扩大至65个大城市。自2014年11月以来，国家统计局将劳动力调查范围从65个大城市逐步扩大至全国所有地级城市，调查频率为月度，调查样本为12万户。

2015年6月10日，李克强总理在国务院常务会议上提出，要把调查失业率真正变为权威数据。国家统计局表示将尽快建立健全制度，尽快将全国劳动力调查付诸实践，尽快向社会发布完整数据。2015年7月起，全国月度劳动力试点调查工作正式启动，劳动力就业调查范围将从65个大城市扩大至全国所有地级城市。②

2018年3月5日，国务院总理李克强做政府工作报告，在2018年的主要发展预期目标中加入了"城镇调查失业率"指标，设定的目标为5.5%以内，这是我国首次将城镇调查失业率作为国民经济年度发展目标。城镇调查失业率涵盖农民工等常住人口，这一指标作为政府工作目标，可以更全面地反映就业状况。2018年4月国家统计局首次正式发布全国城镇调查失业率。自2018年4月起，国家统计局将城镇调查失业率纳入主要统计信息发布计划中，按月定期

---

① 国务院办公厅：《国务院办公厅关于建立劳动力调查制度的通知》，2004。
② 《全国所有地级城市下月起试调查失业率》，搜狐新闻，2015年6月15日，http://www.sohu.com/a/18885492_148887。

发布全国城镇调查失业率和31个大城市城镇调查失业率。①

2. 月度劳动力调查制度

我国现阶段的劳动力调查的频率为月度，调查范围是被抽中的我国大陆地区城镇和乡村地域上居住的人口。城镇是按国务院在2008年7月12日的国函〔2008〕60号批复的《统计上划分城乡的规定》中划定的城市和镇，其余地域为乡村。② 劳动力调查的主要内容包括调查对象的年龄、性别、居住地、受教育程度、就业状况、所从事的职业和所在的行业、工作时间、失业原因、失业时间、收入以及参加社会保障情况等。

劳动力调查采用分层、多阶段、与住房单元数多少成比例（PPS）抽样抽取村级单位（居委会或村委会），采用随机等距抽样的方法在村级单位抽取住房单元或住户组，并对抽中住房单元和住户组内的所有人员进行调查。全国每月总共调查约12万户（住房单元），其中城镇约8.5万户，乡村约3.5万户。劳动力调查以户为单位进行登记，既调查家庭户，也调查集体户，在被抽中户中登记的人应包括：调查时点居住在本户的人，本户人口中已外出但不满半年的人。

我国的劳动力调查项目分为按户填报的项目和按人填报的项目。按户填报的项目包括户编号、户别、居住人口数、外出不满半年人口数、住房来源五个项目。按人填报的项目包括姓名、与户主关系、性别、出生年月、户口登记情况、受教育程度、婚姻状况、就业失业状况、工作时间、工作报酬、职业、未工作原因等29个项目。

月度劳动力调查的标准时间为每月10日零时，入户登记时间为每月10—14日，受节假日影响个别月份调查时点会进行相应调整。

---

① 《国家统计局首次正式发布城镇调查失业率》，新华网，2018年4月17日，http://www.xinhuanet.com/fortune/2018-04/17/c_129852559.htm。

② 国家统计局：《全国月度劳动力调查制度》，2017年，http://www.stats.gov.cn/tjsj/tjzd/gjtjzd/201701/t20170109_1451388.html。

劳动力调查主要由各省、自治区、直辖市统计局的人口和就业统计机构负责组织实施，采取派调查员入户登记的方式，在基层组织的协助下，对被抽中的住户进行调查。全国劳动力调查使用手持电子终端（PDA）进行样本管理、任务分配和数据采集，并由调查员利用 PDA 通过联网直报平台将调查数据直接报送到国家统计局。劳动力调查通过对抽中的住户进行调查获得原始数据信息，然后根据抽样调查的定义和公式，由抽样所获得的住户劳动力情况的样本信息推算总体的参数，即可获得所调查总体的劳动力的就业与失业状况。年度数据通过国家统计局外网、新闻发布会、统计公报、统计年鉴或其他统计资料等形式对公众发布。

3. 我国现行的统计失业率

目前，我国的统计失业率有两种：城镇登记失业率和调查失业率。城镇登记失业率是指在报告期末城镇登记失业人数占期末城镇从业人员总数与期末实际的城镇登记失业人数之和的比例。首先，我国城镇登记失业人员必须为非农业户口，即具有城镇户口；其次，登记失业人员必须在一定年龄范围内（16 岁至退休年龄，即男性为 16—60 岁，女性为 16—55 岁）；最后，登记失业人员还必须具有劳动能力，目前无业，正在寻找工作，并在当地相关就业服务机构进行求职登记。计算城镇登记失业率需要统计城镇的劳动力人数，我国的城镇劳动人口不仅包括城镇单位的从业人员（扣除使用的农村劳动力、聘用的离退休人员、港澳台及外方人员），还包括城镇单位中的不在岗职工、城镇私营业主、个体户主、城镇私营企业和个体从业人员以及城镇的失业人员。

调查失业率是通过劳动力情况抽样调查所取得的就业与失业汇总数据进行计算的，具体是指调查失业人数占调查从业人数与调查失业人数之和的比。通过月度调查数据，我们可以获取全国有关就业与失业的数据，分析城乡就业与失业的情况，同时可以进一步分析全国的就业和失业状况。由于我国的劳动力抽样调查开始时间比较晚，而且调查失业率的对象最开始并没有包括农村人口，均为城镇常住人口，之后调查范围才由城镇扩大到全国，抽样调查的样本数量相对比较有限，并不能十分准确地反映我国的失业状况。但是目前来看，调查失业率比城镇登记失业率更能真实地反映我国的失业率水平。

根据上面对城镇登记失业率和调查失业率的具体分析可以得知，二者的区别主要体现在以下三个方面。

一是数据来源不同。调查失业率的失业人口数据来自劳动力调查，城镇登记失业率的失业人口数据则来自政府就业管理部门的行政记录。城镇登记失业率是将各级登记机构行政数据汇总后得到的失业率数据，调查失业率则是根据每个家庭的调查记录，将它们汇总即得到城镇就业与失业的数据，如劳动力人数、就业人数、失业人数、劳动参与率、失业率等一系列数据。

二是失业人口的指标定义不同。调查失业率采用国际劳工组织的失业标准，城镇登记失业率则是指16岁至退休年龄内，没有工作而想工作，并在就业服务机构进行了失业登记的人员。

国际劳工组织通常将人口分为经济活动人口和非经济活动人口。经济活动人口实际上就是劳动力人口，是指总人口中已经参加或要求参加经济活动的人口，即从事经济活动的全部就业人口，加上要求从事经济活动而尚未获得工作职位的失业人口。非经济活动人口是指总人口中除去经济活动人口的其余部分，包括劳动年龄内（16岁及以上）、有劳动能力、未参加或不要求参加社会经济活动的人口，它实际上是除失业人口以外的各种不在就业年龄范围内的人口。国际劳动组织将就业界定为在参照期内从事任何一种工作以获取薪酬或利润（或实物报酬）的人员，或者在此期间生病、休假或产生争议等理由而暂时脱离工作岗位的人员，同时规定凡在家庭企业或农场从事无薪酬工作至少每天1小时的人员，应被包括在就业统计中。国际劳工组织将失业者界定为在参照期内无工作，但目前能够工作并寻找工作的某一特定年龄（通常是16岁）及以上的所有人员。

三是统计范围不同。调查失业率按照常住人口进行统计（既包括城镇本地人，也包括外来的常住人口），城镇登记失业率是本地非农户籍的人员。城镇登记失业率的对象须为当地城镇户口，年龄为16岁及以上，而且男性年龄在60岁及以下、女性年龄在55岁及以下，具有劳动能力、无业但有就业意愿并已在相关就业登记机构登记过的失业人员。调查失业率的统计对象为达到法定工作年龄，在调查期间内处于失业状态，而且具备工作能力且有工作意愿正在寻找工作的所有人。

通过以上分析可以发现，城镇登记失业率主要用于掌握失业保险金的发放情况，可以记录失业人员的详细信息，可以快速取得所记录的所有数据，主要是从社会保障的角度统计在相关劳动部门登记过的失业人员的信息。城镇登记失业率对登记的失业对象的要求比较严格，便于通过登记的失业人员信息控制失业保险金的发放。调查失业率则可以通过一次调查得到有关劳动力测度的所有数据，而且所获得的数据是一手数据，保证了数据来源的可靠性。调查失业率的主要作用是可以体现宏观经济的运行状况，同时可以反映劳动力市场的供需变化情况，因为调查失业率对统计对象的要求不是很严格，只要满足以上失业的条件便可纳入统计范围。同时，调查失业率统计的主要出发点是市场，可以从经济的角度对失业现象有一个整体的把握。

目前来看，对比我国官方公布的城镇登记失业率和调查失业率，每年统计局公布的城镇登记失业率的值相对偏低。根据官方公布，近年来我国的城镇登记失业率维持在4%左右，而调查失业率却维持在5%左右。所以，要准确反映我国的失业状况，不能单一地看某个失业率指标，而应该两者结合，相互辅助，综合分析和判断我国的就业与失业状况。

（二）现行失业统计体系的国际比较分析

1. 中美失业统计方法的比较

目前中国采用的失业统计方法是城镇登记失业率和城镇调查失

业率，主要是根据这两种失业率来反映我国劳动力市场的具体情况。

美国目前采用的失业人口统计方法为现期人口调查（CPS），CPS 是由美国人口普查局对家庭采取的一月一次的调查。所得数据由美国劳动统计局发布，美国对于失业率设置了 7 个层次的指标，关于失业率的具体计算方法为：(1) 长期失业率为失业时间超过 13 周的失业人口除以劳动力人口；(2) 失去工作的失业率为所有失去工作的失业人口除以劳动力人口；(3) 成人失业率为 25 周岁以上的失业人口除以劳动力人口；(4) 全日制劳动失业率为寻找全日制劳动的失业人口除以劳动力人口；(5) 通常失业率，即一般指标的官方失业率；(6) 部分失业人口的失业率，即寻找全日制劳动的失业人口加上寻找部分工作的失业人口和目前从事部分工作的劳动力人口中的一半人数除以劳动力人口；(7) 失去寻找工作勇气的失业人口的失业率，即在部分人口失业率的基础上，分子和分母加上失去寻找工作勇气的失业者获得的失业率。

由以上分析可知，美国通过 CPS 可获得 7 个层次的指标，能充分反映失业率的不同特征，进而全面地分析劳动力市场。而我国通过劳动力调查仅可获得调查失业人数和调查失业率，劳动力指标个数少，仅仅由城镇登记失业率和城镇调查失业率组成，没有对失业率进行较详细的分类，因此无法辨别不同年龄人群的失业情况，因此也不能对劳动力市场进行全面、详细的分析。

失业数据可以反映一国劳动力市场的就业与失业情况，同时也可以衡量宏观经济运行的状况，为失业治理和制定失业政策提供重要依据。但从中美失业统计方法的比较分析来看，中国和美国在失业统计口径、统计方法上有明显的不同。中国目前的失业统计调查体系和制度离美国失业统计水平还存在较大的差距，因此我们必须继续完善现有的失业统计体系，不断完善失业统计制度，才能更好地监测和应对我国的失业问题。

2. 中国失业统计和国际准则的比较分析

随着经济国际化程度的提高，我国失业统计制度不断走向规范化，失业定义也不断与国际准则接近，特别是劳动力抽样调查得到有效实施后，我国的失业统计进入了一个新的发展阶段。1995年，在国际劳工组织的帮助下，国家统计局参考国际准则中关于失业的定义，制定了失业的统计定义（城镇调查失业人员），取消了户籍、年龄上限的限制，以本地区的常住人口为调查对象，这一具体定义考虑了一定年龄以上且满足"没有工作""目前可以工作""正在积极寻找工作"等标准的要求，与国际准则较为接近。在1995年以前，我国采用的是劳动部门的登记失业统计，由于登记失业统计存在很多弊端，不能全面反映我国城镇劳动力的真实失业情况。所以，1995年我国参照国际准则标准制定劳动力抽样调查制度，为失业统计的规范化和国际化奠定了基础，促进了我国失业统计与国际通行办法和国际标准靠拢。

当然，我们还应该清醒地看到，虽然我国的失业定义和抽样调查制度均在不断地与国际接轨，但我国的失业统计在很多细节方面尚未深入，特别是在失业统计范围、指标以及数据公布等方面与国际准则还存在较大差异。这主要体现在以下三个方面。

(1) 失业的定义

首先，我国对于失业的定义还不够完善，定义中寻找工作的方式受限，我国城镇登记失业制度将统计对象限制为到劳动部门的就业服务机构进行登记，而这只是国际准则中失业者的一部分，我国城镇登记失业制度只对这一种方式的失业人员进行统计，不能统计全部失业人数，准确性不够，不能反映真实情况。其次，国际准则中将未来就业者、下岗人员、正在积极寻找工作的学生、寻找学徒工的人、就业创业计划的受益者等视为特殊人员，并对这些特殊人员加以一一说明，而我国现阶段的失业定义并未对这些人群进行任何说明。此外，我国的失业人员还包括下岗人员中正在寻找工作的那部分人，将失业人员与下岗人员分开统计，但是，国际准则中却将那些没有正式工作关系、正在寻找工作、目前可以工作的下岗人员计入失业。

（2）失业统计范围

国际准则中失业统计的范围包括城镇和农村，但是我国的失业制度的统计范围始终只限制在城镇，我国2005年才开始全国劳动力调查，将范围由城镇扩大为全国。作为一个农业大国，随着农业一体化水平的提升，农村剩余劳动力规模不断上升，农村的失业现象也越来越突出，排除农村失业者的失业统计方式显然不能反映我国真实的劳动力市场状况。

（3）失业统计指标

国际上失业统计的指标有很多，如失业率、青年失业、长期失业、按受教育程度划分的失业等。而我国的失业统计指标一直比较单一，1995年以前，我国一直主要采用城镇登记失业率指标，但该指标由于只反映了城镇的失业情况，而且存在统计范围不全等问题，不能反映我国真实的劳动力就业与失业的状况，也不能适应失业统计发展的需要。1995年后我国增加了城镇调查失业率，但是该数据一直到2014年才对外公布，当时公布的是年度数据。对于数据公布的频率，国际上一般的做法是每月定期调查一次，于次月初公布，我国现行的劳动力调查虽为月度调查制度，但月度数据一直到2018年4月17日才首次正式对外公布。所以，我国失业的数据很有限，而且失业统计的指标过于简单，无法准确地对劳动力市场状况进行分析。

（三）中国失业统计存在的主要问题

1. 对失业的界定不准确

（1）我国失业统计对年龄的界定不准确

国际上对失业人口的界定，一般认为16岁及以上的失业人员均应包括在失业人口中，没有对年龄设置上限，将没有工作且正在寻找工作的下岗人员也包含在失业人口中。但是，我国在年龄设置方面与国际上有所不同，对失业人口规定了年龄上限。1979年，我国失业统计规定失业人口年龄上限为男性50岁、女性45岁,超出这个年龄并且没有工作的人不能被包含在失业人口之内,1995年之后我国规定的失业人口年龄有所提升,将失业人口的年龄上限定为退休年龄,现在为男性60岁、女性55岁。因此,我国的失业统计数据不能与国际直接进行相应的比较,对我国治理失业问题、经济发展有一定的不利影响。

国际劳工组织或其他多数国家的统计标准,通常只有年龄下限标准(16岁),而没有年龄上限规定。这值得我国参考借鉴。目前,随着人们生活水平的提高,我国的人均寿命已经超过70岁,2015年我国人均寿命已经为76岁,女性甚至达到79岁,部分经济发达地区已经超过80岁,但是劳动就业年龄却没有改变。这就使得部分下岗员工中没有工作且正在积极寻找工作的人没有被纳入失业统计中,同时,部分超过退休年龄仍然在岗工作的人也没有被纳入就业统计中,与我国的就业现状存在较大的偏差。

(2)我国失业统计对工作时间的定额太低

我国的调查失业率定义虽然借鉴了国外以工作时间作为就业与失业判断标准的方法,对就业的判断标准为,"为取得报酬或经营利润,在调查周内从事了1小时以上(含1小时)的劳动",即在调查周内从事劳动不足1小时的人员被视为失业。但是,国外对于工作时间却有量化的标准,例如,美国规定在调查周内工作不满15个小时者即为失业人员,法国规定不满20小时者即为失业。按照目前的法定工作时间,这两个国家都是实行每周五天工作制,每天最多工作8小时,他们的工作时间均超过正常工作时间的1/3甚至达到一半。我国目前也是实行每周五天工作制,因此,与国外相比较而言,我国的工作时间标准偏低,而且,在现实生活中来看,以当今的工资标准和物价水平,一周工作1小时难以维持一个人基本的生活。因此,我国的失业调查统计在工作时间的设定上存在着一定的缺陷,失业率被低估的现象较明显。

2. 统计范围不够全面

现阶段我国失业统计的主要对象为城镇人口，我国在 2004 年才发布建立劳动力调查制度的相关公告，直到 2005 年才首次开展全国劳动力调查，将调查失业统计的范围由城镇扩大到全国，因此，我国的失业统计范围一直不够全面。2018 年 4 月 17 日国家统计局首次公布全国城镇调查失业率月度数据，自 2018 年 4 月起国家统计局将调查失业率纳入主要统计信息发布计划中，按月定期发布。虽然我国劳动力调查制度的调查范围为中国城镇和乡村，但是目前公布的调查失业率只有城镇调查失业率。

国际标准的失业人数是城镇和农村的失业人口的总和，但是根据目前我国的失业统计政策，我国公布的城镇登记失业率和城镇调查失业率均只针对城镇，它以户籍为基础，是户籍管理制度的产物，因此我国失业统计的范围与国际通行的失业统计范围相比要小得多。

此外，我国的失业人口统计范围没有包括城镇非常住人口，但是在现阶段，我国流动人口的数量特别大，每年有数千万的农村人口流向城市，对这部分人口的失业统计没有加以考虑，因此，导致了失业统计数据失真，政府无法对这一部分流动人口的失业情况进行监测。对于这部分人本身来说，他们也无法得知不同地区的流动人口的就业情况，信息不对称也不利于劳动力市场资源的有效配置。农村人口也没有被包括在失业人口统计范围之内。我国是一个农业大国，2007 年我国农村人口总数为 71496 万人，占总人口的 54.1%。虽然我国每年的农村人口在减少，但是农村人口仍然在我国人口中占有很大的比例，2017 年中国城镇常住人口 81347 万人，比上年末增加 2049 万人；农村常住人口 57661 万人，减少 1312 万人；城镇人口占总人口比例（城镇化率）为 58.52%，比 2016 年年末提高了 1.17 个百分点。因此，若我国的失业统计不包含农村，将会带来特别大的误差。

一直以来，我国农村人口的就业人数也与城镇不相上下。根据

表3-2 我国近年来城乡就业人情况分析，2017年年末全国就业人数为77640万人，其中城镇就业人数为42462万人，农村就业人数为35178万人。在2013年之前，我国的农村就业人数一直高于城镇就业人数，2014年开始城镇就业人数才超过农村。在农村人口基数大、就业人口数量多的大背景下，我国农村人口的失业问题却一直没有得到重视，失业统计一直没能很好地反映农村失业状况，这也不利于我国对农村进行失业问题的治理。

表3-2 近10年我国城乡就业人员情况　　　　　单位：万人、%

指标 年份	就业人数	城镇就业人数	农村就业人数	农村就业人数占比
2007	75321	30953	44368	58.9
2008	75564	32103	43461	57.5
2009	75828	33322	42506	56.1
2010	76105	34687	41418	54.4
2011	76420	35914	40506	53.0
2012	76704	37102	39602	51.6
2013	76977	38240	38737	50.3
2014	77253	39310	37943	49.1
2015	77451	40410	37041	47.8
2016	77603	41428	36175	46.6
2017	77640	42462	35178	45.3

资料来源：国家统计局。

3. 没有考虑隐性失业问题

按照我国最新的失业统计方案，2018年4月起国家统计局每月会定期发布31个大城市的城镇调查失业率，虽然失业数据的实时性得到了保证，但由于调查指标的设置仅根据在调查周内是否从事了1小时以上的劳动来判断是否失业，判断标准过于单一，没有考虑其他形式的失业，如隐性失业问题，这样就导致调查统计的失业与真实的失业存在一定的误差。学术界多数学者认为，失业有隐性失业和显性失业之分。显性失业人口，即按照我国对失业的定义，在调查周内没有工作或劳动时间不超过 1 小时的劳动适龄人口，但不包括现在不想工作和虽然想工作但未积极寻找工作者；隐性失业人口，即指企业边际劳动生产率为零或负值的那部分劳动者，通俗点来说，就是形式上就业，实际上没有就业。

按照现阶段的国情来说，主要有两类隐性失业人口，分别是城镇职工和农村剩余劳动力。对于城镇职工，虽然我国目前在大范围地进行国有企业改革，但是还存在一些国有企业管理不当、制度安排不合理等问题，人事体制僵化、人事管理散漫，人浮于事的现象很常见，很多国有企业办事效率低下，本来只需要少数员工可以完成的工作却安排了更多的人去做，从而牺牲了效率，浪费了人力、物力和财力，导致了隐性失业问题。当前，许多国有企业、事业单位等为了让企业更有竞争力，开源节流，在企业员工管理上大力改革，进行制度结构性调整，优化人事管理，虽然收效明显，但是这一部分隐性失业人口也因为改革而变成了显性失业人口。

对于农村剩余劳动力，我国是一个农业大国，农村人口占据总人口的将近一半，现在随着农业生产科技化和一体化进程的加快，农村劳动力出现富余，越来越多的农村人口没有充分发挥劳动力价值，甚至部分农村劳动力的边际效用为零。农村劳动力供大于需，为了求生，大量农村剩余劳动力转移到城市，从第一产业向第二、第三产业转移，但是，城镇的工作机会也是有限的，在城镇吸收不了这部分农村剩余劳动力的情况下，这部分人由于受到户籍制度的影响，就成为隐性失业人口。近年来，我国农村有越来越多的人口外出务工，同时我国的耕地面积在不断减少、城乡贫富差距也在不断扩大，解决农村人口失业问题迫在眉睫，对于维持我国社会稳定、保证人民安居乐业都有着关键性的作用。实际上，无论是在传统计划经济体制时期，还是市场经济体制时期，农村隐性失业问题都很严重，在我国特定的国情条件下农村人口面临着更大的就业压力和失业风险，解决他们的就业和失业也是当前我国经济社会发展所面临的重要问题。

综上所述，目前我国的隐性失业问题仍很严重，现行的失业统计并没有反映隐性失业问题，导致失业统计与真实的劳动力市场状况存在较大偏差。

4. 失业统计指标体系的设置存在缺陷

从劳动力调查表的设计来看，我国现阶段的劳动力统计指标过于单一。对于劳动力的调查，仅考虑调查者的家庭基本情况、受教育程度、调查周工作时长、失业原因等，调查的内容局限于调查者的失业和就业基本情况，不利于进行失业原因的分析和失业的治理。

首先，根据我国最新的调查失业统计，对失业者进行调查时，没有深入了解失业者的失业原因、失业前的工作岗位、失业时长等。对于失业者的失业原因，调查表中虽有涉及，但是原因划分太粗糙，其中因单位原因失去原工作的可以进一步调查其原工作岗位等，便于进行工作岗位的失业率分析。对于失业时间期限的统计，从失业具体的时间期限来看，失业时间可以细分为3个月及以内、4—6个月、7—12个月、13—24个月、25个月及以上。

我国进行失业调查统计，一方面是为了解我国各地区的失业情况，但是更重要的是，通过失业统计进行失业的治理，以提高全国的就业率，实现充分就业。因此，国家统计部门在进行失业统计时，指标的设计应该尽量全面而合理，以进一步掌握失业者的失业原因、失业时长、原工作岗位等。通过对调查指标的完善来细化对失业问题的分析，进而可以对不同年龄、不同岗位等类型的失业提出有针对性的分析和治理政策建议。

其次，我国目前失业统计的指标过少，仅有城镇登记失业率和调查失业率，而且指标存在较多缺陷。首先，城镇登记失业率统计范围狭窄、覆盖面小，未反映广大农村地区的失业状况，只统计城镇常住人口的失业人数和失业率，这就导致很多实际上失业的人员并没有被纳入失业统计中。其次，城镇失业统计登记的项目过少、内容简单、形式设计较粗，没有反映"就业不足"和"隐性失业"等问题，无法进行有广度和深度的分析，也难以从失业人员登记表中获取有价值的信息。再次，城镇登记失业率的工作形式较为被动，必须是失业人员主动到就业服务机构进行登记，否则不能被纳入失业统计范围内，而且对进行登记的失业人员不能很好地核实，无法判断其失业的真实性，存在冒充失业以领取失业救济金的现象，同时，失业登记易受人为因素的干扰，可以人为地进行操作，因为失业与一个地区的经济发展成效、财政支出等有关，所以很难排除城镇登记失业率中人为干扰的成分。最后，我国的失业统计指标体系也没有包括隐性失业现象相关的指标，随着经济结构的调整，隐性失业现象也越来越严重，而我国的失业统计制度中并未反映这一状况。

针对失业统计的制度性缺陷，我国先后对失业统计开展了一系列改革。2018年4月起每月定期发布全国和31个大城市的城镇调查失业率，但我国是一个人口大国，仅仅通过城镇调查失业率也不能完全反映我国的失业现状，为进一步细化失业现状，可以加入不同岗位调查失业率、不同年龄调查失业率、不同时长调查失业率等指标，以此来尽可能准确地反映我国的失业情况。

最后，我国失业统计指标的设计缺乏广度及深度。我国失业统计仅有的两种指标就是失业人数和失业率，导致对失业人口年龄、性别以及失业原因的分析较为简单，基础数据不足，很少进行有广度和深度的分析。所以，我国应该全面获取按产业、地区、失业时间长短等维度进行划分的失业数据，从多角度、多层面对我国失业状况进行全面分析和评估，这也有利于我国更好地开展宏观经济调控和产业结构调整。

五 中国失业统计体系的改革思路

(一) 中国失业统计改革的总体思路和方向

我国现行的失业统计还存在不少问题,失业统计尚不健全,不能准确反映我国实际的就业状况,对制定宏观经济政策和劳动力市场管理所起的支持作用仍有不足。同时,我国的失业统计标准与国际上通行的标准还存在一定的差距,不能简单地进行国际对比。因此,我国应该从失业统计的目标及任务出发,立足基本国情,对统计制度与方法进行改革,借鉴国际标准,完善我国的失业统计。

我国失业统计制度改革的主要目标是不断完善失业调查的统计方法和指标体系,扩大统计范围,以使失业统计能够覆盖全社会,更科学、准确地反映就业与失业状况。抽样调查周期短、信息量大、人为操纵的空间小,可以在很大程度上提高我国失业统计数据的时效性和准确性,比城镇登记失业统计具有更多的优势,可以反映劳动力市场的总体供求情况、宏观经济的发展状况,以及整个国家的失业状况。目前,我国正在积极进行调查失业统计的制度改革,从实施失业调查统计、增加失业调查的频率、逐步扩大失业调查的地域范围,再到发布调查失业数据的频率,调查失业统计经历了多次改革,已经越来越和国际接轨。但是根据前面分析可知,从目前失业统计的指标体系设置来看,还是存在一定的不足之处,不能全面深入反映我国的失业现状,如现有的城镇调查失业率只针对整个国家或者地区,没有按不同年龄、不同岗位、不同失业时长等细分的调查失业率,也没有公布农村调查失业率等。因此,为了更有效地对我国失业问题进行治理,我们需要进一步完善和细化失业调查的统计方法和指标体系。同时,由于我国现行的失业统计制度存在较多问题,如对失业的界定不准确,统计范围存在误差,没有全面考虑农村的失业情况,隐性失业的统计也亟待解决。在进行失业统计改革时，必须首先解决这些现存的问题，以使我国的失业统计体系更加完善。

在考虑我国具体国情的基础上，应该建立和健全一个与国际接轨的统计指标体系，使我国的失业统计数据具备国际可比性。目前，我国正在一步步融入国际社会，经济发展国际化程度不断提高，政府统计也在不断与国际接轨。为了增强国际可比性，我国也必须提高失业统计数据与其他国家的可比性。为此，在进行失业统计体系的改革时，必须按照国际通行的标准规范我国的失业统计工作，具体包括对指标的设置、指标的定义、调查方法、数据发布等方面的改革，参照其他发达国家失业统计体系的设置，使我国的失业统计体系不断与国际接轨，增进失业统计指标的科学性与规范性，提高失业统计数据的质量。

（二）中国失业统计体系改革的建议与意见

1. 科学界定失业统计口径

首先，现行失业统计的劳动者年龄限制与国际通行做法不一致。目前，我国对失业的界定是在劳动年龄内，即16岁至退休年龄（男性60岁，女性55岁），有工作能力，目前没有工作但正在积极寻找工作的劳动者。这一标准与国际准则存在一定的差异，国际上对失业者没有规定年龄上限，即失业人员包括了目前正在寻找工作的退休员工。因此，我国应该取消失业人员的年龄上限，和国际准则保持一致，失业人员的统计也应包括退休年龄以上的人员。因为随着人们生活水平的提高，越来越多的人在退休后为了追求更高品质的生活，也选择了再次进入劳动力市场，我国现在老龄化现象很严重，2016年年底我国65岁及以上人口已达到1.5亿人，占总人口的10.85%，因此，若这部分退休人群选择再次工作，也将在劳动力市场占据很大的比例。因此，我们在进行失业统计时，也应该将这部分人纳入进来。实际上，由于现阶段医疗水平和生活水平的提高，人均寿命也相比以前有了大幅度的提高，2015年我国预期人均寿命已达76岁，女性甚至达到了79岁，也就是说，平均每个劳动者在退休后仍有20年左右的时间，这也促使大量退休工作者重新寻找工作。可见，我国现行的失业人口定义标准显然是不科学，也是不合理的，建议取消失业人口统计的年龄上限。

其次，我国目前的失业统计对工作时间的界定也不合理，和国际准则存在较大差异。根据前面对我国失业统计问题的分析，现行统计用每周"1小时"来划分就业和失业，认为劳动者若在调查周内的工作时间不低于1个小时，即可归为就业者，就现实生活中来看，这个定额明显太低，我国目前实行一周五天工作制，按照一天8小时的工作量，一周工作时间达40小时，按照一周1小时的工作时间来界定就业与失业并不合理，对失业人口的统计存在一定程度的低估。因此，我们建议应适当提高失业人口统计的工作时间界定，可以按照一周正常工作时间的1/3来定额，即可以把一周工作时间提高为13个小时左右，以尽可能准确地对我国失业人口进行统计。

2. 优化城乡失业统计制度

（1）改进和完善城镇失业调查方法

对于城镇的调查失业统计，我国现阶段是采取住户抽样制，按照户数来确定抽样框，然后根据一定的抽样标准来抽取每一户家庭，但是抽取的样本数还是过少，我们建议应该加大抽样比例，因为我国的人口众多，如果抽取的样本过少，可能会出现较大的误差，对失业统计的结果产生一定的影响。另外，在抽样过程中，也要考虑到样本的代表性，满足国家和各级政府对调查资料的要求，在完成国家调查任务的同时，各个地方统计部门可以在国家样本的基础上适当增加样本数量，以满足地方政府的失业统计要求，这样所抽取的样本既满足国家的要求，同时也具有地方代表性，可以节约大量人力、物力和财力，以最少的投入获得最满意的统计结果。

随着电子信息技术的发展，当今社会已进入一个大数据时代，结构化数据、非结构化数据和半结构化数据爆炸性增长，传统政府统计受到了巨大的冲击与挑战。如何利用大数据改进和优化现行统计体系及调查方案,已成为各国统计部门和学术界所面临的一项重要课题,将大数据纳入现行统计工作改革和发展是一个重要思路。从国际上看,当前较为成熟的应用是谷歌(Google)利用其搜索数据成功地预测了美国的流感趋势、失业率以及CPI,研究发现,通过谷歌搜索数据得到的预测结果具有更高的时效性。针对我国失业统计,在利用抽样调查数据测度我国调查失业率的同时,可以充分利用大数据的手段和技术,扩大数据范围,探讨如何充分利用大数据为失业统计提供更广阔的数据来源、核验资料及预测工具等。

(2)加大对农村失业统计的力度,逐步实施农村失业调查

前文分析中提到,我国目前的失业统计范围还不够全面,虽然2004年将调查失业统计的范围由城镇扩大到了全国,但是现阶段失业统计对农村的调查程度还不够,对农村的失业统计较为粗糙。我国现阶段对失业调查的改革力度较大,2018年4月起,国家统计局已经开始每月公布31个大城市的城镇调查失业率,但是对农村的失业调查还很不完善,并没有公布农村的调查失业率。我国是一个农业大国,农业人口占总人口的比例依然较高,如果忽视农村的失业情况,就不能全面分析和衡量我国的失业情况。因此,统计部门应该加大对农村的失业调查,完善城乡统计制度,加快对农村劳动力调查改革的步伐,让农村调查失业率也成为反映我国失业状况的一个重要指标。

对于农村的失业统计,可以对乡镇企业、私营企业和个体劳动者的失业情况进行抽样调查,同样应该考虑样本的代表性,进而推算农村的失业人口和失业率。而对于完全依附于土地的农村劳动力,由于没有工作时间的限制,我们无法采取调查企业失业统计的方式,以土地为生的农村人口失业的隐蔽性较强,可以考虑按照推算隐性失业的办法来进行估计,如可以按照一定土地的劳动量来估计所需劳动人口的数量,进而可以推算出农村剩余劳动力,得到农村失业人口数量和失业率。

(3) 以常住失业人口统计为主，同时要注意监测流动人口的失业情况

由于我国目前的户籍制度还不完善，城乡还没有实行统一的户籍制度，因此我国现阶段的失业统计还是以常住人口的失业调查为主，但是我国目前的流动人口占比也较大，特别是在农业科技化和一体化进程加快之后，农村出现了越来越多的剩余劳动力，这部分人也更多地涌入城市寻求新的工作。因此，现行的失业统计体系需进行改革，在统计常住人口失业情况的同时还要监测流动人口的失业状况，使我国的失业统计体系更加完整，有利于从宏观上指导和调控流动人口的就业，改善对流动人口的管理，最大限度地减少社会问题的发生。所谓常住人口，即指在调查小区居住时间半年以上（或者居住不满半年，但是离开户口所在地半年以上）的人口。以时间期限和地理范围为标准，可以抽取那些管理得比较完善的地区进行流动人口的失业统计，进而推算出全部流动人口的失业情况。总的来看，我国失业统计体系的制定必须依照我国的国情，同时兼顾常住人口和流动人口的失业情况，并对两者进行比较，以便对我国的社会管理和失业治理提出更合理、更科学、更可行的建议。

(4) 补充隐性失业统计

实际上，我国的隐性失业现象不容忽视。前文分析中提到，我国目前主要有两类隐性失业人群，即农村剩余劳动力和城镇职工。城镇职工主要是因为低效劳动，主要体现在国有企业、事业单位等员工管理制度不完善，导致部分员工的劳动效率低下，边际产出很低甚至为零。农村剩余劳动力主要是因为农业生产现代化发展速度很快，传统农业生产方式出现了劳动力剩余。

这两类隐性失业人群的本质不一样，因此对他们的失业统计方法也应该有所区分。在估算城镇隐性失业人口时，目前采用比较多同时也比较有效的方法是有效工时推算法。比如，我国2016年城镇从业人数是41428万人，按照有效工时利用率85%—90%，那么我国城镇的隐性失业人数为4142.8万—6214.2万人，因此，我们可

考虑有效工时占制度工时的比例，建立适当的模型，进而可以推算城镇职工的隐性失业人数。在建立模型时，需考虑不同行业、不同地区具体的工作制度，以使模型能够尽量准确地反映我国不同地区、不同行业的城镇职工失业状况。

对于农村隐性失业人口的测算，可以通过以下几种方法进行估计：一是国际对比法，参照国际上农业产值比重较大的国家，找出一般农业劳动力比重标准，然后将中国的农业劳动力比重与此标准对照，或者参照历史上我国农业占比较大的时期，按照农业劳动力比重推算出我国当前农业生产所需的劳动力，那么，现有的农村劳动力人口中多出来的就是隐性失业；二是可以对我国部分农村地区进行抽样调查，统计所调查区域农业实际生产人数，计算出农村调查地的隐性失业率，进而根据样本特征来推算出整个农村的隐性失业率；三是根据失业模型进行估计，这里可以部分农村失业调查的数据为基础，拟合出适当的模型，进而推算全国农村的失业情况。

3. 完善失业统计指标体系

我国目前的失业统计范围还不够全面，只是对全国各大城市进行了整体的失业统计，但是不同地区、不同行业的失业统计肯定会有所差异，比如发达地区的失业率肯定会低于落后地区，而且对于不同行业，失业统计的方法肯定也会有所差异。因此，我们建议可以分地区、分行业实行有差异的失业统计，充分考虑到不同地区、不同行业的差异性，构建一套科学、完整的失业统计指标体系。首先，可以在经济条件、人力成本允许的条件下，尽可能增加调查频率、调查范围和调查样本，逐步与国际接轨。其次，将不同的行业，如农业、制造业、服务业等区分开来，按照行业的特点，设计不同的失业统计指标，采取不同的就业、失业标准和统计方法，进而可以有针对性地分析不同行业的失业情况，对行业的发展起到一定的宏观调控作用。

具体而言，针对前文对我国失业统计发展现状及问题的分析，可以设置以下几个层次的失业指标。

一是失业人员规模与失业率，即本地区的失业总规模。失业人员规模指标具体包括城镇调查失业人数、农村调查失业人数、城镇登记失业人数、不同省份地区的城乡调查失业人数、不同省份地区的城镇登记失业人数、分三次产业的调查失业人数、上年结转失业人数、上年结转失业人员再就业人数、当年新增失业人数、当年新增失业人数比上年增加数。统计上年失业人数主要是为了与本年失业人数进行对比，反映我国失业整体的变化情况，上年结转失业人员再就业人数可以监测我国上年失业治理工作的进展情况。

失业率指标具体包括城镇调查失业率、农村调查失业率、城镇登记失业率、不同省份地区的城乡调查失业率、不同省份地区的城镇登记失业率、分三次产业的调查失业率等。因为各个地区、行业、城镇和农村的就业总人数不相同，仅仅凭借失业人数并不能很好地反映我国的失业现状，因此，还要在失业人员规模的基础上增加失业率指标，以反映我国劳动力市场的就业与失业情况。

二是失业原因指标。我国进行失业统计主要是为了更好地进行就业管理和失业治理，因此，我们建议在进行失业统计时应该加上对失业原因的统计。失业可以由很多原因造成，如劳动合同到期终止、企业关闭破产、单位提出解除劳动合同、自己提出解除劳动合同等，分析失业人员的失业原因，才能为这些人员的再就业提供合适的政策指导。例如，如果失业主要是由于企业关闭破产导致的，那么国家和政府就可以相应地对破产企业的员工再就业提供合理的就业保障、有针对性地提供更多的就业机会，如推动整体转岗、集体培训再就业等；如果失业主要是由于单位提出解除劳动合同，那么政府有关部门可以对这些失业人员进行学习培训，加强劳动力市场双向选择，尽快地让这些失业人员重新回到工作岗位。因此，进行失业原因的统计是很有必要的，可以了解我国失业主要是由什么原因造成的，从而为我国失业的治理提供更有效的建议和意见。

三是失业时间期限构成指标。失业按照时间长短可以分为长期失业和短期失业，但是目前我国的失业统计没有涉及对失业时间期限的统计,从失业具体的时间期限来看,失业时间可以细分为 3 个月及以内、4—6 个月、7—12 个月、13—24 个月、25 个月及以上。通过增加失业时间期限的构成指标,可以考察我国整体、城乡、不同行业及不同地区失业时间长短的分布。失业时间长短与宏观经济的发展是密不可分的,一般来说,若经济发展处于繁盛期,失业者的失业时间分布不会过长。因此,失业时间期限也可以作为衡量我国经济发展的一个重要指标,根据这一指标,政府也可以制定出更合理的经济发展计划和目标。

四是失业人员的年龄构成指标。虽然我国目前对失业人员的年龄进行统计,但是对年龄的统计过于粗糙,而且对失业人员的年龄构成也没有进行有广度和深度的分析,因此,我们建议在我国现有的失业统计体系指标中增加失业人员年龄结构统计。失业人员的年龄可具体细分为 16—19 岁、20—24 岁、25—29 岁、30—34 岁、35—39 岁、40—44 岁、45—49 岁、50—54 岁、55—59 岁、60—64 岁、65 岁及以上。统计失业人员的年龄构成,可以更好地考察我国失业人员的年龄分布,分析失业人员是青年、壮年还是老年,从而也可以为失业的治理提供更有针对性的对策。若失业人群中有很大一部分来自老龄人,则说明有很多退休人员仍然选择再次进入劳动力市场寻找工作,那么我国就可以考虑针对这部分失业人员有哪些有效的就业扶持计划,如可以适当延迟退休年龄等。若失业人员中有很大一部分来自青年,那么意味着应加强教育投资,让更多的青年进行学习,延迟他们进入职场的年龄,减缓劳动力市场的就业压力。

五是失业人员学历构成指标。按照我国对学历的划分,失业人员的学历构成可分为小学及以下、初中、高中、中专、技校、职高、大专、本科、硕士、博士等。对不同学历的失业人群所采取的失业应对措施也会有所不同,对低学历的失业人群可以相应地对他们进行文化水平的培训,提高他们的职业技能;对高学历的失业人群,因为这部分人才资源比较稀缺,则可以有针对性地进行就业推荐、推动就业市场发展、搭建高端人才信息平台等，以充分利用我国的教育资源和人才资源。

六是失业人员单位类型构成指标。失业人员的单位可划分为国有企业、集体企业、个体经济、私营企业、外贸企业、合资企业、机关、事业单位等。通过分析这些单位的失业人数占比和失业率，可以从一定程度上反映这些单位的人事人才管理制度是否合理，劳动资源的分配是否得当，从而可以有针对性地进行整改和完善。按照目前我国失业的情况来看，国有企业、集体企业和机关等存在较多隐性失业的现象，因此，针对不同单位类型的失业情况，可以采取不同的失业治理措施。

七是失业人员单位行业结构指标。按照我国对行业的划分，失业人员的单位行业可分为农林牧渔业，采矿业，制造业，电力、热力、燃气及水生产和供应业，建筑业，交通运输、仓储和邮政业，信息传输、软件和信息技术服务业，批发和零售业，住宿和餐饮业，金融业，房地产业，租赁和商务服务业，科学研究、技术服务和地质勘查业，水利、环境和公共设施管理业，居民服务和其他服务业，教育业，卫生、社会传媒和社会福利业，文化、体育和娱乐业，公共管理、社会保障和社会组织，国际组织等。与失业人员的单位类型一样，失业人员所属的行业类别不一样，相应的失业治理方案也可能不一样，因此，增加失业人员单位行业结构这一指标，可以在很大程度上提高我国失业统计的准确性，全面了解失业人员的行业结构分布。

参考文献

[1] 鲍志伦：《实行调查失业率是经济社会发展的必然选择》，《商场现代化》2010年第23期。

[2] 曾鸿：《新形势下重建我国失业统计指标体系的思考》，《统计与信息论坛》2004年第3期。

[3] 陈彬：《从PMI数据看结构性周期性失业问题》，《中国物价》

2017年第5期。

［4］程睿、刘聪、周杰：《调查失业率与登记失业率的比较分析》，《商业经济》2017年第3期。

［5］初磊：《完善我国失业人口统计体系的思考》，《网络财富》2009年第22期。

［6］崔浩、张普巍：《新常态下构建就业失业统计指标体系的新思路》，《中国就业》2015年第6期。

［7］丁立宏、王静：《完善我国失业统计指标体系的构想》，《经济管理与研究》2009年第7期。

［8］丁守海、蒋家亮：《中国存在失业回滞现象吗》，《管理世界》2013年第1期。

［9］董小燕、张永春：《失业统计指标比较及其改进》，《统计与信息论坛》2011年第6期。

［10］樊茂勇：《对改进中国失业统计方法的探讨》，《统计研究》2001年第6期。

［11］高琳琳：《对我国失业统计问题的思考》，《商品与质量》2011年第6期。

［12］高树红：《我国失业统计制度中存在的问题及对策》，《统计与管理》2011年第1期。

［13］宫春子、王杰峰：《改革我国失业统计的若干思考》，《工作视点》2007年第5期。

［14］龚刚敏：《我国不同口径失业状况的估算》，《财经问题研究》2005年第4期。

［15］郭庆松、马道双：《国外失业理论述评》，《国外社会科学》1998年第6期。

［16］鸿利：《我国失业统计问题的研究》，《企业改革与管理》2016年第9期。

［17］贾小爱、李云发：《中国失业统计口径的反思》，《山东工商学院学报》2010年第1期。

[18] 蓝若琏:《失业统计指标研究》,《现代经济探讨》2000年第8期。

[19] 李宏:《中外失业率统计制度比较》,《中国人力资源社会保障》2015年第5期。

[20] 李云发、贾小爱:《失业统计口径若干问题的反思》,《西北人口》2010年第2期。

[21] 李静萍:《英国的失业统计》,《北京统计》1997年第1期。

[22] 林建惠、宗晓燕:《浅论我国隐性失业的统计问题》,《新西部》2013年第18期。

[23] 林正静:《我国失业统计存在的问题与改革建议》,《中国证券期货》2011年第12期。

[24] 刘波:《建立全面的失业统计制度》,《21世纪经济报道》2014年7月第4版。

[25] 刘波:《完善失业统计细化宏观调控》,《21世纪经济报道》2014年7月第4版。

[26] 刘兰:《西方失业理论的最新发展及启示》,《经济纵横》2004年第1期。

[27] 刘娜:《我国失业统计的问题和改进》,《统计与预测》2004年第3期。

[28] 刘文勇:《加快建立以劳动力调查为主的失业率统计改革步伐》,《中国统计》2015年第6期。

[29] 刘文勇:《失业率统计应以劳动力调查为主》,《中国信息报》2015年4月28日第7版。

[30] 芦颖:《调查失业率与登记失业率比较分析》,《产业与科技论坛》2014年第13期。

[31] 潘淑清:《刍议我国失业统计与国际标准的比较》,《西北人口》2005年第4期。

[32] 潘小苏、孟南:《对我国失业统计指标问题的思考》,《现代经济信息》2012年第4期。

[33] 秦海霞：《论我国失业统计的完善》，《现代商业》2009 年第 20 期。

[34] 秦开运：《就业与失业统计指标体系的建立和完善》，《工作视点》2007 年第 8 期。

[35] 秦开运：《完善我国就业与失业统计指标体系的新方法》，《辽东学院学报》（社会科学版）2007 年第 3 期。

[36] 邵岩：《对现行失业统计方法的探究》，《统计实务》2015 年第 1 期。

[37] 师振华：《失业统计方法的缺失与完善》，《中国统计》2009 年第 4 期。

[38] 宋风英：《对失业统计的一点思考》，《研究探索》2009 年第 9 期。

[39] 宋雪程：《我国失业保险制度运行效应的整体分析——基于 1999—2013 年统计数据的实证分析》，《公共治理评论》2015 年第 2 期。

[40] 孙强：《中美失业统计方法的比较》，《统计与决策》2008 年第 21 期。

[41] 谭军：《我国失业统计现状及失业统计体系的构建》，《消费导刊》2007 年第 9 期。

[42] 唐青、王汉鹏：《关于完善我国就业失业统计制度的研究》，《中国劳动》2016 年第 4 期。

[43] 唐小娇：《失业统计、失业保险与职工保障》，《中国外资》2017 年第 4 期。

[44] 唐裕：《中美失业统计方法的比较》，《中外企业家》2013 年第 14 期。

[45] 王飞：《我国失业率统计的现状和发展趋势分析》，《中国劳动》2008 年第 9 期。

[46] 王仁花：《我国失业统计的国际可比性研究》，硕士学位论文，湖南大学，2009 年。

［47］王英瑛：《我国失业统计体系的现状及对策的探讨》，《现代商业》2007 年第 21 期。

［48］王玉洁：《我国失业统计存在的问题及对策》，《辽东学院学报》（社会科学版）2008 年第 3 期。

［49］王玉洁：《我国失业统计现存缺陷及改进路径》，《地方财政研究》2014 年第 3 期。

［50］夏远洋：《我国失业统计的历史、现状及改革》，硕士学位论文，对外经济贸易大学，2002 年。

［51］熊祖辕：《试论健全失业统计调查制度》，《统计研究》2003 年第 5 期。

［52］阳玉香、许涤龙、王仁花、谭忠真：《中美失业统计模式之比较》，《统计与决策》2009 年第 15 期。

［53］尹富玉：《经济新常态下失业保险功能新定位》，《河北软件职业技术学院学报》2017 年第 3 期。

［54］于建嵘：《中国隐性失业问题隐忧》，《工会信息》2016 年第 11 期。

［55］袁国敏：《建立劳动力市场监测与统计体系的思考》，《渤海大学学报》（哲学社会科学版）2015 年第 1 期。

［56］张车伟：《失业率定义的国际比较及中国城镇失业率》，《世界经济》2003 年第 5 期。

［57］张庆国、张芳：《对城镇失业率统计问题的分析和建议》，《山东劳动保障》2010 年第 1 期。

［58］张少为、贾明德、刘艳：《改革 30 年中国失业统计的测算与评析》，《西北大学学报》（哲学社会科学版）2012 年第 6 期。

［59］张一名、徐丽：《我国就业统计指标及数据配套问题研究》，《中国劳动》2016 年第 11 期。

［60］赵宏：《我国失业统计制度探析》，《商场现代化》2007 年第 9 期。

［61］赵瑞：《失业统计的科学性在哪里》，《中国就业》2010 年第

3 期。

[62] 郑东亮、陈云:《完善就业形势分析主要指标统计监测体系研究》,《中国劳动》2016 年第 8 期。

[63] 朱文刚、闫联飞:《马克思主义失业理论视阈下的我国失业问题分析与思考》,《辽宁行政学院学报》2013 年第 11 期。

[64] Fang Cai, Kam Wing Chan, "The Global Economic Crisis and Unemployment in China", *Eurasian Geography and Economics*, No. 5, 2013.

[65] Keisuke Kondo, "Spatial persistence of Japanese Unemployment Rates", *Japan and the World Economy*, No. 36, 2015.

[66] Magnus Gustavsson and Par Osterholm, "The Informational Value of Unemployment Statistics: A Note on the Time Series Properties of Participation Rates", *Economics Letters*, No. 92, 2006.

[67] Manimay Sengupta, "Unemployment Duration and the Measurement of Unemployment", *J Econ Inequal*, No. 7, 2009.

[68] Safdari, H., A. Hosseiny, S. Vasheghani Farahani, G. R. Afari, "A Picture for the Coupling of Unemployment and Inflation", *Physica A Statistical Mechanics & Its Applications*, No. 444, 2016.

[69] Sorrentino, Constance, "International Unemployment Rates: How Comparable Are They?", *Monthly Labor Review*, No. 6, 2000.

[70] Tomoo Marukawa, "Regional Unemployment Disparities in China", *Economic Systems*, No. 41, 2017.

专题四　经济景气监测统计发展分析

摘要　经济景气监测体系是利用一系列经济统计指标建立起来的宏观经济"晴雨表"或"报警器",其研究最早可以追溯到19世纪末期。西方经济学界公认的经济景气监测体系研究是从20世纪初的美国开始的。从内容上看,广义的经济景气监测统计既包含对经济景气监测指标的统计,也包含对经济景气监测指标的构成指标的统计;狭义上的经济景气监测统计则只包含对经济景气监测指标的统计,主要包含三类:一是监测预警指标;二是扩散指数;三是合成指数。经过100多年的发展,从最初的探索发展期、逐渐成熟期、国际化时期到21世纪的发展,目前经济景气监测统计工作的发展已日趋成熟,在各国经济运行监测和预警中发挥着重要作用,既为政府的宏观政策调控提供科学依据,也为相关企业的科学决策提供参考。相对于美国、英国、法国等发达国家而言,中国经济景气监测统计的发展相对较晚,最早的经济景气监测研究开始于20世纪80年代。当前中国经济景气监测体系主要包括三个部分:一是中国经济景气指数;二是中国经济景气指标体系;三是中国经济景气预警监测体系。我国虽然基本上已经构建了较为成熟的经济景气监测体系,并定期发布相关的指数与指标,但仍存在一些问题:第一,对经济景气监测统计系统的持续深入研究还有待提高。第二,基础数据不足导致构建一致指数存在有待改进的地方。第三,对监测预警体系的科学性和实用性认识不足。第四,经济景气监测体系的相关数据发布不够及时,指标体系随社会经济的快速发展,更新不够及时。为了加快改进和完善我国的经济景气监测统计体系,基于对国际组织和代表性国家经济景气监测统计的研究，结合我国经济景气监测统计存在的主要问题，本报告提出了相应的一些对策建议。

关键词 经济景气监测 预警指标 扩散指数 合成指数 景气指数

经济景气监测体系是利用一系列经济统计指标建立起来的宏观经济"晴雨表"或"报警器"，其研究最早可以追溯到19世纪末期。西方经济学界公认的经济景气监测体系研究是从20世纪初的美国开始的。经过100多年的发展，目前经济景气监测统计工作的发展已日趋成熟。本报告将主要从以下五个方面对经济景气监测统计的发展进行研究。一是经济景气监测统计的基本内涵；二是国际上经济景气监测统计的发展历程；三是代表性国家经济景气监测统计的发展现状；四是中国经济景气监测统计的发展与现状；五是提升中国经济景气监测统计工作的对策与建议。

一 经济景气监测统计的基本内涵

这里，我们所讲的经济景气监测统计的内涵既包含其作用与意义，也包含其统计的对象，同时也包含了其统计的内容。一般来说，经济景气监测统计的作用在于通过选择相关经济统计指标，利用一套统计方法，对经济运行的冷热状态和周期波动情况进行及时的监测与预警，从而为政府的宏观政策调控提供科学依据，为相关企业的科学决策提供参考。经济景气监测统计的意义在于，一方面有利于政府及时了解经济的运行情况，及时制定相应的调控政策，从而避免经济运行的大起大落，保证经济的平稳健康增长；另一方面有利于各行业和各企业及时了解宏观经济的运行情况，及时调整经营投资策略，确保行业或企业的平稳健康发展。

经济景气监测统计的对象可分为广义上的统计对象和狭义上的统计对象。从广义上讲，经济景气监测统计的对象既包括了对宏观经济的景气监测统计，也包括了对中观层面各个行业的景气监测统计，同时还包括对各个市场（比如劳动力市场、生产资料市场等）的景气监测统计。从狭义上讲，经济景气监测统计仅指对宏观经济的景气监测统计。由于经济景气监测统计的一整套成熟的方法形成于对宏观经济景气的分析中，因此，本报告在分析经济景气监测统计的发展时，将基于狭义上对经济景气监测统计对象的界定，只讨论统计对象为宏观经济的经济景气监测统计。

经济景气监测统计所包含的内容从广义角度讲，既包含了对经济景气监测指标的统计，也包含了对经济景气监测指标的构成指标的统计；从狭义上讲，经济景气监测统计只包含对经济景气监测指标的统计。本报告将基于狭义上对经济景气监测统计内涵的理解来展开分析。一般来说，经济景气监测指标主要包含三类，一是监测预警指标；二是扩散指数（Diffusion Index, DI）；三是合成指数（Composite Index, CI）。目前，这三类指标的统计方法的发展已经比较成熟，下面将对这三类指标进行简单介绍。

（一）经济景气监测预警指标

经济景气监测预警指标是选择并利用一组反映经济发展状况的敏感性指标，运用有关的数据处理方法将一组指标合并为一个综合性的指标，然后通过一组类似交通管制的红、黄、绿、浅蓝、蓝灯的信号标志系统，对这组指标和综合指标所代表的经济周期波动状况发出预警信号，通过观察信号灯的变化情况，来判断未来经济发展的趋势。经济景气监测预警通过将综合指标作为判断宏观经济景气状况的依据，可以减少仅靠单项指标进行决策的风险。经济景气状况分为五种状态，每种状态既表示当前的景气状况，又表示针对这种状况应采取的宏观政策取向。其中，红灯表示经济景气过热，此时政府及财政金融机构应采取紧缩措施，使经济恢复正常状况。黄灯表示经济景气尚稳，经济增长稍热，在短期内有转热和趋稳的可能。绿灯表示经济发展稳定，政府可采用稳健的政策来促进经济的平稳增长。浅蓝灯表示经济短期内有转稳和萎缩的可能。蓝灯表示经济景气衰退，处于过冷状态。若信号由浅蓝灯转为蓝灯，则表示经济增长开始跌入谷底，此时政府应采取强有力的措施来刺激经济增长。

通常构建经济景气监测预警指标的步骤包括以下三步。第一步，选择单个的监测预警指标。首先需要选择一组能够反映经济发展状况的敏感性指标，然后，运用有关的数据处理方法，将这些指标合并为一个综合性的指标。在景气预警指标的选择时，需要考虑以下几个原则：第一，经济重要性，即选取的预警指标要尽量反映经济的整体情况。第二，统计充足性，即要有足够长的样本区间，以便数据的周期波动得到充分体现。第三，统计速报性，即尽量考虑统计数据发布的滞后时间，以便尽可能应用新的数据。第四，数据准确性，即应注意统计体系变化和指标口径。第五，后验性，即通过选取的景气预警指标合成的预警指数与同步 CI 的相关系数达 0.9 以上，时滞不超过一期。

第二步，确定单个监测预警指标的界限值。一般预警指标信号的颜色分为五种，分别是"红""黄""绿""浅蓝""蓝"，分别对应经济运行时的"过热""偏热""正常""偏冷""过冷"五个区域。在运用信号预警法时，要对应地计算出四个界限值，然后根据这四个界限值将单个预警指标的数值分成五个区间，每个区间分别对应一种颜色的信号灯。通常确定景气预警指标预警界限值的方法有两大类：一类是较为主观的经验法，如增长率确定法、图示法、系统化方法等；另一类是较为客观的以数据计算为基础的数量方法，如均值—标准差法。在确定界限值时需要注意以下几个问题：第一，临界值的确定是一个逐步摸索、调整和优化的过程；第二，临界值不是恒定的，而是随着经济运行态势的阶段发展而变化的，对历史经验数据要特别注意其在新环境下的使用性问题；第三，确定界限值最好采用定性分析与定量分析相结合，主观与客观相结合的办法；第四，确定界限值要注意观察经济指标的长期历史数据，要运用统计中的平均指标的思想，比如，可以以某一指标某段时间的平均值作为状态划分的分界线；第五，在确定各界限值时，可以先确定某核心指标的界限值，然后其他指标可以参照该核心指标来确定相应的界限值。

第三步，确定综合监测预警指标的得分及其信号颜色。根据上一步中的方法，在确定了单个预警指标的界限值之后，便可以根据各个时期指标数值所在区间，判断出各指标在各时期的信号颜色。通常每一种信号灯会给予不同的分数，一般"红灯"给5分，"黄灯"4分，"绿灯"3分，"浅蓝灯"2分，"蓝灯"1分。假设选择了M个预警指标，这样，将M个指标每个月所显示的信号灯对应的分数进行加总得到一个综合分数，该综合分数即为这M个指标的代表性指标——综合指标所对应的分数。当全部指标都为红灯时，则综合指标的分数为最高值——$5 \times M$分；当全部景气预警指标都为蓝灯时，综合指标对应的综合分数为最低值——M分。这里还需要注意的是，应确定综合指标评分出现信号灯变化的标准。当连续三个月以上综合指标评分变成另一种信号灯时，可认为景气发生了状态转移。因此在写监测报告时，应注意术语的使用。

（二）扩散指数

扩散指数（DI）的基本思想是在已选定的先行指标、一致指标或滞后指标组中，分别考察各组指标中扩张状态的指标数占全部指标数的百分比，进而分别计算反映景气动向的先行扩散指数、一致扩散指数或滞后扩散指数。在编制扩散指数时，通常需要先确定经济景气的先行指标、一致指标和滞后指标。[①]

扩散指数的编制一般包括了扩散指数、移动平均扩散指数（MDI）以及累积扩散指数（CDI）的计算。

---

① 关于这方面更多的介绍，请参考《宏观经济增长、波动与预警的统计方法及其实现》（石峻骅，2017）中的相关章节。

通常 DI 的计算是对经过季节调整后的序列①，若某指标 t 时刻的值大于其前 j 个月的值，则称该指标为扩散指标并计为"1"个扩散指标；若某指标 t 时刻的值等于前 j 个月的值，则称为半扩散指标并计为"0.5"个扩散指标；若某指标 t 时刻的值小于前 j 个月的值，则称为不扩散指标并计为"0"个扩散指标。将所得扩散指标计数相加，再乘以各个指标的权数，并最终乘以 100，得到扩散指数值。其中，j 的值一般取 3，也就是与往前的三个月的值比较。一般来说，扩散指数会围绕 $DI_t = 50$ 的直线上下运动，我们把这条直线叫作景气转折线②。通常在 $DI_t = 50$ 这条直线的上下 1%—2% 的区间范围都被认为是与这条线无区别的，称此区间为"无差异区间"。设立这一区间的目的是过滤掉由于 DI 过于敏感而产生的错误信号。

为了使扩散指数较为平滑，去掉不规则要素的影响，一般对已得到的扩散指数再进行移动平均，得到 MDI。通常可以采用三项或五项移动平均来进行平滑。比较 DI 和 MDI，一般会发现，经过移动平均后的扩散指数曲线要比之前的平滑得多，也便于观察。

从扩散指数的图形上观测景气变动一般不太直观，而且光滑性差，通常用 DI 累积值的曲线，即 CDI 曲线来观察。一般地，CDI 是将每月的扩散指数减去 50 后，再累加求和得到。求出扩散指数各月的数值的累积值，把它画成曲线，得到的曲线不仅变得平滑，中间变动被消除，而且转折点明显了，和人们通常观测的景气变动的峰、谷一致。需要注意的是，累积扩散指数和扩散指数的功能一样，也只能表明景气的变动方向而不反映变化的幅度。同样根据指标分组的情况，我们可以分别计算先行扩散指数、一致扩散指数、滞后扩散指数的 CDI。

扩散指数法的优点是：第一，把经济景气变动指数化，提高了

---

① 在进行景气指数分析之前，所有序列一般都需要经过季节调整，即对指标的分组选择、编制扩散指数都是在经过季节调整后进行的。
② 统计学界也有人把这条直线称为"荣枯分界线"。

时效,可以及时满足政府部门和企业的决策需要;第二,既可以根据定量资料计算,也可以根据定性资料计算;第三,可以根据扩散指数数值绘制曲线图,比较形象直观;第四,综合了各种敏感指标的信息,得出一个判断值,综合性比较强,便于决策。扩散指数法的缺点:第一,由于扩散指数计算中把指标波动的任何一个上升看作一个单位的扩张,而不管这个上升幅度的大小,因此扩散指数法并不能很好地定量反映出经济的扩张或收缩程度,而只能反映扩张或收缩的方向及其转折位置。第二,在短期内,扩散指数具有较强的"易变性",这导致它在时间序列上可能不稳定,必须结合长期数值观察。

(三) 合成指数

扩散指数虽然能有效地预测经济循环的转折点,但却不能明确表示经济循环变化的强弱。合成指数(CI)除了能反映经济循环的转折点外,还能在某种意义上反映经济循环变动的振幅。在确定了经济周期波动转折点的基础上,用已选定的先行指标、一致指标或滞后指标组,来分别计算先行合成指数、一致合成指数或滞后合成指数。先行合成指数用于预告同步合成指数的动向,即预告未来经济运行轨迹的变动趋势。同步合成指数则用于显示当前经济运行的方向和力度,同步合成指数的变化方向与经济周期波动方向一致,当同步CI增加时经济周期处于扩张阶段,同步CI下降时经济周期处于收缩阶段。编制CI的常用方法有美国商务部的计算方法、OECD的计算方法和日本经济企划厅的方法等。

美国商务部关于CI的计算方法历史最悠久,影响最大,并且应用范围也最广泛。下面简单介绍美国商务部的合成指数计算方法。第一步,剔除指标的季节因素和不规则因素,然后计算每个指标的标准化对称变化率。第二步,计算先行指标、一致指标、滞后指标组的平均变化率,然后计算组间标准化因子,最后计算标准化平均变化率。分别计算先行指标、一致指标、滞后指标的组内、组间平均变化率,使三组指标具有可比性。第三步,求初始综合指数。第四步，进行趋势调整后，计算合成指数。

合成指数的优点通常体现在两个方面：一是它不仅能表示经济的变动状态，而且能综合展示经济的波动程度；二是它不仅能预测经济波动的转折点，而且同时能反映经济循环变动的强弱。合成指数的缺点主要在于：一是对测定的基年依赖性强，选择不同的基年可能会计算得到不同的测定结果；二是在判断景气转折点时不能显示各部门间的经济波及与渗透程度。

通常情况下，扩散指数用来判断经济波动转折点方面的问题，而合成指数用来分析经济变动程度的大小和速度方面的问题。

二　国际上经济景气监测统计的发展历程

（一）探索发展期

经济景气监测预警系统的研究最早可以追溯到19世纪末期，当时法国经济学家开始以黑、灰、淡红和大红4种颜色，测定法国1877—1887年的经济波动。1903年，英国出现了描述宏观经济波动的"国家波动图"。但是作为反映宏观经济动向的"晴雨表"，西方经济学界公认经济景气监测预警是从美国开始的。

1909年，美国统计学家巴布森（Babson）设立了世界上最早的景气观测机构——巴布森统计机构（Babson Statistical Organization），并定期在其刊物上发表反映美国宏观经济状况的巴布森景气指数及图表（Babson Index of Business Activity or Babson Chart）。巴布森指数由商业、货币、投资三类共12个经济指标构成。构造指数时对选定的指标进行了一系列统计处理，包括基于12个月移动平均的季节变动调整、工作日调整、根据产品的附加价值进行加权平均、基于最小二乘估计趋势线等。巴布森指数比哈佛指数还早十年。1911年，美国布鲁克迈尔经济研究所（Brookmire Economic Service）也编制并发布了一种景气指数，这个景气指数涉及股票市场、一般商品市场和货币市场。

　　但这一时期影响最大的还是美国的哈佛指数。1917 年，哈佛大学设立了经济研究委员会（Harvard Committee on Economic Research），其主要研究工作是经济周期波动的监测和分析等。在著名经济统计学家珀森斯（W. M. Persons）的领导下，该委员会广泛收集并分析了 1875—1913 年的大量经济统计资料，在此基础上进行新的景气观测方法研究。哈佛委员会编制了哈佛指数——"美国一般商情指数"（Harvard Index Chart or Harvard Index of General Economic Conditions），从 1919 年 1 月开始在《经济统计评论》（*Review of Economic Statistics*）上定期发布。

　　哈佛指数在数月前就预测到了美国 1919 年的繁荣及 1920 年后半年的急剧衰退，并在 1920 年的恐慌时期预测出 1922 年 4 月景气开始回升，经济将处于恢复阶段。这些正确预测使得哈佛指数名声大振。哈佛指数当时的信誉和评价极高，因此其构造思想和方法被许多国家效仿。其中比较有名的包括英国和德国编制的景气指数。英国的伦敦大学、剑桥大学、中央经济情报会议和英国实业联合会等组织在 1920 年创立了"伦敦与剑桥经济研究所"（London and Cambridge Economic Service），该所采用哈佛指数方法编制了反映英国景气状况的指示器——"英国商业循环指数"。1922 年，瑞典经济统计学家以哈佛指数方法编制的瑞典商情指数发布在《瑞典经济评论》中。德国在 1925 年成立了景气研究所，瓦格曼（Ernst Wagemann）担任所长，次年发布了瓦格曼指数。除此之外，还有很多国家比如法国、瑞典、意大利、奥地利和日本都相继开展了经济周期波动的监测研究，并用与哈佛指数类似的方法编制本国的景气指数。

　　关于经济周期波动监测的学术研究在这一时期也很活跃，很多刊物上都大量涌现出关于经济周期测定和景气指数方面的研究论文。美国著名经济统计学家密切尔（W. C. Mitchell）在经济周期波动监测的学术研究方面是最突出的。在长期研究的基础上，密切尔于 1913 年发表了测定经济周期波动研究的开创性著作《商业循环》(Business Cycles)。密切尔在 1927 年又出版了《商业循环：问题与调整》(Business Cycles: The problem and Its Setting) 一书。该书详细总结了 20 世纪初以来经济周期波动测定和景气指数建立等方面的成果和进展，详尽讨论了运用经济变量的变动时差超前反映经济波动的问题。这些研究对后来广泛应用宏观经济监测方法产生了深远影响。

进入 20 世纪 20 年代后期，哈佛指数的规律性变得不明确起来，在 1929 年震撼资本主义世界的大危机即将来临之际，哈佛指数却指示经济将继续扩张，因此哈佛指数的威信受到极大的打击。后来虽然对哈佛指数进行了几次修改，但在 1941 年终因效果不佳而中断使用。虽然哈佛指数最终失败了，但它对经济周期波动的监测研究产生了重大影响。

哈佛指数失败后，美国经济周期波动监测研究工作的重心转移到美国经济研究局（National Bureau of Economic Research，NBER）。1917 年成立的"收入分配委员会"是 NBER 的前身。NBER 在 1920 年 1 月正式宣告成立，担任第一届主席的正是著名经济学家密切尔。NBER 是"私人的、非营利的、非党派的"民间研究组织，具有独特的组织结构，其主要工作由各地的大学教授来完成。它的宗旨是只对经济事实做经验的、数量的分析，一概不做政策建议。几十年来 NBER 以经济周期波动的定量分析研究闻名于世，其在美国经济学界颇具影响。

NBER 在 1922 年出版了《民间收入研究》。1926 年出版了《商业周期编年史》，并在 1926—1931 年不断对编年史进行修订和扩编。1937 年，美国经济又陷入了衰退之中。密切尔应美国财政部的要求，研究了衰退结束、经济复苏上升转折时间。密切尔与经济统计学家伯恩斯（A. F. Burns），研究了大约 500 个经济指标的时间序列，选择出 21 个指标构成超前指示器，提交了研究报告《循环复苏的统计指标》。该报告预测出了经济转折的时间，并被后来的实际经济波动证实。在系统研究的基础上，伯恩斯和密切尔于1946年出版了《经济周期测算》（Measuring Business Cycles）一书。该书系统详尽地讨论了一系列景气监测方法问题，涉及的方面有循环波动的检测分离、趋势调整、平滑技术等。尤其值得关注的是，该书提出，经济波动是一个在宏观经济系统中各部门间逐步"扩散"的过程，因此各部门经济波动在时间上存在着一定差异。扩散思想的提出为扩散指数的研究提供了基础。

20世纪40年代之前的经济景气的监测、分析与预测等各方面的工作还处于探索阶段，研究工作大多以民间研究的方式进行，政府参与的工作较少，能被政府采用并实际运行的经济景气监测体系就更为稀少。

（二）逐渐成熟期

第二次世界大战之后，特别是在20世纪五六十年代，研究经济景气监测的方法和模型如雨后春笋般发展起来。1950年，在经济统计学家穆尔（G. H. Moore）的主持下，NBER又开始了宏观经济监测系统的研究工作。基于密切尔和伯恩斯1937年成功预测经济周期波动的波谷出现时间的经验，他们从近千个统计指标中选择了21个具有代表性的指标。指标选择力求广泛，从经济的各个领域比如生产、就业、库存、投资、成本、利润、消费支出、贸易、金融、物价、国际收支等，分别选出了先行、同步、滞后三类指标，改进了哈佛指数仅以股价、生产、货币三方面来测定经济景气波动的模式；在经济景气波动监测系统构造方面，改变了哈佛指数的平均数方法，提出了扩散指数（DI）的方法。1960年穆尔对经济景气监测系统的构造指标进行修订，将指标数扩大到了26个。1961年10月美国商务部正式在《商情摘要》（Business Conditions Digest）上发表了NBER经济景气波动监测系统的输出信息。自此之后，宏观监测系统开始从民间研究走向了政府机构应用的阶段。但DI存在一个缺陷，即DI不能测定经济景气波动的幅度，为此美国商务部的首席经济学家希斯金（J. Shiskin）主持开发了一个新的景气指数，即合成指数（CI）。CI 弥补了 DI 指数的不足，CI 不仅能反映景气变动的方向，而且能反映景气循环的振幅。作为构造经济景气波动监测系统的基本方法之一，CI 的开发对经济景气波动的监测具有重大影响。美国商务部从 1968 年 11 月开始在《商情摘要》上同时发布 DI 和 CI 这两种景气指数。

日本作为相对较早引进了景气指数的国家，经过 1957—1959 年的三次试算，日本经济企划厅证实了扩散指数在日本景气分析和测试的可行性。从第一次试算到第三次试算，日本经济企划厅将经济指标的时间序列由 200 个扩充到 800 个，并从 1960 年 8 月开始逐月发布 DI。在美国商务部开发 CI 之后，日本企划厅又将 CI 引进，并每月同时发布两种景气指数。

除了 CI 和 DI 的研究和应用逐渐走向成熟，经济景气监测体系的另一重要内容即经济监测预警指标体系的研究和应用也逐渐走向成熟。经济监测预警指标体系法也称为"景气警告指标法"，最早是由 20 世纪 50 年代美国提出的"程式性调控制度"演化而来的。20 世纪 50 年代后期，法国也提出了"经济警告指标"，该指标包括失业率、通货膨胀率和外贸逆差三个指标，同时规定，上述任何一项指标出现连续三个月上升（比上月）一个百分点以上，政府必须自动在一定范围内采取相应的应对措施。1963 年，法国政府为了配合第四个五年计划制定了"景气政策信号制度"，借助不同的信号灯颜色，对宏观经济作出简明、直观的评价。1966 年，日本在汲取美、法两国经验的基础上，研究本国的经济监测方法，设置并提出了"景气警告指标"。该方法包括 11 项监测指标，每项指标根据其变化幅度大小设定一定的分值，某一个时期各监测指标的分值之和就是对这一时期经济综合景气状况的数量评价，再根据综合景气评分的高低设立若干定性区间，某一时期综合评分落入的区间，就表示该时期综合景气的定性评价及宏观调控政策取向。1968 年，日本"景气警告指标"的大部分构成指标都是利用与上年同期比的增长率序列。1970 年第一次调整时，为了能迅速地了解经济的变化，判断景气动向，构成指标都采用对季节调整后的值与前6个月比的方法。而且，为了避免不规则变动对警告信号的影响，对构成指标的季节调整后序列进行3个月移动平均，然后再与前6个月比。日本的景气警告指标系统将综合景气状况划分为"红灯""黄灯""绿灯""蓝灯"四种状态，每种状态既表示当前的景气状况，又表示针对各种状况应采取的宏观政策取向。日本的"景气警告指标"公布后，受到政府和社会各界的欢迎，并迅速成为日本政府调控宏观经济的重要依据。1970年，德国也由国会专家委员会编制了类似的警告指标。

（三）国际化时期

进入20世纪70年代后，经济景气监测的分析与应用研究呈现国际化趋势。这主要表现在两个方面：一是国际性经济监测预警系统的出现；二是经济景气监测体系的应用由工业化国家扩展到发展中国家。

1973年，在经济统计学家穆尔的主持下，NBER搜集了7个工业先进国家的经济统计数据，包括美国、加拿大、英国、西德、日本、法国、意大利，开发了"国际经济指标系统"（International Economic Indicators System，IEI）用来监测西方主要工业国家的景气变动。国际经济指标系统具有4个功能：迅速监测世界性的衰退和复苏、对正在进行的周期性衰退的范围和程度进行测度、预测对外贸易前景、对通货膨胀提供预警信号。1979年，穆尔建立了"国际循环研究中心"（Center for International Business Cycle Research），根据7个工业先进国家提供的数据，该研究中心定期编制IEI指数并公开发布。1978年，OECD也建立了先行指标体系来监测其成员国的经济动向。1979年，欧洲共同体（European Communities，EC）开始研究其成员国经济景气状况监测系统，其监测系统在20世纪80年代初开始投入使用。日本亚洲经济研究所在1984年4月开展了研究区域经济景气波动的亚洲短期经济预测项目（Short – term Economic Prediction in Asia，SEPIA），参加该项目的国家有泰国、新加坡、印度尼西亚、马来西亚、菲律宾、韩国、印度，该项目的目的是研究和预测亚洲各国和地区经济景气波动。为了解决发展中国家增长趋势掩盖经济波动的问题，研究人员提出了周期增长波动的思想，并采用该思想来编制景气指数。泰国、新加坡、印度尼西亚、马来西亚、菲律宾、韩国、印度等国家在20世纪80年代中期都建立了各自相应的监测预警系统。

进入20世纪80年代后，状态空间方法开始被应用于研究经济景气波动。NBER的斯托克（J. H. Stock）和沃特森（M. W. Watson）在1988年开发了S—W景气指数。S—W景气指数是利用状态空间方法从多个重要经济指标序列中得到的一个变量，这个变量被视为真正的景气循环。与CI和DI等传统的经济景气波动测定方法相比，S—W景气指数有严密的数学模型基础，因此S—W景气指数的提出被认为是该领域的一大进步。同一时期，还有许多经济学家使用多元统计方法研究经济景气监测。比如日本山一证券研究所开发的YRI景气指数和日本经济研究中心开发的JCER景气指数，这两个景气指数都是利用主成分分析编制的。总的来说，在这一时期，经济景气监测除了在发展范围上呈现国际化趋势外，在分析和预测方法上也取得了很大的进步，引入并开发了时间序列模型、S—W景气指数、YRI景气指数、JCER景气指数等新的景气指数。

需要补充说明的是，在经济景气监测统计发布上，多数国家如加拿大、英国等由国家统计局发布经济循环基准日和景气指数，而德国和法国则采用非正式的形式发布经济循环基准日和景气指数。德国主要由德国联邦银行和六大研究所分别发布各自对经济循环的判断，德国比较重视对企业的景气调查；法国则由学术界和民间机构进行经济循环方面的研究，研究成果主要以论文形式发表。

（四）21世纪的发展

进入21世纪以后，多维框架经济景气监测系统成了研究热点。穆尔（G. H. Moore）于1996年在纽约创立了经济周期研究所（Economic Cycle Research Institute，ECRI）。ECRI提出建立监测景气波动的多维框架，即同时监测总体经济活动、通货膨胀和就业。该多维框架拓展了传统方法监测的范围和层次。ECRI 不仅只对经济总量一方面构造景气指数，而且从经济活动的各方面研究波动及其成因，比如物价、投资、消费、外贸、产业等。此外，ECRI 还很注重突发事件或不可测因素对经济的影响。通过对先行指标运行轨迹的分析，可以对经济许多不同方面的方向变化所带来的风险进行测算；这样可以有效捕捉经济运行中出现的细微差别。但多维分析法面临的一个难题是，如何同时有效地监测不同方面的运行状况及其互相之间的动态关系。解决这个难题的一个视角是将多个角度的景气波动放到一个统一的框架中进行分析。因此，ECRI 引入了经济周期立方体（Economic Cycle Cube，ECC），这个多维结构能够有效地描述经济系统的运行状况。

2000 年，ECRI 基于概念的突破为全球工业增长开发了一种长期先行指数，该指数的领先时间为一年，因此它很快变成客户最喜爱的指数。ECRI 成功预测了 2001 年的经济衰退，为了便于外界更好理解 ECRI 构造景气指数的方法，ECRI 在 2004 年主持出版了《打破商业周期》（*Beating the Business Cycle*），主要由 Achuthan 和 Banerji 编撰。ECRI 除了研究美国的经济景气外，还研究其他国家的经济景气情况。2005 年，ECRI 为中国编制了先行指数；2011 年，ECRI 为巴西编制了先行指数；2012 年 7 月，ECRI 为俄罗斯编制了先行指数。到目前为止，ECRI 为 21 个国家编制了景气指数。

此外，作为国际上较有影响的研究经济景气监测体系的机构 OECD，在 2007 年 9 月开始对合成先行指数（Composite Leading Indicators，CLI）进行了两方面修订。一方面，OECD 于 2008 年 11 月决定使用相位平均趋势法（Phase Average Trend Method，PAT）来剔除 CLI 中的长期趋势；另一方面，在参照指标的选择上，2012 年 3 月以前，OECD 的先行合成指标体系一直使用工业生产指数（Index of Industrial Production，IIP）作为参照序列，这个序列每月发布一次，而且从历史数据看该序列与 GDP 的波动高度吻合。在 2012 年 3

月，OECD 研究了用官方发布的季度 GDP 估计月度 GDP 的方法，研究表明，用季度 GDP 估计月度 GDP 是可行的，并提供了高质量的结果。因此，从 2012 年 4 月开始，OECD 将 GDP 作为参照序列，不再使用 IIP 这个中介指标了。

三 代表性国家经济景气监测统计的发展

（一）美国经济景气监测统计的发展

美国的经济景气监测统计工作经过近 100 年的发展，目前已非常成熟并且处于全球领先地位。从 1995 年开始，美国世界大型企业联合会（The Conference Board）承担了美国经济景气波动监测的工作，以前该工作由美国商务部完成。美国世界大型企业联合会计算并发布包括美国在内的 9 个国家的合成指数（CI），这 9 个国家分别是美国、澳大利亚、法国、德国、韩国、日本、墨西哥、西班牙和英国。此外，美国的经济景气波动研究中心 NBER 设有经济循环基准日期定期委员会（The Business Cycle Dating Committee），该委员会的职责是确定美国经济周期的基准日期。1996 年，穆尔和他的学生一起创建了一个独立的团体——ECRI。ECRI 在 20 世纪 90 年代中期形成了一个更为复杂的体系，即多维框架体系来监测经济的景气波动情况。尽管 NBER 是经济景气监测统计的研究中心，但 ECRI 由于在创新发展方面所做出的贡献，其在经济景气监测统计方面的地位越来越重要。当前，美国正使用 ECRI 这种多维框架体系来监测全球经济，ECRI 已经先后为中国、俄罗斯、巴西等 21 个国家编制了经济景气指数。

ECRI 目前正在使用的经济景气监测体系如图 4-1 所示。ECRI 现行的景气监测体系中主要包含三类经济指标。经济增长方面，具体涵盖的指标在对外贸易方面包括贸易差额、进口额、出口额，在国内经济方面包括服务业、建筑业、制造业、金融业、非金融业等方面的指标；通货膨胀方面，考虑了消费者价格指数、住房价格指数、商品价格指数；就业方面，考虑经济总体的就业情况，以及制造业和非制造业的就业情况。为了单独监测美国的经济，ECRI 用了美国经济的各个部门、各个方面的十几个专业领先指标来组成一个数组。ECRI 的监测体系涵盖了 21 个经济体，指标设计跨越了国界，且具有可比性，目前该体系中的专有指标超过了 100 个。ECRI 会同时发布先行指标、一致指标和滞后指标。先行指标每周发布一次，更新时间为每周周五。一致指标和滞后指标每月发布一次，更新时间为每月中旬。

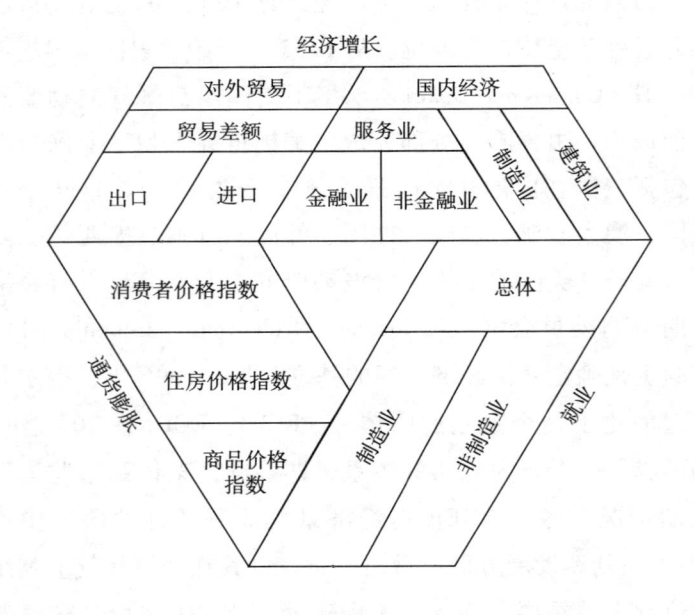

图 4-1 ECRI 现行的经济景气监测体系

资料来源：该图摘自 ECRI 官方网站。

美国除了关注综合的经济景气指数外，还关注行业景气指数。美国地质调查网（USGS）每月都会计算和发布金属工业指标的先行指数和一致指数，其中包括初级金属工业和钢铁、铝、铜等特殊工业的指数。这些指数与美国发布的经济景气的先行指数和一致指数类似，都是由反映经济周期活动的各个指标合成的。合成先行指数是金属工业活动变化的先行指数，先行指数相对于一致指数能提前几个月给出一些信号。一致指数描述了金属工业当前的状况，可以作为金属工业基本状况的衡量标准。金属工业指数在哥伦比亚大学国际经济周期研究中心帮助下取得了不断的发展。在20世纪90年代初期创立的金属工业先行指数相对于一致指数平均先行6个月。美国地质调查网目前创立的先行指数对于初级金属一致指数先行9个月、对于钢铁先行8个月、对于铜先行7个月、对于铝先行6个月。改善后的先行指数能够提供相关宏观经济变动对金属活动影响的早期信号。同时，美国地质调查网也计算和公布了金属价格的先行指数，这些指数可以对金属的价格指数增长率的变化给出预期。

（二）日本经济景气监测统计的发展

日本经济景气监测预警系统到现在已经有了50多年的发展历史。随着日本经济结构的不断变化，其经济景气监测预警系统先后经过了11次修订，分别于1965年、1966年、1968年、1979年、1983年、1987年、1996年、2001年、2004年、2011年和2015年。该系统的调整和更新内容包括：先行、一致、滞后序列的指标选择，数据的季节调整法，不规则变动调整法等。选择的指标经过多次修订后由最初的20个序列扩充到29个序列，形成了目前的景气动向指标系统，该指标系统包括11个领先指标、9个一致指标和9个滞后指标。当前的29个指标是2015年7月24日选出来的。随着计量技术的发展，季节调整法也由最原始的移动平均法演化到X—12—ARIMA法，IIP关联使用MITI法。经过这些方面的更新，日本的景气监测指标在景气预测和判断过程中表现出更佳的性能，提供了更准确的预测。

在众多景气监测指标中，基于日本银行所做的企业短期经济观测调查的景气动向指数（DI）是一个重要指标，此外还有一个重要指标是季度GDP速报。日本银行于1974年开始进行企业短期经济观测调查，通过对日本企业经营活动现状进行问卷调查来预测未来的发展情况，该调查至今仍很有影响。日本的景气动向指数（DI）在使用中虽然存在一些问题，但它仍是日本最重要的景气动向指标。相比 CI，日本更加重视 DI，不仅发布全国的 CI 和 DI，而且各县府还发布地方的 DI，显然这与重视 CI 的美国和欧洲大部分国家不同。日本重视 DI 的程度大于 CI 的原因如下：第一，DI 是依据指标的恶化、改善情况，采用简单方法编制，步骤比较简洁，CI 除了对指标的变化进行合成外，还对相对变化率进行加工，编制程序较为复杂，因此 CI 指标表达的意思可能难以被最终使用者理解；第二，由于 CI 过于依赖复杂的统计计算，如果政府机关只公布 CI，就会对实际经济状况可能考虑不够；第三，追求指标编制的严密性的同时可能会对其预测能力产生影响。日本季度 GDP 速报从 2002年开始采用新的统计计算方法，之前 GDP 的报告值一般都是依据生产法统计编制的，但由于编制花费的时间较长，通常要第二年年末才能公布，时效性相对较差，因此采用了支出法统计的方式来编制速报值。

与美国类似，日本也有独立的景气研究机构，即隶属内阁府的景气基准日期讨论委员会，该机构主要从事景气基准日期的讨论和确定工作。景气基准日期讨论委员会成立于 1993 年 9 月，是前经济企划厅调查局的咨询委员会，在 1998 年 6 月正式改名为景气动向指数研究会。研究会的成员是来自日本高校及研究机构的 7 名知名经济学家，他们的主要工作是从各个方面讨论景气转换点的设定、景气动向指数的表现等。研究会自正式更名以后，共进行了六次大的活动。在 1998 年以前，日本景气指数由经济企划厅发布，1998 年 6 月之后改由日本经济社会综合研究所景气动向指数研究会发布。

根据经济景气指数工作小组的建议，日本经济社会综合研究所（Economic and Social Research Institute，ESRI）在 2011 年 10 月 19 日对景气指数的构成指标进行修改，这是 2004 年 9 月以来首次对构成指标进行修改。在先行指数方面，剔除了耐用消费品生产者出货指数，对日经商品价格指数和股票价格指数（Tokyo stock Price Index，TOPIX）的基期进行了修改。在一致指数方面，将制造业产能利用率指数改为耐用消费品生产者出货指数，将制造业非计划工时指标改为行业的非计划工时指标，将制造业中小型企业销售指标改为制造业中小型企业装运指标。在滞后指数方面，重新定义了第三产业活动指数，将制造业固定工人就业指数（以前一年为基期）改为行业的固定工人就业指数（以前一年为基期）。

2015年7月24日，ESRI决定对经济景气指数的构成指标进行再次修改。在先行指数方面，将价格不变的机械订单（不稳定订单除外）改为制造业恒价机械订单，将利率价差改为货币存量M2（以前一年为基期）。在一致指数方面，剔除了工业大功率消耗。在滞后指数方面，增加了3个指标：制造业紧缩现金收益、消费物价指数（以前一年为基期）和最终需求商品生产者库存指数。2015年以后，由于部分指标停止发布，ESRI对构成指标进行了一定的修改。由于制造业中小企业生产指标在2017年2月停止发布，因此它在2017年3月8日被剔除。2017年3月7日将职工家庭生活费（不包括农业、林业、渔业，以前一年为基期）改为职工家庭生活费（以前一年为基期），这是由于职工家庭生活费（不包括农业、林业、渔业，以前一年为基期）在2018年3月停止更新。

（三）韩国经济景气监测统计的发展

从1964年起，韩国开始编制经济景气监测指数，在亚洲国家中韩国是较早进行经济景气预测的。韩国政府经历了朝鲜战争后的经济衰退，开始意识到经济周期波动测量的重要性。为了避免再次出现对经济衰退毫无准备的局面，韩国生产性本部（KPC）在1964年编制了商情调查指数（Business Survey Index，BSI），BSI是韩国第一个预测经济周期的经济景气指数。韩国发展银行也在第二年编制了自己的BSI指数，不过该指数仅局限于制造业。从此以后，许多私人机构或公司都开始编制与BSI类似的景气循环指数，比如预警指数（Warning Index，WI）、扩散指数（DI）等。韩国国家开发研究院（Korean Development Institute，KDI）在1970年公布了其基于计量模型预测所得的韩国经济景气预警结果。由于引入了经济计量模型，该预警结果比以往的预警结果更加精确。自此之后，其他研究机构也陆续开发出类似的计量模型。如今使用计量模型预测本国经济走势的政府或民间组织越来越多，经济计量模型已经成为中长期预测中最重要的工具。

20世纪70年代，韩国受到第二次石油危机的影响出现经济衰落。由于世界经济不确定性的增强，韩国迫切需要更先进和更精确的经济预测方法，使其能够预测经济波动的振幅和经济转折的拐点。因此在1981年2月，韩国国家开发研究院和韩国国家统计办公厅以及经济企划部获准进行经济景气数据统计及研究，重点开发合成指数来反映经济景气的波动状况。研究团队于同年3月发布了第一份景气指数报告，报告公布了19个单项指标，包括9个领先指标、5个一致指标、5个滞后指标，分别用于编制领先合成指数、一致合成指数和滞后合成指数。自此之后，国家开发研究院（KDI）和国家统计局（KNSO）成为韩国经济景气预测的官方机构，每月定期发布经济景气合成指数（Composite Indexes of Business Indicators）的预测报告。官方机构发布的数据包括合成指数、合成指数的补充指数、合成指数因子、其他经济预警指标以及国外合成指数等。本月的合成指数会在下个月的月末编制完成并发布，预测报告会再推迟一个月出版。

从1984年至今，韩国对其经济景气监测系统先后进行了9次修订，每次修订中各自的景气指数统计情况如表4-1所示。从表4-1中可以看出，2000年以后韩国对其经济景气指数进行了4次修订。其中，2003年，韩国改进了标准化方法，由绝对平均值方法改为标准偏差。2012年，韩国修订了先行指数的补充指数，由同比增长变为了周期性变化。

表 4–1　　　　　　　　　韩国对景气指数的修订

时间	指标总数（个）	先行指标（个）	一致指标（个）	滞后指标（个）
1984 年 3 月	22	10	5	7
1988 年 7 月	21	10	5	6
1991 年 9 月	23	10	8	5
1993 年 9 月	23	10	8	5
1997 年 2 月	26	10	10	6
2003 年 2 月	22	9	7	6
2006 年 2 月	23	10	8	5
2012 年 2 月	21	9	7	5
2017 年 6 月	20	7	8	5

本表是根据韩国国家统计局官方网站资料整理而成的。

目前，韩国已经形成了预测能力较强、也较为完整的经济景气监测系统。经过 2017 年 6 月的修订之后，韩国的合成指数包含了 20 个构成指标，其中 7 个先行指标、8 个一致指标、5 个滞后指标。先行指标分别是工业生产指数、服务指数、施工完成值、零售业指数、非农就业规模、国内运价指数和进口值，一致指标分别是库存周期指数、消费者期望指数、收到工程订单的价值、国内机械装运指数、进出口价格指数、求职率、韩国综合股价指数（Korea Composite Stock Price Index，KOSPI）和期限价差，5 个滞后指标分别是就业人数、制成品生产库存指数、消费物价指数变化率、实际消费品进口价值和商业票据收益率。韩国合成指数的计算步骤可以简单归纳如下：第一，数据收集和处理，收集和处理包括韩国统计机构在内的 20 个指标；第二，计算指标的月变化率，并标准化波动率的差；第三，计算综合增减率，调整增减缺口以及 GDP 走势；第四，计算综合指数，并计算周期变化。

四　中国经济景气监测统计的发展与现状

（一）中国经济景气监测统计的发展历程

相对于美国而言，中国经济景气监测统计的发展相对较晚。中国最早的经济景气监测研究开始于20世纪80年代，早期的发展主要以吉林大学董文泉为主导的研究小组为中心。

1985年吉林大学系统工程研究所的董文泉等与国家经济委员会（以下简称经委）合作，进行了我国最早的经济景气测定与预测研究项目，该研究项目在1987年3月由经委主持鉴定，时任经委副主任朱镕基出席了鉴定会，并对这个研究项目给予了充分的肯定。1986年初，我国经济处于低迷状态，董文泉向国务院提交了报告，报告内容主要是关于经济增长速度何时回升这一政府和经济学界普遍关心的问题，同时成功地预测出1986年的经济增长率周期波动的谷底。董文泉于1988年10月提交的预测报告准确地预测出宏观经济增长率周期波动的波峰出现在1988年12月，并指出1989年处于经济波动的下降阶段，不应再采取紧缩政策。同年，董文泉领导的课题组又与中国人民银行调查统计司合作，完成了经济景气测定和宏观经济、金融指标预测模型的研究工作。此后，董文泉领导的课题组开始定期监测和预测我国的宏观经济景气情况，为国家的经济决策提供相关的研究报告。1986—1990年他们先后向国务院提交了多份研究报告。1994年，基于中国经济景气波动，吉林大学的董文泉团队在前期的研究基础上，进一步开发了S—W景气指数，并将其应用于中国的经济景气监测与预测。

1990年，经过多方试算与论证后，由国家统计局建立的景气监测系统正式运行，该系统每月对国民经济运行状况进行监测与预测，并基于此撰写分析报告。随后，中国人民银行、国家统计局、国家信息中心等一些政府机构开始进行中国宏观经济景气监测系统的研究和开发。此后出现的景气指数包括卡斯特经济监测系统、高盛中国先行指数、国家信息中心宏观经济监测预警系统、国家统计局中国经济监测预警系统和一些地区性经济监测预警系统。

1996年6月经中央编制委员会办公室批准，国家统计局成立中国经济景气监测中心，专门负责宏观经济景气监测统计的研究、应用和推广，同时每月公布景气监测的各项指标数据。作为国家统计局直属的权威性经济研究及信息服务机构，中国经济景气监测中心以提高中国经济景气研究的整体水准为使命，以优质高效服务为宗旨。其职能主要包括：监测中国宏观经济景气的走向，为政府和社会各界提供宏观经济景气监测信息及分析报告；组织消费者信心专题调查以及国民经济主要行业的景气监测研究，处理、分析调查数据并向社会提供信息服务；组织经济景气监测领域的学术研讨会、报告会和国际学术交流活动，加强和促进国内外景气监测领域的交流合作；依托国家统计局有关宏观经济、区域经济、行业经济的丰富数据资源，建立中国统计咨询数据库，为工商界提供数据咨询服务和市场调查；定期出版《中国统计月报》《中国经济景气月报》，每月提供反映中国国情国力的基本统计数据，包括宏观、地区和行业数据等。

2004年，北京市统计局开发研制北京市宏观经济景气分析系统；2006年中国人民银行上海总部开发研制上海市宏观经济景气分析系统；随后，其他各省份的宏观经济景气监测统计工作也得到了快速的发展。

总体来看，中国的景气监测统计工作主要以国外成熟的技术为基础，这些技术包括CI编制技术、DI编制技术、季节调整技术等，结合中国的相关指标和数据来展开，并对外公布相关景气指标数据，为中国宏观政策制定和企业的市场决策提供了支持。

（二）中国的经济景气监测体系

这里从三个方面来介绍中国的经济景气监测体系：一是中国经济景气指数编制流程；二是中国经济景气指数体系；三是中国经济

景气预警监测体系。

　　由中国经济景气监测中心编制的中国经济景气指数的流程如图4-2所示。从图中可以看出，中国经济景气指数的基础是景气动向指数初选指标组和景气动向指数终选指标组，其中初选指标组包括一致指标组初选框、先行指标组初选框和滞后指标组初选框。首先，得到景气动向指数初选指标组数据后，进行统一数据口径范围、补齐缺失数据等数据整理，再利用季节调整方法进行处理，可以

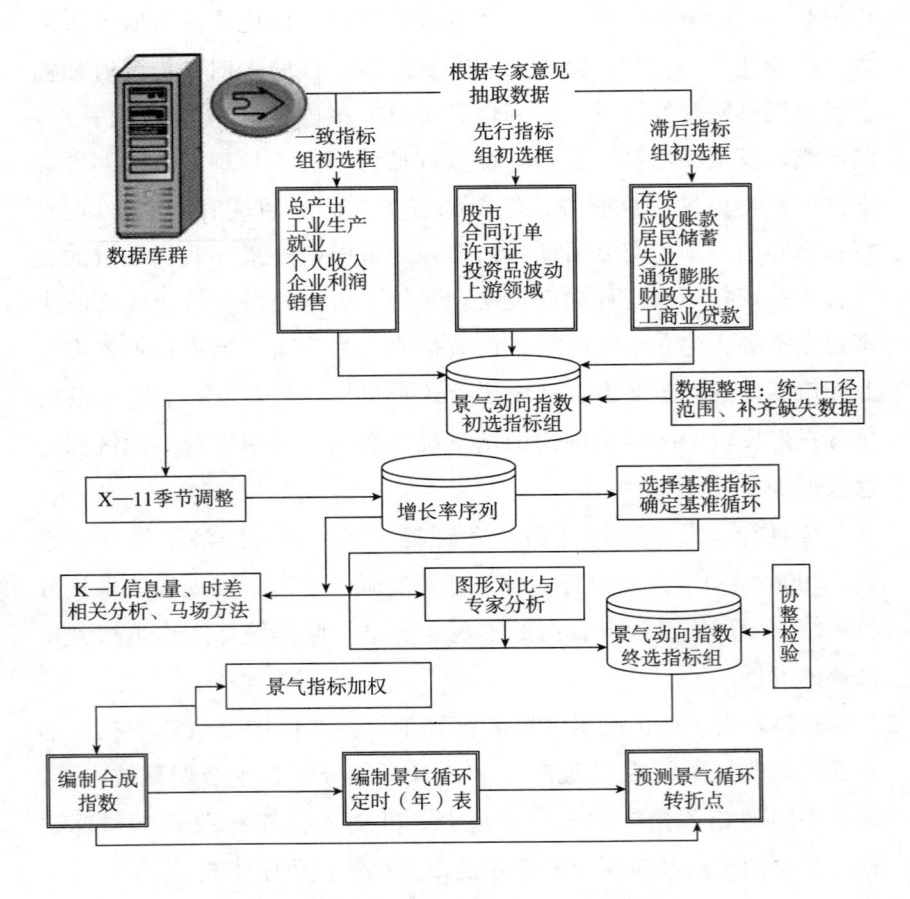

图4-2 中国经济景气指数编制流程

资料来源：该图来自中国经济景气监测中心官方网站。

得到增长率序列并据此确定基准循环。其次，根据相关理论研究，对初步确定的先行指标、一致指标和滞后指标进行进一步的选择与归类，结合专家分析及指数协整检验结果确定景气动向指数终选指标组。最后，通过对先行、一致、滞后终选指标进行加权即可编制中国经济的合成指数，进而编制景气循环定时（年）表并预测景气循环转折点。

中国经济景气指数体系主要包含了先行指数、一致指数和滞后指数中的各项构成指标。其中，先行指数的构成指标主要涵盖股市、合同订单、许可证、投资品波动、上游领域五个方面；一致指数的构成指标主要涵盖总产出、工业生产、就业、个人收入、企业利润及销售六个方面；滞后指数的构成指标主要涵盖存货、应收账款、居民储蓄、失业、通货膨胀、财政支出及工商业贷款七个方面。

具体来说，先行指标组包括恒生内地流通股指数、产品销售率、货币供应量、新开工项目、物流指数、房地产开发投资先行指数、消费者预期指数和国债利率差。其中，恒生内地流通股指数组成公司的营业收入主要来源于中国大陆，包括 H 股、红筹股和其他股。H 股对应的公司是在内地注册并在香港上市的公司，股票以港币发行交易，该类股票总数为 37 只。红筹股对应的公司是在香港上市并由内地国有机构直接或间接持有 35% 以上股权的公司，该类股票的总数为 30 只。其他类股票对应的公司包括私筹股和其他主要业务在内地的港资公司，私筹股是指在中国大陆以外上市但由内地私营企业家控制的企业，该类股票的总数是 29 只。产品销售率指报告期工业销售产值与当期全部工业总产值之比，是反映工业产品已实现销售的程度，分析工业产销衔接情况，研究工业产品满足社会需求程度的指标。货币供应量，是指一国在某一时点上为社会经济运转服务的货币存量，它由包括中央银行在内的金融机构供应的存款货币和现金货币两部分构成。广义货币供应量 M2 包括单位库存现金和居民手持现金、单位在银行的可开支票进行支付的活期存款和单位在银行的定期存款和城乡居民个人在银行的各项储蓄存款以及证券公司的客户保证金。物流指数是综合地区经济发展状况、物流发展基础条件以及物流发展对环境的影响的系统性评价指标，是人们对物流行业发展进行综合诊断和管理的必要手段，是综合衡量一个地区物流业发展程度的重要指标。消费者预期指数是指消费者对未来经济生活发生变化的预期，是普通消费者对收入、生活质量、宏观经济、消费支出、就业状况、购买耐用消费品和储蓄在未来一年的预期及未来两年在购买住房及装修、购买汽车和未来6个月股市变化的预期。国债利率差是7年期以上国债市场加权平均收益率减去1年及以内国债市场加权平均收益率。先行指标组的构成与各自的权数和比重如表4-2所示。

表4-2　　　　　　　　中国先行指标的权数和比重

先行指标	权数	比重（%）
先行指标合成指数	2.36	78.67
恒生内地流通股指数	0.60	10.00
产品销售率	1.15	19.17
货币供应量	1.20	20.00
新开工项目	1.20	20.00
物流指数	1.05	17.50
其中：全社会货运量	1.00	50.00
沿海港口货物吞吐量	1.00	50.00
房地产开发投资先行指数	0.80	13.33
其中：房地产开发土地面积	1.00	50.00
商品房新开工面积	1.00	50.00
消费者预期指数	0.28	9.33
国债利率差	0.36	12.00

资料来源：该表来自中国经济景气监测中心官方网站，表格格式稍有修改。

一致指标组包括工业生产指数、工业从业人员数、社会收入指数、社会需求指数共 4 个指标。其中工业生产指数是以代表性产品的产量为基础，用其报告期除以基期取得代表性产品产量的个体指数，以工业增加值计算权数来加权计算总指数的。社会收入指数是由各项财政税收、工业企业利润总额、城镇居民可支配收入编制的合成指数。社会需求指数是由固定资产投资、消费品零售总额、海关进出口总额编制的合成指数。一致指标组的构成与各自的权数和比重如表 4-3 所示。

表 4-3　　　　　　　　中国一致指标的权数和比重

一致指标	权数	比重（%）
工业生产指数	0.59	14.75
工业从业人员数	0.50	12.50
社会收入指数	1.28	32.00
其中：财政税收	0.80	26.67
工业企业利润总额	1.00	33.33
城镇居民可支配收入	1.20	40.00
社会需求指数	1.63	40.75
其中：固定资产投资	1.00	33.33
社会消费品零售总额	1.20	40.00
进出口总额	0.80	26.67

资料来源：该表来自中国经济景气监测中心官方网站，表格格式稍有修改。

滞后指标组包括财政支出、工商业贷款、居民储蓄、居民消费价格指数和工业企业产成品资金共计 5 个指标。滞后指标组的构成与各自的权数和比重如表 4-4 所示。

表 4-4　　　　　　　　中国滞后指标的权数和比重

滞后指标	权数	比重（%）
财政支出	0.68	13.60
工商业贷款	1.09	21.80

续表

滞后指标	权数	比重（%）
居民储蓄	0.67	13.40
居民消费价格指数	1.05	21.00
工业企业产成品资金	1.51	30.20

资料来源：该表来自中国经济景气监测中心官方网站，表格格式稍有修改。

中国经济景气预警监测体系[①]2012年起做了调整，新调整的10个指标分别为工业企业增加值、房地产开发投资额、固定资产投资额、社会消费品零售额、进出口额、国家财政税收、工业品出厂价格指数、居民消费价格指数、货币供应量（M2）和金融机构各项贷款。在单个指标临界点的确定时，中国经济信息网并不是单纯地采用某一个方法，而是遵循了两个基本原则：第一，根据每个指标的历史数据的实际落点，确定出指标波动的中心线，并以此作为该指标正常区域的中心；然后根据指标出现在不同区域的概率要求，求出基础临界点，即数学意义上的临界点。第二，在数据长度过短或是经济长期处于不正常状态时，必须通过经济理论和经验判断，对该指标剔除异常值，重新确定中心线并对基础临界点进行调整。而在综合评分临界值的确定上，中国经济信息网也做了相应的调整，具体确定方法：绿灯区中心线为N×3（N为指标个数）；绿灯、浅蓝灯的界限为N×（3+2）/2（各有一半指标分别处于绿灯区和浅蓝灯区）；绿灯、黄灯的界限为N×（3+4）/2（各有一半指标分别处于绿灯区和黄灯区）；浅蓝灯、蓝灯的界限为（N×2）-1（所有指标处于浅蓝灯区，当任一指标落入蓝灯区时）；黄灯、红灯的界限为（N×4）+1（所有指标处于黄灯区，当任一指标上至红灯区时）。

[①] 该监测体系由中国经济信息网编制构成。

五 提升中国经济景气监测统计工作的对策与建议

（一）中国经济景气监测统计中存在的问题

目前，我国虽然基本上已经构建了较为成熟的经济景气监测体系，并定期发布相关的指数与指标的数值，但仍存在一些有待提高的地方。

第一，对经济景气监测统计系统的持续深入研究还有待提高。从美国以及日本这两个非常有代表性的国家来看，其经济景气监测统计的快速发展是这两个国家相关机构长期持续深入研究的结果。其中，美国商务部20世纪60年代前后在推出CI之后，20世纪80年代前后美国的NBER又推出了S—W景气指数，而21世纪美国的ECRI又推出了多维框架经济景气监测系统，并且同时测算全球一些重要国家的经济景气状况。日本在经济景气监测体系的研究上明显带有自己的特色，与美国相比，日本非常重视DI的研究与发布，不仅发布全国的DI而且还发布各县府的地方DI，显然要做到这点，对地方统计数据和地方统计工作有着非常高的要求。我国早期的经济景气监测统计工作主要由吉林大学董文泉团队来完成与推进，目前的主要工作由国家统计局中国经济景气监测中心来主导和定期发布。虽然中国的相关机构在经济景气监测统计方面也做了一些研究工作，比如2010年国家统计局主导完成的适合中国国情的X—12—ARMA季节调整方法（该方法包含了我国春节等移动假日调整），但总体来说，我国的研究还处于"追随者"的位置，既没有自己的特色，也没有更为深入的研究。

第二，数据基础不足导致构建一致指数存在改进的地方。GDP是研究经济波动基准循环的一个重要指标，但我国的统计数据缺少月度GDP的核算资料，而季度GDP是从1994年开始的，数据长度不够。为了解决缺少数据资料的问题，中国经济景气监测中心从支出法 GDP 核算出发，构建了包括投资、消费品零售、进出口在内的一致指数来反映 GDP 的变动情况。此外，由于缺少全行业月度就业统计资料，一致指数构建中缺少了就业的这方面的信息。为了弥补这个缺陷，中国经济景气监测中心利用一些与就业相关程度较高的指标来作为替代，比如居民收入、企业利润等收入指标。

第三，对监测预警体系的科学性和实用性认识不足。监测预警系统作为景气指数的组成部分，可以弥补 CI 和 DI 不能直观描述经济运行现状所处状态的不足。监测预警指标能准确地判断当前经济究竟处于"过热""偏热""正常（稳定）""偏冷""过冷"五种状态的哪一个区域，具有重要的现实意义。监测预警系统可以把宏观经济调控的主要目标完全考虑进来，组成一个全面、系统的预警评分体系。显然，监测预警系统是 CI 和 DI 的一个非常有益的补充。监测预警系统的难点在于相关指标的选择和临界值的确定，其检验标准是监测预警指标的评分灯号的走势应与一致指数的走势一致。目前，我国对于监测预警系统还不够重视，如对相关技术和指标筛选研究不足，最近一轮的监测预警系统的指标更新，则是由中国经济信息网来完成。

第四，经济景气监测体系的相关数据发布不够及时，随社会经济的快速发展，指标体系更新不够及时。浏览中国经济信息网的网站可以发现，其发布的景气指数时间相对滞后，发布数据时间也不固定，部分月份的数据缺失。笔者于 2018 年 8 月浏览中国经济景气监测中心的网站发现其发布的数据是 2016 年 3 月的。而美国、日本、韩国等国家则是每个月都能及时在其相关网站更新数据。此外，我国的经济景气监测体系的指标体系更新也较慢，最近 10 年，我国的互联网经济发展迅速，网络消费几乎占据了居民消费的一大半，但至今我国的经济景气监测体系中没有一个指标来反映这种重要的变化。

(二) 中国经济景气监测统计发展的对策与建议

总体来说，我国的经济景气监测统计起步较晚，还待进一步改进和发展。为了加快改进和完善我国的经济景气监测统计体系，基于对国际组织和代表性国家经济景气监测统计的研究，结合我国经济景气监测统计存在的主要问题，提出如下对策建议。

第一，及时定期发布经济景气监测体系的系列数据。经济景气监测非常强调时效性，如果发布结果不及时，政府部门和社会各界不能及时了解当前经济的景气情况，则失去经济景气监测的意义。OECD、日本、韩国每月发布一次景气指数，美国甚至一周发布一次先行指数。在具体发布时间上，为了给公众一个稳定的预期，OECD 会提前给出发布景气指数的时间计划表，而美国则固定在每周五发布先行指数，每月中旬发布一致指数和滞后指数。因此，我们建议我国的相关机构要重视通过网络平台及时定期发布景气监测的系列相关结果，提高数据的时效性。

第二，加强对经济景气监测系统中各种算法的研究和应用研究。从美国以及日本经济景气监测统计的发展可以看出，经济景气监测系统中包含很多个技术要点，每个技术要点的创新都需要结合应用的具体情况而定。比如美国 S—W 景气指数的推出，美国 X—13 季节调整技术的发展和成熟，日本 DI 指数的完善和成熟等。改革开放以来，中国已经积累了相当长的时间序列数据，中国经济景气监测系统未来发展的重点在 DI 上，还是 CI 上，还是监测预警指标体系上？这需要在实践中用经验研究来探明方向和进行创新。

第三，定期对指标体系的应用情况进行检验和修订，根据实际情况剔除无效指标或添加新的重要指标。随着技术的快速革新和经济的发展，经济景气的敏感指标也可能在不断改变。日本曾多次对其景气监测体系进行修订，韩国自 1984 年至今对景气监测系统进行了 9 次修订。美国的经济景气监测系统也经过多次调整和修订。中国在行业方面目前仅考虑了工业，建议对一些重要的行业，比如金融、互联网等行业的相关指标进行检验分析；其他方面，比如就业、通货膨胀、进出口等方面的指标。每经过一定的周期之后，建议全面而系统地对所有重要经济指标进行经验的筛选分析，动态调整经济景气监测系统。

第四，建议尝试编制中国地级市范围的经济景气监测体系。中国经济的地区差别比较大，为了便于政府及时掌握各地域宏观经济的运行情况，进行精准高效的宏观调控，有必要尝试由中央一级的相关部门（比如国家统计局的中国经济景气监测中心）统一对全国各个省份以及各个地级市建立可比的经济景气监测体系，并及时发布监测结果。

第五，加强研发投入，尝试开发全球主要国家和相关地区的经济景气监测系统。随着全球化以及互联网技术的深入发展，全球经济的融合和交互作用越来越明显。中国亚洲基础设施投资银行的设立，以及"一带一路"倡议的实施，都会使大量的中国企业"走出去"，促进中国资本大量的海外投资，这需要我国建立一套系统的海外投资地区或国家的信息分析系统，而其中的宏观经济景气监测系统则是非常重要的一个组成部分。

参考文献

［1］MBA智库百科：扩散指数，http：//wiki.mbalib.com/wiki/扩散指数。

［2］百度百科：扩散指数法，https：//baike.baidu.com/item/扩散指数法/3669552？fr=aladdin。

［3］党鑫：《韩国经济景气监测预警系统的建立及其意义》，《陕西师范大学学报》2007年第2期。

［4］党鑫：《中日经济景气监测预警系统比较研究》，硕士学位论文，上海社会科学院，2008年。

［5］高铁梅、陈磊、王金明、张同斌：《经济周期波动的分析与预测方法》，清华大学出版社2015年版第2版。

［6］胡萌、孙继国：《经济景气评价》，中国标准出版社2009年版。

[7] 吕光明：《宏观经济统计分析》，中国统计出版社 2016 年版。

[8] 人大经济论坛：《背景介绍：宏观经济景气监测预警体系》http：//bbs. pinggu. org/jg/jingji_ hongguanjingjixue_ 18229_ 1. html。

[9] 石峻驿：《宏观经济增长、波动与预警的统计方法与实现》，经济科学出版社 2017 年版。

[10] 张永军：《经济景气计量分析方法与应用研究》，中国经济出版社 2007 年版。

[11] 郑桂环、张珣、韩艾、张嘉为、汪寿阳：《经济景气分析方法》，科学出版社 2011 年版。

[12] 中国经济景气监测中心，指数编制，http：//www. cemac. org. cn/Ozsbz. html。

[13] 中国经济信息网：《景气动向》，http：//www. cei. gov. cn//defaultsite/s/column/4b4ff4a4 – 3827d2e3 – 0138 – 27d519e2 – 000a_ 2018. html? articleListType = 1&coluOpenType = 1。

[14] Economic and Social Research Institute,"Indexes of Business Conditions", http：//www. esri. cao. go. jp/en/stat/di/di – e. html.

[15] Economic and Social Research Institute, "The Changed Components of the Indexes of Business Conditions", http：//www. esri. cao. go. jp/en/stat/di/150806components. html, 2018.

[16] Economic and Social Research Institute, "The Changed Components of the Indexes of Business Conditions", http：//www. esri. cao. go. jp/en/stat/di/111107components. html, 2011.

[17] Economic Cycle Research Institute , "ECRI History", https：//www. businesscycle. com/ecri – about/history.

[18] Economic Cycle Research Institute , "Monitoring Business Cycles Today", https：//www. businesscycle. com/ecri – business – cycles/monitoring – business – cycles – cube.

［19］ Organization for Economic Co‐operation and Development, "OECD System of Composite Leading Indicators", http: //www. oecd. org/sdd/41629509. pdf.

［20］ Organization for Economic Co‐operation and Development, "Composite Leading Indicators (CLI) Frequently Asked Questions", http: //www. oecd. org/sdd/leading‐indicators/compositeleadingindicatorsclifrequentlyaskedquestionsfaqs. htm.

［21］ Statistics Korea, "Composite Economic Indexes", http: //kostat. go. kr/portal/eng/surveyOutline/2/1/index. static.

［22］ The National Bureau of Economic Research, "NBER History", http: //www. nber. org/info. html.

专题五 金融稳健指标体系修订展望

摘要 20世纪90年代国际上金融危机频发，促使国际货币基金组织（IMF）等国际机构积极倡导发展金融稳定统计，加强对金融体系脆弱性的监测。金融稳健指标（FSI）体系旨在加强对金融体系的监测，防范危机和预警危机爆发的可能性。FSI2006发布后，被各国广泛应用于金融风险监控，如中国、美国、澳大利亚、比利时、巴西、加拿大、丹麦、法国、挪威、瑞典和英国等国家的中央银行都据此进行金融稳健性评估，并定期向IMF报告，接受相关的监督和指导。然而，2008年国际金融危机在没有任何征兆的情况下爆发，对金融稳定分析提出了新的挑战。在危机预警和监测中，FSI体系不同指标的有用性各有差异。危机对金融稳定统计带来了冲击，也为FSI体系评估提供了机会，考察其在金融危机中的表现及不同指标的效能，有助于进一步发展金融稳定分析的理论方法体系。面对新的形势，FSI体系发展应从以下五个方面入手：（1）加强理论方法创新；（2）加快FSI指标修订；（3）加强金融风险监测；（4）弥补关键信息缺口；（5）增进数据国际可比性。最后，对中国发展和完善金融稳定统计提出了政策建议。

关键词 金融脆弱性 金融稳健指标 评估 修订

一　引言

　　20世纪90年代国际上金融危机频发，促使国际货币基金组织（IMF）等国际机构积极倡导发展金融稳定统计，加强对金融体系脆弱性的监测，于是，金融稳健指标（FSI）逐渐受到国际社会的广泛关注。FSI体系旨在加强对金融体系的监督，防范危机和预警危机爆发的可能性，是衡量一国或地区金融机构整体以及作为金融机构客户的公司和住户部门当前金融健康状况和稳健性的一套指标。然而，2008年国际金融危机在事先没有任何征兆的情况下爆发，对金融稳定统计提出了新的挑战。

　　现有文献对FSI体系的研究主要集中在评价指标选择、监控规则设计以及应用效果分析等方面。例如，Bergo（2002）考察了利用金融稳健指标体系评估金融稳健性的基本原理；Babihuga（2007）证实，FSI波动与经济周期、通胀水平密切相关，不同国家宏观经济指标与FSI之间的关系存在差异；Schou–Zibell等（2010）、Hockett（2013）从宏观审慎监管角度探讨金融稳健性及其决定因素和法律问题。不少学者重点探讨银行体系稳健性问题，如Berger等（2008）通过探讨银行竞争与金融稳健性之间的关系，比较了"竞争—脆弱性"与"竞争—稳健性"两种理论；Igan和Pinheiro（2011）重点研究信用增长与银行稳健性之间的关系，认为信用增长过快将损害银行的稳健性；Xiao（2013）考察了金融危机前后丹麦的银行稳健性，发现金融危机爆发后丹麦银行稳健性有所改进。

　　国内学者对FSI体系的关注较早，例如，何建雄（2001）探讨了金融安全预警系统的基本框架、指标体系和运作机制；虞伟荣、胡海鸥（2004）从分析框架和统计指标两个方面介绍了IMF的金融稳健性评价体系；许涤龙（2008）介绍了金融稳健统计监测的国际标准。此外，仲彬、陈浩（2004）参照FSI体系尝试构建适合中国国情的金融稳定监测体系；钟伟等（2006）基于"可能—满意度方法"的金融体系稳健性综合评价方法，发现中国金融体系稳健性较差；王静（2011）采用向量描述预警技术对中国宏观金融稳健水平进行了实证分析。2008年国际金融危机过后，加强对金融脆弱性的监测，改进金融稳定统计，成为金融和统计领域的一个重大课题。

IMF制定的《金融稳健指标编制指南》（FSI2006）已成为金融稳定统计和分析的重要依据。截至2016年，全球超过110个国家向IMF报告FSI指标数据。但是面对百年一遇的国际金融危机，FSI体系仍暴露出不少问题。本专题拟基于对2008年国际金融危机的反思，回顾和评析FSI体系的发展及其面临的挑战，探讨FSI体系的改进思路，并对中国发展和完善金融稳定统计提出若干政策建议。

二　发展回顾

（一）FSI体系的建立与发展

与20世纪30年代开始建立国民账户体系（SNA）一样，金融稳定统计的必要性也源自危机。20世纪90年代的金融危机使金融脆弱性问题受到空前关注，特别是1997年亚洲金融危机直接诱发了金融稳健指标的诞生。金融脆弱性，广义上说是指一种趋于高风险的金融状态，泛指一切融资领域的风险积聚（黄金老，2001）。在IMF等国际组织的倡导和推动下，金融稳定分析开始纳入金融监管部门的常规工作，为政策制定者提供有关经济金融体系脆弱性的预警信息。由此，金融稳定统计逐步成为各国金融统计体系的重要组成部分。

"金融稳健指标"一词最早出自1996年IMF发布的研究报告《银行体系稳健性和宏观经济政策》，瑞典银行是世界上第一家设置金融稳定部门的中央银行，并于1998年率先出版《金融稳定报告》。国际清算银行（BIS）1999年发起成立"金融稳定论坛"

(FSF), IMF 和世界银行也联合推出 "金融部门评估规划"（FSAP）[①], 对一国金融稳定状况进行判断和评估。理论上, 从职能角度看, 只要金融体系能够抵抗内生的或未预料的外部冲击所造成的不平衡, 发挥其提高经济运行效率的功能, 则金融体系就处于一系列不同层次的稳定状态（Schinasi, 2004）。

2001 年 6 月, IMF 有关部门提出了 FSI 体系的初步方案和框架, 并向各成员国和国际组织广泛征求意见, 2002 年 9 月推出《金融稳健指标编制指南》（草稿）[②]。2003 年 IMF 对该指南进行修订, 形成了一个较为合理和广为接受的评价体系, 并于 2004 年 7 月发布。此后经进一步的讨论、修订和完善, 2006 年 IMF 正式出版《金融稳健指标编制指南》（FSI2006）, 以帮助各国编制相关数据。FSI 体系建立了金融稳定分析的基本数据框架, 具有重要的创新意义, 主要体现在：（1）FSI 体系革新了原有的统计框架, 将宏观经济统计和金融监管信息结合, 对金融风险进行全方位、多层次的评估, 为金融体系稳健性监测提供数据支持；（2）FSI 体系成为金融统计的一个新领域即宏观审慎统计（Macroprudential Statistics）的核心内容, 填补了在评估金融部门整体稳健性时货币/宏观经济统计和微观审慎数据之间的信息缺口, FSI 指标通过部门层面的监管/审慎数据得到, 是对货币统计及其他经济来源所得到数据的重要补充；

[①] FSAP（Financial Sector Assessment Program）是 IMF 和世界银行于 1999 年 5 月联合开展的评估项目, 主要用来评估各国金融体系的稳健性（脆弱性）, 其中包括宏观审慎指标如经济增长、通货膨胀、利率等, 也包括微观审慎指标如资本充足性、营利性指标、资产质量指标等。FSAP 由两大部分组成：由 IMF 负责的"金融稳定评估", 以及由世界银行负责在发展中和新兴市场国家进行的"金融发展评估"。2010 年 9 月, IMF 将 FSAP 计划中的"金融稳定评估"部分作为 IMF 对那些具有系统重要性的成员国每五年进行一次的强制性评估, 而中国就是愿意接受此项评估的 25 个系统重要性国家之一。

[②] 该框架在很大程度上取自监管机构中广泛采用的 CAMELS 评级系统, CAMELS 是一种国际通用的银行评级制度, 包括资本充足（Capital Adequacy）、资产质量（Asset Quality）、管理质量（Management Quality）、盈利（Earnings）、流动资金（Liquidity）和对市场风险的敏感度（Sensitivity to Market Risk）六个评级因素。其评分由 1（最好）到 5（最差）, 如果银行综合评分在 2 以下, 说明该银行运营质量极佳；如果大于 3, 说明该银行运营质量不佳, 主管部门需要警惕。

(3) FSI2006 不仅解释核心和鼓励类 FSI 的编制问题，而且提供有关如何获取和计算 FSI 所需数据序列的概念框架，为各国编制和发布 FSI 数据提供框架性指导，是金融稳定统计的国际标准。

2008 年国际金融危机爆发后，FSI 体系受到不小的冲击与挑战，于是国际社会着手开展对《金融稳健指标编制指南》（FSI2006）的修订工作。目前，IMF 和 FSB 一道正在修订《金融稳健指标编制指南》[①]，主要的目标就是结合《巴塞尔协议Ⅲ》改进 FSI 框架，扩大 FSI 的数据统计范围，并就编制金融指标的时效性方面提出新的定义和要求。不过，新指南尚未发布，处于编制阶段。

（二）FSI 体系面临的新挑战

FSI2006 发布后，被各国广泛应用于金融风险监控，如中国、美国、澳大利亚、比利时、巴西、加拿大、丹麦、法国、挪威、瑞典和英国等国家的中央银行都据此进行金融稳健性评估，并定期向 IMF 报告，接受相关的监督和指导。从国际上看，编制和发布 FSI 指标的国家越来越多（见表 5-1），截至 2013 年 7 月全球共有 80 个国家在 IMF 网站发布常规 FSI 指标及其元数据，其中 69 个国家按月或季度发布。到 2016 年，超过 110 个国家向 IMF 在线数据库报告 FSI 指标数据。FSI2006 正式颁布后，一些专家建议将部分 FSI 指标纳入数据公布特殊标准（SDDS），2008 年 12 月 IMF 执委会第七次数据标准评估会议一致同意将部分 FSI 纳入 SDDS，作为鼓励类指标。

但是，2008 年国际金融危机的爆发使得 FSI 体系面临巨大的冲击和挑战。第一，虽然 FSI 体系是对 20 世纪 90 年代的金融危机做出反应而发展起来的，但金融体系脆弱性问题在 2007 年美国次贷危机中依旧暴露，并随之演变为百年一遇的国际金融危机，FSI 体系的有用性受到挑战；第二，FSI 体系一直是 IMF 监管体系的主体内

---

① IMF Staff and FSB Secretariat, *Second Phase of the G-20 Data Gaps Initiative (DGI-2) First Progress Report*, http://www.fsb.org/2016/09/second-phase-of-the-g20-data-gaps-initiative-dgi-2-first-progressreport/, 2016.

容，但该体系作为危机早期预警指标时总体表现不佳，FSI体系无法为金融稳定分析提供充分信息；第三，FSI体系部分核心指标持续甚至在市场条件出现恶化后仍然继续发出金融体系稳健的信号，未能准确揭示风险趋势；第四，FSI体系对非银行金融机构（NBFI）数据的收集极不完全，无法准确捕捉其风险信息。由此，国际社会已开始对金融稳定统计和FSI体系进行反思，以进一步发展金融稳定统计和加强金融脆弱性监测。

表 5-1　　　　　　全球发布 FSI 指标的国家　　　　　单位：个

	2009 年	2010 年	2011 年	2012 年	2013 年
全球	46	51	69	75	80
非洲部（AFR）	0	3	3	4	6
亚太部（APD）	8	8	11	12	13
欧洲部（EUR）	28	29	38	39	39
中东和中亚部（MCD）	2	2	5	7	8
西半球部（WHD）	8	9	12	13	14

注：① 数据源自 IMF 统计部；② 2013 年数据统计至 7 月。

三　系统评估

（一）总体评估

2008 年国际金融危机对金融稳定统计带来了挑战，也为 FSI 体系评估提供了机遇，考察 FSI 体系在金融危机中的表现及不足之处，有助于进一步发展金融稳定分析的理论方法体系。

第一，FSI 体系在及时识别金融机构脆弱性和风险暴露时作用有限。FSI 体系作为金融稳定统计的中心框架，是监测金融部门整体稳健性的宏观审慎框架的主体，但实践却显示，该体系无法有效揭示金融系统的潜在脆弱性，未能事先对危机给出预警信号，也无法用于预测危机对经济和金融的损害程度。

第二，FSI 体系作为资产负债表信息和财务比率的集合，在信息内容上大多是后顾性（Backward-looking）的，用于推断未来的效力受到一定限制。对于银行业，基于 FSI 体系的金融稳定分析与压力测试、市场指标，可以用于补充监管信息（包括定性和定量）。

第三，FSI 体系在覆盖面上存在严重不足。主要体现在：(1) 对那些风险高于预期的特定工具（如 CDS、CDO），FSI 体系无助于识别和评估金融机构资产负债表表内和表外的风险暴露程度；(2) 风险加权监管资本充足性（CAR）指标无法评估在险资本（Capital at Risk），即金融机构相对于其风险暴露的资本充足性，虽然有关杠杆的信息广泛可得，但杠杆比率（资产/资本）不是 FSI 体系的核心指标；(3) FSI 体系无法充分显示流动性风险，包括资产和负债的期限错配、借贷和滚动短期负债的能力，以及表外风险暴露和金融工具的流动性；(4) 许多保险公司、投资银行、套利基金等高杠杆 NBFI 在规模上具有系统重要性，但 FSI 体系未充分覆盖这些机构。

第四，FSI 体系无法揭示交易对手和跨境风险的规模与特征。一方面，FSI 体系不显示交易对手的风险暴露，包括联合型交易对手的风险暴露，如单个银行之间、银行与保险公司、银行与其他金融机构等；另一方面，FSI 体系无法显示跨境风险，现行表式中 FSI 体系并未将国际性银行组合成网络以显示跨境持股、持债情况，也就无法显示跨境传染的风险暴露情况。

第五，FSI 体系在提高金融体系透明度上仍存不足。FSI 体系相关数据的及时披露有利于提高金融市场的透明度，规范和强化市场参与者和管理者的行为，从而提高一国的金融监管水平和金融体系稳健程度。但 2008 年国际金融危机表明，FSI 体系这种功能尚存明显不足，复杂结构性金融产品、OTC 衍生产品等方面统计数据明显不足，信息缺口严重，透明度仍有待提高。

（二）指标评估

FSI 体系包括核心指标和鼓励指标两部分，2008 年国际金融危机过后 IMF 对该体系进行了一次全面评估。根据各指标在危机监测中的表现，按高、中、低评级，其中评为高级的指标在金融稳定监测中的作用相对显著，评为低级或中级的指标在评估信用、资本、流动性、交易对手和跨境风险等时居次要地位，可考虑删除或修订（Johnston et al.，2009）。

1. 核心指标

原 FSI 核心指标主要针对存款吸收机构，涉及资本充足性/偿付风险、资产充足性/信用风险、盈利能力、流动性风险/周转风险、市场风险五个层面，共包括 12 个指标（见表 5 – 2）。其中，有用性评为高级的指标 7 个；评为中级的指标 2 个，包括监管资本/风险加权资产、不良贷款/全部贷款总额；评为低级的指标 3 个，包括部门贷款/全部贷款总额、股本回报率、非利息支出/总收入。简要分析如下：（1）关注维度上，原 FSI 体系包括资本充足性/偿付风险、资产充足性/信用风险、盈利能力、流动性风险/周转风险、市场风险五个方面。根据危机暴露的信息缺口，FSI 体系应进一步扩展关注维度，首先是交易对手风险和跨境/转移风险，在这两个维度上分别增加相应的核心指标；（2）资本充足性/偿付风险方面，风险加权资产计算主观性太强，不宜采用，应考虑增加测度违约距离的指标，如总市值/账面价值或 CDS/EDF；（3）资产充足性/信用风险方面，应纳入预测违约的主要指标和测度信贷可持续性的指标，以及外汇风险暴露的指标；（4）盈利能力方面，原体系的股本回报率和非利息支出/总收入对金融稳定分析益处不大，可考虑删去；（5）流动性问题是危机蔓延的重要原因，FSI 体系中应增加有关国外借款风险暴露、流动性质量、外汇流动性风险、未来流动风险暴露等方面的指标；（6）市场风险方面，应考虑增加测度期限错配风险和表外风险暴露的指标；（7）原 FSI 体系中部分指标在指标设计、统计口径与信息内容方面也应做出适当调整，如将"监管资本/风险加权资产"改为"资本/资产"，"不良贷款/全部贷款总额"改为"信用的增长率"。

表 5–2　　　　　　　　　核心指标评估与分析

机构/市场（存款吸收机构）	核心指标	有用性	解释	缺失的指标	对推荐指标的解释
资本充足性/偿付风险	监管资本/风险加权资产	中	偏好于采用一级资本，不包括贷款损失准备金和估值收益	资本/资产	风险权数确定常常是武断的，由鼓励类指标升级而来
	监管一级资本/风险加权资产	高	—	一级资本/资产	采用一级资本更好
	—	—	—	总市值/账面价值或CDS/EDF	违约距离指标，其中CDS和EDF分别为信用违约互换和预期违约率
资产充足性/信用风险	不良贷款减去准备金/资本	高	—	贷款/价值比率（最近12个月）	显示借款者的杠杆
	不良贷款/全部贷款总额	中	多余，采用不良贷款净额更好，不良贷款属滞后指标	信用的增长率	预测违约的主要经验指标
	部门贷款/全部贷款总额	低	系统依赖性	重组或续期的贷款（上季度）/全部贷款	测度信贷可持续性的指标
	—	—	—	外汇贷款/全部贷款	外汇风险暴露，由鼓励类指标升级而来

续表

机构/市场（存款吸收机构）	核心指标	有用性	解释	缺失的指标	对推荐指标的解释
盈利能力	资产回报率（ROA）	高	在信用分析很好，但还需要更多细节	ROA（税收和准备金之前，以及税后）	需要原始收入和可用收入指标
	股本回报率	低	对股东和投资者更有兴趣	ROA（税收和准备金之后）	—
	利差收入/总收入	高	—	非利息收入/总收入	收入多样化非常重要
	非利息支出/总收入	低	系统依赖，效率指标，与金融稳定相关性弱	—	该指标可考虑删除
流动性风险/周转风险	流动资产/总资产（流动资产比率）	高	—	客户存款/总（非银行间）贷款	黏性资金的正指标，由鼓励类指标升级而来
	流动资产/短期负债	高	—	批发借款（期限<1年）/总贷款	揭示易变的批发资金的风险暴露
	—	—	—	国外借款（期限<1年）/总借款	在国际市场中展期风险的暴露
	—	—	—	以政府证券形式持有的流动资产（AAA/AA评级）/总流动资产	流动性质量
	—	—	—	外币流动资产/短期外币负债（期限<1年）	外汇流动性风险
	—	—	—	扩展但未使用的信用额度	未来流动风险暴露

续表

机构/市场（存款吸收机构）	核心指标	有用性	解释	缺失的指标	对推荐指标的解释
市场风险	外汇净敞口头寸/资本	高	—	交易账户持有的股权和证券/资本	某些国家中市场风险的主要来源
	—	—	—	资产和负债的期限	利息风险暴露
	—	—	—	表外风险暴露	按资产类别的净风险暴露
交易对手风险	—	—	—	对其他金融机构超过规定资本比例的风险暴露/资本	交易对手风险集中度的测度
	—	—	—	持有国外资产/总资产	应对外部冲击的能力
跨境/转移风险	—	高	—	外国附属机构和分支的资产/资本	新的信息需求
	—	高	—	外国附属机构和分支的负债/资本	新的信息需求

注：部分内容引自Johnston等（2009），部分内容由作者整理。

2. 鼓励指标

FSI鼓励指标共有27个，其中针对存款吸收机构的指标13个，针对其他金融公司的指标2个，针对非金融公司的指标5个，针对住户的指标2个，针对市场流动性的指标2个，针对房地产市场的指标4个（见表5-3）。简析如下：（1）有关存款吸收机构的多个指标如贷款地理分布/总贷款、人员支出/非利息支出等，有用性评估为低级，可考虑删除或修订；（2）其他金融公司的资产/GDP改用资本/资产，可更好地反映其杠杆水平；（3）针对非金融公司的指标应做较大调整，特别是应增加有关市场价值和与股权相关的盈利能力指标，而净外汇风险暴露/股权忽略了外汇收益，可考虑删去（Johnston et al.，2009）；（4）鉴于套利基金、主权财富基金（SWF）、私人股权基金、养老基金等非银行金融机构在金融体系中日益上升的重要性，FSI体系应考虑纳入相关指标；（5）针对市场流动性，现有的证券市场平均买卖价差和证券市场日均换手率对金融稳定分析的作用不大；（6）针对房地产市场，应关注住户拥有房产的净价值占房产价值的比率、商业地产平均租金比率以及平均商业贷款与房产价值的比率；（7）其他一些市场指标，特别是有关系统重要性金融机构的信用评级和风险展望的变化信息，在金融稳定分析中非常有用。

表5-3 鼓励指标评估与分析

机构/市场	鼓励指标	有用性	评论	缺失的指标	解释
存款吸收机构	资本/资产	高	核心指标	—	—
	大规模风险暴露/资本	中	—	—	—
	贷款地理分布/总贷款	低	系统依赖程度很高	—	—
	金融衍生产品资产头寸总额/资本	中	—	—	—
	金融衍生产品负债头寸总额/资本	中	—	—	—
	交易收入/总收入	中	—	—	—
	人员支出/非利息支出	低	过于详细	—	—
	参考借款和存款利率差额	中	—	—	—
	最高和最低银行间利率差额	中	—	—	—
	客户存款/总（非银行间）贷款	高	核心指标	—	—
	名义外币贷款/总贷款	高	核心指标	—	—
	名义外币负债/总负债	高	—	—	—
	股权净敞口头寸/资本	高	核心指标	—	—
其他金融公司	资产/金融系统资产总额	高	公式重新表示	资产	—
	资产/GDP	低	—	杠杆（资本/资产）	反映杠杆水平

续表

机构/市场	鼓励指标	有用性	评论	缺失的指标	解释
非金融公司	总负债/股权	高	—	短期外汇负债/出口	外汇资金风险指标
	股权收益	中	—	进口和出口套保比例	外汇风险指标
	收益/利息和主要支出	高	公式重新表示	利息覆盖比例	利息风险指标
	净外汇风险暴露/股权	低	忽略了外汇收益	—	—
	债权人保护申请数量	中	—	—	—
	—	—	—	价格收益比率	市场价值
	—	—	—	股价指数	与股权相关的盈利能力指标
住户	住户债务/GDP	—	—	—	—
	债务服务和主要支付/收入	—	—	—	—
套利基金	—	—	—	管理的资产	规模指标
				杠杆	风险指标
主权财富基金（SWF）	—	—	—	管理的资产	规模指标
				杠杆	风险指标
私人股权基金	—	—	—	管理的资产	规模指标
				杠杆	风险指标
				承诺但未使用的合同收购银行融资	流动性风险暴露
养老基金	—	—	—	管理的资产	基本规模指标
				融资比例（资产/负债）	偿债能力缓冲/风险暴露的指标
				杠杆（包括间接的）	风险指标

续表

机构/市场	鼓励指标	有用性	评论	缺失的指标	解释
市场流动性	证券市场平均买卖价差	低	低频数据没有用	—	—
	证券市场日均换手率	低	差的市场压力预测指标	—	—
房地产市场	住宅地产价格	高	—	住户拥有房产的净价值/房产价值	偿债能力缓冲指标
	商业地产价格	中	租金比率具有更多信息量	商业地产平均租金比率（价值的百分比）	揭示估值风险
	住宅地产贷款/总贷款	高	—	平均商业贷款/房产价值比率	揭示杠杆率
	商业地产贷款/总贷款	高	—	—	—
系统重要性金融机构	评级	高	信用评级和风险展望的变化信息	—	未来风险的评估指标

注：部分内容引自Johnston等（2009），部分内容由作者整理。

综上分析，IMF评估结果表明：首先，FSI体系应更好地揭示存款吸收机构的不同类别风险；其次，有关NBFI的FSI除保险公司外，还应扩展到包括其他一些NBFI，如养老金、套利基金；再次，FSI体系应提供有关房地产市场的更好信息；最后，在范围上，FSI体系还应更系统地覆盖非金融部门，关注公司和住户部门的流动性和偿债能力（杠杆）风险。

四 发展展望

(一) 基本思路

从国际范围来看，金融稳定统计还是一个新兴的领域和相对年轻的业务，尚无一个被普遍接受的概念框架、理论方法或数据集能告诉我们所要知道的全部东西（IMF，2012）。FSI 体系亟待进一步发展与完善，不断提高其科学性和有效性。

1. 主要原则

总结危机教训，发展和完善 FSI 体系应遵循以下原则：一是工具多样性原则，金融稳定分析应采用多种工具检验，互为补充，不依赖于任何单一的数据集；二是国内视角的开放性原则，基于国内金融系统的稳健性承受能力来评估宏观经济和外部金融发展；三是全面性原则，全面评估金融机构、市场、基础设施和政策框架的优势与脆弱性；四是关联性原则，关注金融脆弱性与风险传导渠道、机制之间的关系，从系统视角分析金融体系各部门内部及之间的关联性、金融与实体经济的反馈环及跨境联系（双向关联）；五是整体性原则，金融稳定分析应关注整体性，更好地将不同事点联系起来综合分析。

2. 基本取向

20 世纪 90 年代以来，金融体系出现了一些新的变化与特点。例如，金融全球化与跨界业务迅速发展，外国银行、直接跨境银行交易、证券市场外国投资等对本国金融体系的影响上升，市场、机构投资者、NBFI 重要性上升，复杂结构性产品、风险转移工具、表外活动与项目、OTC 市场交易等重要性也显著上升（IMF，2012）。为此，金融稳定统计应重点加强：一是识别和监管经济金融发展趋势，更好地把握金融体系的新特点与新动向，积极弥补信息缺口，为脆弱性监测提供关键数据；二是充分认识不同国家的标准、做法和统计资源差异，积极研究和评估一国金融系统中风险与脆弱性的实质内涵，确保 FSI 体系对本国金融稳定的相关性；三是重视对政策传导机制的分析，准确传递政策重点及其影响的信息，评估和判断 FSI 的政策含义，为政府经济决策服务；四是着眼于建立一个开放、弹性的框架，包括关键指标和数据编制，以便持续改进，FSI 体系更应是一个菜单而非购物单，通过设计良好的优先性，供各国选择使用；五是从国际视角审视本国金融体系的稳健性与风险，全球金融稳定对国别分析越来越重要。

3. 重点领域

根据 2008 年国际金融危机的教训，现行金融稳定分析方法、模型与数据中大量关键领域需要进一步加强。FSI 体系未来发展重点在于：(1) 金融体系发展的大趋势和金融市场运转的内在动因对系统稳健性极为重要，需要对此加强监管和评估；(2) 金融稳定分析方法创新至关重要，对系统性风险及其影响进行更丰富、更严格的建模极为必要；(3) 部分领域透明度低制约了金融稳定分析，一些关键部门如影子银行、OTC 衍生产品市场、NBFI 等需要更好的信息和数据；(4) 信息缺口制约了对金融系统性风险、跨境风险和危机前的脆弱性监测，FSI 体系修订应促进信息缺口的缩小（Taleb et al., 2012）。

（二）发展分析

完善 FSI 体系首先要思考，更好地描绘金融体系稳健性需要什么样的数据，为提供这些数据应如何改进信息披露制度。具体而言，FSI 体系发展应从以下五个方面入手。

1. 加强理论方法创新

金融稳健性监测本质上是一种预测行为，但预测未来是困难的。现行 FSI 体系主要是加总指标，所提供的金融稳健性信息有限，甚至可能给出误导信号，这一点已得到各界的广泛认同（IMF, 2012）。改进 FSI 体系的根本在于理论方法创新，发展不同的测度方法与工具，包括分布信息、方差测度、尾部风险、异常值识别等的新方法与指标，以提高 FSI 体系的有用性。

2. 加快 FSI 指标修订

现行体系各指标有用性差异显著，需要对指标名单及分类进行修订。按照相关性、基于实据、风险导向的要求[①]，FSI 指标修订主要应从以下角度着手：（1）首先应将部分有用性评估为中或低级的指标予以删除或改进；（2）重新确定指标优先性，对核心指标集与鼓励指标集做重新划分；（3）对 FSI 评估框架做出扩展，如合并范围、覆盖领域等，新增一些关键指标，包括总杠杆、房地产和住户指标等，其中首先要增加 NBFI 关键指标，然后考虑纳入有关流动性和市场的指标；（4）作为 FSI 修订的中期目标，未来应考虑纳入更多的分解性测度指标；（5）在 FSI 体系之外，还应改进金融部门报告和其他信息披露工作，如压力测试、国际投资头寸（IIP）统计等，以之作为补充。

3. 加强金融风险监测

风险监测是发展 FSI 体系的中心目标，为此，应通过开展更多系统层面的金融风险评估来加强金融稳定分析：第一，捕捉在任一情境下损失的整体分布信息，以便反映未预期损失，而不仅仅是预期损失（Taleb et al., 2012）；第二，对情境及其影响做更丰富的定义，如将信用风险和交易对手、流动性、市场风险结合起来分析，而不是单独关注信用风险；第三，应积极改进流动性压力测试的方法；第四，探索对传染效应和溢出效应建模的新方法，既考虑仅针对金融部门的情形，也考虑包括宏观经济与金融反馈环的情形；第五，鉴于对外脆弱性的重要性上升，如有可能还应开展对跨境风险的模拟；第六，传统分析以线性方法为主，未来应允许采用非线性方法，如时变违约相关性等。

[①] 一般地，FSI 体系指标筛选应遵循：（1）相关性，即统计指标应提供对脆弱性和经济金融不平衡累积的信息认知；（2）基于实据，即 FSI 体系应该构建于理论和实证证据基础之上；（3）风险导向，聚焦于可能给金融系统带来巨大损失的尾部风险和分布信息。

4. 弥补关键信息缺口

2008年国际金融危机暴露出严重的信息缺口，重点包括：（1）主要银行对复杂结构性产品和表外项目的风险暴露；（2）跨境风险暴露和相关的资本流动；（3）资产评估技术和风险模型；（4）OTC交易工具透明度；（5）潜在重要NBFI的信息；（6）信用风险转移工具（CRT）统计；（7）有关信用违约互换（CDS）市场结构变化以及信用风险转移和最终分布的全面和及时信息。发展FSI体系应高度关注信息缺口问题，将重要的关键指标纳入FSI评估体系，以更好地发挥该体系的效能，提高相关领域的透明度。

5. 增进数据国际可比性

目前，不少国家发布FSI，编制金融稳定报告，但从实践上看，FSI数据的国际可比性还不足。金融稳定理事会（FSB）自2009年开始发布部分国家的FSI数据，目前，单独报告FSI的国家中40%—50%是按季度发布，10%—30%是按半年度发布，其余的是按年度发布。所有成员都提供针对存款吸收机构的12个FSI核心指标，大约70%的国家提供针对存款吸收机构的所有FSI鼓励指标，30%—50%的国家也提供有关其他部门和主要市场的全部鼓励指标（IMF，2012）。发展FSI体系，一个重要任务是要进一步完善FSI数据库，一方面扩大国家覆盖面；另一方面提高数据报告频率，力争全部国家按季报告。此外，考虑到各国实践差异，最好是各国提供详细的元数据，以改进FSI数据分析和增加可比性。

五 政策建议

金融稳定至关重要，FSI体系为金融脆弱性监测提供了统一、规范的框架。实际上，FSI仅是广泛的、用于稳定分析的宏观审慎指标的一个子集，作为早期监测预警体系的补充，宏观审慎分析其他指标还包括全面反映经济和金融环境的指标（如资产价格、信贷增长、国内生产总值及其增长率、通货膨胀和对外头寸)、经济体的机构和管理框架、金融部门压力测试结果、金融体系结构和金融基础设施强度等（Johnston et al., 2009）。2008 年国际金融危机凸显了金融稳定分析的重要性，金融稳定分析覆盖面广，需要对货币统计、国民账户、财务会计和银行监管等各个领域加以综合利用，尽快修订和完善 FSI 体系已成国际社会共识。

  从实践上看，我国已开展金融稳定统计和分析工作，但目前尚不完善。中国人民银行 2003 年成立了金融稳定局，其主要职责包括：综合分析和评估系统性金融风险，提出防范和化解系统性金融风险的政策建议；评估重大金融并购活动对国家金融安全的影响并提出政策建议；承担会同有关方面研究拟订金融控股公司的监管规则和交叉性金融业务的标准、规范的工作；负责金融控股公司和交叉性金融工具的监测；承办涉及运用中央银行最终支付手段的金融企业重组方案的论证和审查工作；管理中国人民银行与金融风险处置或金融重组有关的资产；承担对因化解金融风险而使用中央银行资金机构的行为的检查监督工作，参与有关机构市场退出的清算或机构重组工作。中国人民银行于 2003 年 7 月首次进行了为期两年的金融稳定自评估，2005 年开始定期发布《中国金融稳定报告》。2011 年 11 月，IMF 发布对中国金融部门的首次正式评估报告《中国金融体系稳定性评估》，认为中国金融体系总体强健，但面临不断累积的风险。概括而言，我国金融稳健性方面存在的问题：第一，在支持经济增长的过程中，信贷过度扩张，债务存量过大，这样会导致资源配置水平低下，进而增大金融风险；第二，我国金融机构间的关联度日渐增加，金融体系变得越来越复杂并且不透明，监管部门无法形成有效的监管；第三，广泛的隐性担保助长了道德风险，会扭曲风险的定价，进而易导致金融体系发生周期性的大调整。① 2008 年国际金融危机爆发后，国际社会深刻认识到原有的金

---

  ① 中国人民银行：《中国金融稳定评估报告2018》，中国人民银行网站，2018 年版。

融监管体系主要关注单个金融机构的稳健运营，未能从系统性、逆周期的视角防范金融风险的积累和传播。由此，主要经济体纷纷改革国内金融监管体制，加强宏观审慎管理。2016年，中国作为20国集团（G20）轮值主席国，要求IMF、FSB和BIS总结各国有效宏观审慎政策的核心要素和良好实践经验。近年来，中国金融系统开展了一系列基础理论研究和应用探索，金融业综合统计试点工作取得阶段性成果，统计和公布社会融资规模，2017年开始测算宏观杠杆率，对评估经济运行的风险状况提供了支持，金融机构资产管理产品统计制度建设取得突破性进展。但我们也应该清醒地认识到，金融业综合统计工作仍然面临一些突出问题，诸如：统计制度存在割裂，数据标准不统一，统计技术手段单一，数据组织分散，信息归集和使用难，共享机制不完善；交叉性金融活动、系统重要性金融机构、金融控股公司等关键领域统计监测不足，风险预警数据不敏感；宏观风险统计基础较为薄弱，政策效果评估数据不充分；部分金融活动游离于金融统计体系之外，基础数据不健全等。进一步完善我国货币与金融统计体系，为加强金融监管、改进金融稳定分析和防范金融风险奠定更扎实的数据和制度基础，已成为我国当前金融统计改革的重点课题。

2017年我国设立国务院金融稳定发展委员会，目的是强化人民银行宏观审慎管理和系统性风险防范职责，强化金融监管部门监管职责，确保我国的金融安全与稳定。为增强金融服务实体经济能力，应健全货币政策和宏观审慎双支柱调控框架，完善金融监管体系，守住不发生系统性金融风险的底线，2018年4月国务院办公厅发布《关于全面推进金融业综合统计工作的意见》（国办发〔2018〕18号），旨在建立科学统一的金融业综合统计管理和运行机制，制定科学标准和制度体系，建设国家金融基础数据库，建成覆盖所有金融机构、金融基础设施和金融活动的金融业综合统计，完善大国金融数据治理，有效支持货币政策决策、宏观审慎管理和金融监管协调，守住不发生系统性金融风险的底线，不断提升金融服务实体经济的能力和水平。这为完善我国金融稳定统计体系，加快构建一套科学高效的中国特色金融稳健指标体系创造了条件。

展望未来，我国应尽快建立符合我国国情、与国际规范接轨的金融稳健性评价体系。为了加强金融稳健统计，更好地开展金融稳定分析工作，提出如下几点建议。

（一）积极参与 FSI 修订工作

面对 2008 年国际金融危机所暴露的 FSI 体系的不足，IMF 等国际组织及有关国家已着手开展 FSI 修订。2011 年 11 月 15—16 日，金融稳健指标顾问委员会（Financial Soundness Indicators Reference Group，FSIRG）专门举行会议讨论 FSI 核心指标和鼓励指标，从 G20 数据缺口计划（DGI）的视角对现有名单进行全面评估，此后也多次召开相关会议讨论 FSI 的修订工作。中国作为重要成员应积极参与相关修订及其他全球金融与统计标准的制定工作，积极按 IMF 的最新修订采纳新的 FSI 体系。第一，国际组织已经开始对现有的 FSI 框架进行改进，覆盖的国家不断增多，并且在 2015 年完成了新的 FSI 编制指南[1]。因此，我国应根据 SDDS Plus 的要求编制 7 个 FSI 核心指标，并着手准备编制国家金融稳定指数，发布国家级的金融稳定报告，以增强货币金融政策的有效性，在现有的 FSI 基础之上根据我国的现实情况对 FSI 进行改进和拓展，编制 FSI 扩展指标（如我国已经编制了杠杆率和人员支出比率指标）。第二，FSI 在原有指标数据的基础上，需要扩大金融工具和金融机构的覆盖范围，将其他金融公司（OFC）和金融体系中的影子银行业务纳入监管范围内，并加强对新型非银行性金融公司的监管。第三，尝试构建金融集中度和分布变化指标（CDM），确保数据安全保密的情况下，探讨定期收集 CDM 和制定收集 CDM 数据指导手册的可能性。第四，我国应大力加强对金融稳定统计的研究，积极参与国际金融稳定理事会（FSB）中的 FSI 编制、测试及完善工作，提高我国在

---

[1] 目前该手册仍处在测试阶段，尚未正式对外发布。

FSI 编制中的话语权。

（二）建立全面的金融稳定评估体系

金融稳定职能的实施是一项系统性工程，除 FSI 体系外，还有众多影响金融稳定的重要因素无法纳入该体系，如金融体系结构、公司治理质量、市场化程度等。2008 年国际金融危机之后，国际社会对构建高效、透明、规范、完整的金融市场基础设施（FMI）十分重视并达成广泛共识，FSB 强烈呼吁各国加强对 FMI 的管理与评估。中国应建立全面的金融稳定评估体系，从关键指标、市场质量、公司治理、基础设施等维度全面评估和监测中国金融体系的稳定性及变化状况。

具体来看，一个完整的金融稳定评估体系可从以下几个方面来构建：第一，宏观金融环境，我国应适当弱化对 GDP 高增长的依赖，以降低地方政府设定的 GDP 增长目标，使经济增长趋于合理性；第二，加强系统性风险监测和宏观审慎监管，我国金融监管部门应与国内外的金融安全网参与者直接建立交流合作机制，动态评估银行的资本要求，修订相关金融业的法律，加强人民银行和监管部门自主权，解决制约系统性风险监测和有效金融监管的数据缺口问题，评估人民银行宏观审慎评估的目标和结构并对其进行简化；第三，加强银行的规制和监管，强化金融控股集团的风险监管，停止在贷款分类中考虑抵押品的作用，提高流动性覆盖率对同业产品和表外理财产品的要求，提高监管报告要求，收集更细化的分类监管数据，并使金融监管部门加强前瞻性的全面风险分析；第四，加强压力测试的能力，例如，在压力测试中使用更加详细的监管数据，扩大非银行金融机构和关联性的覆盖范围，开放并整合对集合投资计划的压力测试，加强跨部门协调和压力测试团队的分析能力；第五，加强对影子银行和隐性担保的监控，在取消隐性担保的前提下逐步取消对某些行业的信贷限制，并对资产市场进行干预以应对系统性风险；第六，提高证券市场的规制和监管水平，如改进集合投资计划的信息披露，引入功能监管，强化系统性风险监测机制；第七，提高保险的规制和监管水平，制定基于风险的监管规划，将每家保险公司的市场行为纳入监管范围，并逐步采用更为市场化的方式对保险产品进行估值；第八，加强金融市场基础设施的监管，如我国证券登记结算应当及时采取券款对付，采纳和实施国际结算准则，加强我国金融市场基础设施的抗风险能力，扩大人民银行的服务监管范围；第九，加强反洗钱和反恐怖融资的监管，如对国内政治公众人物采取强化客户尽职调查措施，确保对洗钱行为进行更有效的调查；第十，提高危机管理水平，对政府主导的危机应对触发条件做更为清晰的界定，为银行和系统重要性保险公司制定特别处置机制，优化各类保护基金的制度设计，以防范和限制道德风险；第十一，完善普惠金融体系，改进金融科技的法律、规制和监管框架。

（三）积极改进金融稳定统计的数据缺口

在危机视角下，FSI 体系所面临的一个特殊挑战是关键数据缺口。2009 年 FSB 和 IMF 联合向 G20 成员的财政部部长和中央银行行长会议提交了《金融危机和信息缺口报告》，从金融部门风险累积、国际网络关联度、部门和其他经济金融数据、官方统计的交流四个方面提出了弥补信息缺口的二十条建议（见附录一）。在第一阶段 DGI 实施结束后，第二阶段 DGI 计划已经在 2016 年由 G20 成员的财政部部长和中央银行行长批准，共二十条建议，主要覆盖三大领域（见附录二）。缩小关键数据的缺口，改进金融市场的透明度，是提高 FSI 体系有用性的重要前提之一。

第一，金融领域数据缺口方面，FSI 在原有指标数据的基础上需要扩大地域和机构覆盖范围，将其他金融公司（OFC）和金融体系中的影子银行业务纳入监管范围内；定期收集全球重要性金融机构数据，评估全球的金融网络结构和相互联系（例如，银行和非银行金融机构之间的联系）、识别风险集中性和资金依赖性、潜在的溢出效应和外部性，以及理解金融创新和市场的复杂性；为银行部门和非银行金融机构（NBFI）制定总杠杆和期限错配的衡量标准，提供部门账户数据和实施证券融资数据概念框架，以帮助 FSB 对影子银行进行监测；采用贸易信息库（TRs）格式报告标准化的产品识别代码和交易代码，以提高场外（OTC）衍生产品数据质量并减少数据集间的重叠性；按照 HSS 的框架报告债务证券的持有情况、"从谁到谁"的流量和存量表及国家发行的长期证券数据，并编制货币构成部门数据；建立保密性高的数据库，以便在各国间分享安全的金融经济数据。

第二，脆弱性、互联性和溢出性领域，DGI 推荐各个经济体每季度公布一次可比性较高的金融部门资产负债表（BSA）数据，重点是在金融公司的子部门细节和 SNA2008 标准下的金融工具分类，并适时调整 BSA，建立"从谁到谁"的资金流量表来更好地分析金融冲击及其对各部门间传导的影响，并将货币分类统计以满足外汇敞口数据缺口；改进地区间的银行业务统计（IBS）；鼓励各国定期向 IMF 报告年度（未来将会改为半年度）的 CPIS 数据，并报告非居民发行人和居民投资者的部门分类报表，以加强对不同类型投资者和借款人的全球跨境风险的监管，提高其与国际投资头寸（IIP）的一致性；完善政府财政统计制度，提高发布数据的及时性，报告一致且具有可比性的广义政府财政数据，并加强数据收集工作，如按照 GFSM2014 报告季度性的广义政府数据等；世界银行、OECD 和 IMF 于 2010 年启动建设季度性公共部门债务统计数据库，发布了公共债务部门数据报告模板，鼓励各经济体发布标准化的公共部门债务数据，并向公共部门债务数据库提供高质量的季度性广义政府债务数据；广义政府债务的覆盖范围也进一步扩大，如监督广义政府或有负债将是一个长期目标，以及探讨是否将由政府资助的与就业有关的养老金计划纳入广义政府债务的统计范围内；DGI 鼓励各经济体报告住户部门更及时、更高频的分配数据，并根据自身能力编制住户部门分布指标，将微观调查的综合性结果提供给 OECD 收入分配数据库（IDD）及财富分配数据库（WDD）；鼓励各国在《国际收支和国际投资头寸手册》（第六版）（BPM6）的基础之上进一步改进 IIP 数据统计方法，如将识别 OFC① 和货币组成、债务工具的剩余期限、外部资产和负债（及相关衍生产品头寸）的货币构成等内容纳入报告范围，以帮助分析风险的累积状况（货币错配和外部流动性风险）；改善 IIP 中直接投资头寸（包括对内和对外直接投资）统计数据的质量，以及提高 IIP 及时性，并将其中的净资产和净债务工具进行分类，作为 IBS 和 CPIS 跨境关联分析的补充指标；非金融公司的跨境风险敞口中，提高数据的一致性和可获得性，以更好地分析敞口风险，包括外国子公司和集团内部融资的数据；运用法律实体标识符（LEI）识别外国子公司的信息；制定额外的住房相关指标，补充住宅地产价格指数（Residential Property Price Index，RPPI）对各国市场开展分析，此外，商业地产价格指数（Commercial Property Price Index，CPPI）对于证券化资产的估值非常重要，由于商业地产常用于银行的抵押贷款，通过发布 CPPI 指标来监控商业地产资产泡沫有助于维护金融的稳定。

第三，数据交流与合作领域，通过推广 SDMX 标准来发布和共享各国统计数据，通过构建数据结构定义（DSD），以减少各国各部门间报送数据的重叠性，重新审视现有的保密性限制，以增加微观数据的共享性和可访问性。

（四）适时建立国内系统重要性金融机构评估框架

在大力加强全球系统重要性金融机构的统计监测之外，按照 G20 戛纳峰会的要求，巴塞尔银行监管委员会（BCBS）于 2012 年 10 月发布了《国内系统重要性银行治理框架》，要求各成员国建立本国的评估体系，并提出了 12 项指导性原则。据此，中国应尽快建立国内系统重要性银行的评估框架和监管制度，同时，积极探索将相关政策扩展到系统重要性 NBFI，如保险公司、基金公司、证券公司等。

---

① 鉴于跨境风险敞口（尤其是外汇）不断增加，非金融企业（NFC）的风险敞口在新兴市场经济体尤其明显，单独识别 OFC 有助于更好地与部门账户保持一致，将这些机构进行分类。

目前，IMF 和 FSB 已经建立了一个新的概念框架来评估全球系统性重要金融机构（G-SIBs）的全球网络连接及其与本国金融系统的联系，通过确定 G-SIBs 的双边信贷敞口和筹资负债的模板，收集一致的机构到机构（I-I）数据，并启动国际清算银行国际数据中心来存放该数据。① 我们可以根据这个框架来建立国内重要性金融机构的评估框架，评估国内各机构部门的金融网络结构和相互联系（例如，银行和非银行金融机构之间的联系），识别风险集中性与资金依赖性、潜在的溢出效应和外部性，以及理解金融创新和市场间的复杂关系。在此基础之上，我国可以扩大与 BIS、FSB、IMF 间的金融数据共享，在确保定期收集和适当分享 G-SIFIs 数据时积极参与全球具有系统重要性的非银行金融机构（最早的是保险公司）的共同数据模板设计。

（五）加强影子银行体系和 OTC 衍生产品的统计与监管

近年来，影子银行②和 OTC 衍生产品在中国呈迅速发展态势，对金融体系稳健性的影响不断加大。有关部门应积极研究和探索，逐步建立与完善对影子银行和 OTC 衍生产品的监管制度，加强对其统计和信息收集发布，防范和化解潜在的金融风险。

影子银行对那些具有高杠杆率、高度依赖短期融资，同时投资于长期非流动性资产的金融机构有很大的影响，一旦这些机构发生问题，将会危害整个金融体系的运转（如 2007 年美国次贷危机），危害性极大。因此，我国应大力加强对影子银行的监管，具体应做好：第一，我国应当进一步明确"影子银行部门"统计定义，完善统计标准和统计流程，提高影子银行部门的统计基础和数据可用

---

① 这项计划共分三个阶段，2013 年 3 月进行第一阶段，2015 年 6 月进行第二阶段，第三阶段目前还未获得 FSB 全体成员国的批准，第三阶段的工作主要侧重于微观机构（I-I）的风险敞口和资金数据。

② 按照金融稳定理事会（FSB）的定义，影子银行是指游离于银行监管体系之外、可能引发系统性风险和监管套利等问题的信用中介体系（包括各类相关机构和业务活动）。影子银行引发系统性风险的因素主要包括四个方面：期限错配、流动性转换、信用转换和高杠杆。

性；第二，应当加强对影子银行系统的数据收集与报告（包括部门账户数据）；第三，我国应尽快为银行部门和非银行金融机构（NBFI）制定总杠杆和期限错配的衡量标准，开展银行资产负债表期限错配（融资缺口）的测度和监管，并改进银行业务的统计方法，提高我国银行监管部门构建融资缺口和杠杆度量的有效性；第四，我国还应结合 SNA 部门账户数据和实施证券融资数据概念框架，来加强对影子银行的监测；第五，我国应当对其他金融公司（OFC）进行定义和识别，将其中的索赔项目和负债项目进行统计，并将 FSI 中的货币市场基金流动性和资产质量等指标列为影子银行的新监管指标。

在衍生产品数据方面，IMF、FSB 等倡导国际金融市场中所有场外衍生产品合约应报告给贸易信息库（TRs）。我国在启动衍生产品数据调查之前，应当进一步深入地研究衍生产品方面的法律、监管、治理、技术及成本问题[①]，明确衍生产品的划定界限和统计标准。为此，可以参照 TRs 格式对衍生产品进行标准化识别，提高场外（OTC）衍生产品数据质量并减少数据集间的重叠性，以增强国内市场中衍生产品数据的可用性和可比较性。

参考文献

[1] IMF：《金融稳健指标编制指南》，国际货币基金组织网站，2006 年版。

[2] IMF：《中国金融体系稳定评估报告》，国际货币基金组织网站，2017 年版。

[3] 何建雄：《建立金融安全预警系统：指标框架与运作机制》，《金融研究》2001 年第 1 期。

[4] 黄金老：《论金融脆弱性》，《金融研究》2001 年第 3 期。

[5] 王静：《基于 SVDD 技术的宏观金融稳健性预警与监测研究》，

---

① http://www.fsb.org/wp-content/uploads/r_140919.pdf.

《信息系统工程》2011年第2期。

[6] 许涤龙:《金融稳健统计监测的国际准则》,《中国统计》2008年第3期。

[7] 虞伟荣、胡海鸥:《论金融风险监控指标体系的最新发展》,《外国经济与管理》2004年第5期。

[8] 中国人民银行:《中国金融稳定评估报告2018》,中国人民银行网站,2018年版。

[9] 钟伟、钟根元、王浣尘:《基于PS法的金融体系稳健性的综合评价》,《系统工程理论方法应用》2006年第6期。

[10] 仲彬、陈浩:《金融稳定监测的理论、指标和方法》,《上海金融》2004年第9期。

[11] Babihuga, Rita, "Macroeconomic and Financial Soundness Indicators: An Empirical Investigation", Working Paper, http://ssrn.com/abstract=995618, 2007.

[12] Berger, Allen N. and Klapper, Leora F. and Turk Ariss, Rima, "Bank Competition and Financial Stability", World Bank Working Paper No. 4696, http://ssrn.com/abstract=1243102, 2008.

[13] Bergo, Jarle, *Using Financial Soundness Indicators to Assess Financial Stability*, Central Bank of Norway, 2002.

[14] Hockett, Robert C., "The Macroprudential Turn: From Institutional 'Safety and Soundness' to Systemic 'Financial Stability' in Financial Supervision", *Virginia Law & Business Review* (Forthcoming), http://ssrn.com/abstract=2206189, 2013.

[15] Igan, Deniz and Pinheiro, Marcelo, "Credit Growth and Bank Soundness: Fast and Furious? IMF Working Paper", http://ssrn.com/abstract=1971429, 2011.

[16] IMF Staff and FSB Secretariat, *Second Phase of the G20 Data Gaps Initiative (DGI-2) Third Progress Report*, http://www.fsb.org/2018/09/second-phase-of-the-G20-data-gaps-initiative-

dgi – 2 – third – progress – report/, 2018.

[17] IMF Staff and FSB Secretariat, *Second Phase of the G – 20 Data Gaps Initiative (DGI – 2) First Progress Report*, http://www.fsb.org/2016/09/second – phase – of – the – g20 – data – gaps – initiative – dgi – 2 – first – progressreport/, 2016.

[18] IMF Statistics Department, "Financial Soundness Indicators Summary of Key Points and Conclusions: Prepared for the Reference Group Meeting of Experts", http://www.imf.org/external/pubs/ft/fsi/guide/2012/pdf/020312.pdf, February 2012.

[19] Johnston, R. Barry, Effie Psalida and Phil de Imus, et al., "Addressing Information Gaps", IMF Working Paper, http://www.imf.org/external/pubs/ft/spn/2009/spn0906.pdf, 2009.

[20] Schou – Zibell, Lotte, Jose Ramon Albert and Lei Lei Song, "A Macroprudential Framework for Monitoring and Examining Financial Soundness", ADB Working Paper, http://ssrn.com/abstract = 1587812. 2010.

[21] Taleb, N., E. Canetti, T. Kinda, E. Loukoianova, and C. Shmieder, "A New Heuristic Measure of Fragility and Tail Risks: Application to Stress Testing", IMF Working Paper WP/12/216, 2012.

[22] Xiao, Yingbin, "Financial Stability in an Evolving Regulatory and Supervisory Landscape", IMF Working Paper No. 13/47, http://ssrn.com/abstract = 2229656, 2013.

附录一　G20 应对信息缺口二十条建议（DGI-1）

建议 1

金融稳定理事会（FSB）和国际货币基金组织（IMF）工作组在 2010 年 6 月前向 G20 成员的财政部部长和中央银行行长会议报告进展情况，针对各条重点建议拟订具体行动计划，包括时间表。此后 FSB 和 IMF 工作组每年对进展情况更新一次，金融稳定专家、统计学家、监管部门应共同努力确保计划成功实施。

（一）监测金融部门风险

建议 2

IMF 督促更多经济体发布金融稳健指标（FSI），使覆盖范围包括全部 G20 成员，改进金融稳健指标网站，力争实现按季发布，重新评估金融稳健指标名单。

建议 3

在征询各国监管当局意见和吸收《金融稳健指标编制指南》经验的基础上，IMF 应着力研究、开发和鼓励实施一套标准测度方法，以提供有关尾部风险、集中度、分布方差和指标时变波动率等方面的信息。

建议 4

国际社会应进一步探索系统层面的宏观审慎风险测度方法，作为起步，国际清算银行（BIS）和 IMF 应充分利用全球金融体系委员会（CGFS）和巴塞尔银行监管委员会（BCBS）的成果，尽快制定金融体系总体杠杆率和期限错配的测度方法。

建议 5

CGFS 和 BIS 应与各国中央银行和监管当局密切合作，加强对信用违约互换（CDS）市场的统计，以改进对该市场中风险转移状况的理解。

建议 6

国际证监会组织（IOSCO）应与各国证券监管机构进一步合作，完善复杂结构性产品的信息披露要求，包括对财务报告的公众信息披露要求，以及应监管当局和相关部门的要求，提出其他必要的改进建议。

建议 7

各国特别是 G20 成员的中央银行和统计部门应积极参与 BIS 的证券数据收集工作，支持 BIS—ECB—IMF《证券统计手册》（HSS）的编制与完善，证券数据库工作组（WGSD）尽快制定有关 HSS 的协作方案。

（二）国际网络联系

建议 8

FSB 应研究能否通过监管机构合作和作为危机管理的信息交流等手段，改进对单个金融机构之间关联性信息的采集与共享，此项工作必须充分考虑信息保密、法律问题和监管机构之间已有的信息共享机制。

建议 9

FSB 应与 IMF 密切合作，召集各国央行、监管当局和其他国际金融组织，在 2010 年前制定一套全球系统重要性金融机构的通用数据报告模板（草案），以便更好地理解这类机构对不同金融部门和不同国家市场的风险暴露。这项工作应与有关系统重要性金融机构的其他工作一起开展，在数据报告框架实施之前还应广泛征询各方意见，充分考虑保密的问题。

建议 10

所有 G20 成员应积极参与 IMF 的组合投资联合调查（CPIS）和

BIS 的国际银行业统计（IBS），IMF 和 BIS 应继续扩大 CPIS 和 IBS 对主要金融中心的覆盖范围。

建议 11

BIS 和 CGFS 在其他改进工作之外，应考虑如何利用银行业合并数据和追踪国际金融体系中融资方式的信息，对非银行金融机构（NBFI）进行分离识别。IMF 应与其下的国际收支统计委员会（BOPCOM）协商，着力加强 CPIS 数据发布的频率和时效性，并考虑其他可能的改进行动，如国外债务人的机构部门（分类）。

建议 12

IMF 应继续督促更多国家报送国际投资头寸（IIP）数据，并争取按季报告 IIP 数据。G20 经济体应尽快采纳《国际收支和国际投资头寸手册》（BPM6）针对 IIP 所提出的改进建议。

建议 13

经济和金融统计跨机构工作组（IAG）应研究对跨境活动的监管和测度问题，包括外汇、衍生产品、非金融和金融公司的风险暴露等，尽快推动报告指南的编制和数据发布。

建议 14

IAG 应与 FSB 合作，重新审视 G20 的建议，吸取 BIS 的国际银行业统计、现存和在建数据库的经验，并与利益相关者协商，研究制定一个有关大型非银行金融机构国际风险暴露的标准报告模板的可行性。

（三）部门和其他金融与经济数据集

建议 15

IAG 囊括了国民账户秘书处间工作组（ISWGNA）中的所有代表机构，应继续推动资产负债表方法（BSA）、资金流量和更一般的部门账户数据的编制和发布。此项工作可由 G20 经济体开始，非银行金融机构的数据应优先解决，充分借鉴欧洲中央银行（ECB）、欧盟统计局和 OECD 的经验。中期来看，应考虑在数据发布特殊标准（SDDS）的数据分类中纳入更多的部门资产负债表数据。

建议 16

当改进数据来源和分类的建议得以落实后，统计专家应寻求在编制总量指标之外采集分布信息（如范围和分位数信息）。IAG 应努力按更高频率、更及时地编制与发布这些数据，OECD 还应继续努力探索国民账户数据与分布信息的联系。

建议 17

IMF 应鼓励各国采用《政府财政统计手册（2001）》作为国际标准，及时地发布跨国的、可比的政府财政统计数据。

建议 18

世界银行应与 IMF 合作，征询金融统计跨机构工作组（TFFS）的意见，在 2010 年建成公共部门债务数据库。

建议 19

秘书处间价格统计工作组（ISWGPS）应尽快完成《房地产价格指数手册》的编制工作，BIS 及其成员国中央银行应研究在 BIS 网站公开发布房地产价格数据，IAG 应考虑在全球主要指标（PGI）网站纳入房地产（住宅和商业）价格。

（四）官方统计的交流

建议 20

G20 成员应支持加强 PGI 网站建设，尽力提供本国数据，缩小数据缺口。IAG 应考虑提供更长时期的历史数据。

附录二 DGI-2 二十条建议

建议Ⅱ.1

20国集团（G20）经济体按照国际标准定期编制可比较的高质量经济和金融统计数据，并及时公布这些统计数据。IAG负责协调和监督DGI建议的实施，并将PGI网站作为全球参考数据库推广。FSB和IMF的工作人员每年向G20成员的财政部部长和中央银行行长提供最新进展。

（1）金融领域的风险

建议Ⅱ.2

G20经济体将按SDDS Plus的要求报告季度性的7项金融稳健指标（FSI）。鼓励G20经济体报告FSI的核心指标和扩展指标，并将其他（非银行）金融公司纳入监管范围。

建议Ⅱ.3

IMF将研究定期收集FSI集中和分布指标的可能性。

建议Ⅱ.4

G20经济体将支持国际清算银行（BIS）的国际数据中心，以确保定期收集和适当共享全球系统重要性银行的数据。此外，FSB还与IMF以及相关监管和标准制定机构密切磋商，以调查是否可能从保险公司开始，为全球具有系统重要性的非银行金融机构建立一个共同的数据模板。这项工作将由来自金融稳定理事会成员管辖区、相关国际机构、监管和标准制定机构代表组成的工作组进行，并将适当考虑保密和法律问题。

建议Ⅱ.5

G20 经济体将加强对影子银行系统的数据收集，向 FSB 提供监管数据，包括提供部门账户数据。FSB 将致力于进一步改进概念框架，制定标准和流程，以便在全球一级收集和汇总一致性的数据。

建议Ⅱ.6

国际清算银行审查为国际银行业统计（IBS）和半年度场外交易（OTC）衍生产品统计调查和 FSB 收集的衍生产品数据，符合 2014 年关于 OTC 衍生产品总量数据方法的可行性研究、调查法律、监管、治理、技术和成本问题，这些问题将支持 FSB 未来决定机制的潜在发展，以便在全球范围内汇总和分享来自贸易知识库的场外交易衍生产品数据。

建议Ⅱ.7

G20 经济体将按季度向国际清算银行提供与《证券统计手册》（HSS）一致的债务证券发行数据。《证券统计手册》将从行业、货币、利率类型、初始到期日以及（如果可行的话）发行市场等方面入手，报告债务证券的持有情况，以及为发展中国家和附属国经济体规定的部门与部门之间的数据，这将是一个长期目标。国际清算银行在证券数据库工作组的协助下，监测债务证券数据的定期收集和一致性。

（2）脆弱性、互联性和溢出性领域

建议Ⅱ.8

G20 经济体将根据国际商定的模板［包括其他（非银行）金融企业部门的数据］，按季度和年度频率编制与发布部门账户流量和资产负债表数据，并从流量和存量的角度建立"由谁向谁"矩阵，以支持资产负债表分析。

建议Ⅱ.9

IAG 与 20 国集团经济体密切合作，鼓励为家庭部门编制和发布有关收入、消费、储蓄和财富的分配信息。

建议 Ⅱ.10

G20 经济体将按照《国际收支与国际投资头寸手册》（BPM6）的规定，向 IMF 提供季度 IIP 数据，包括手册中介绍的货币组成和其他（非银行）金融公司的单独识别等方面的改进。

建议 Ⅱ.11

G20 经济体将提供更完善的国际清算银行的国际银行业统计数据。国际清算银行将与所有报告国合作，缩小 IBS 报告方面的差距，审查改善综合 IBS 与监管数据一致性的选项，并支持更广泛地提供数据的努力。

建议 Ⅱ.12

G20 经济体以半年度频率向 IMF 提供 CPIS 数据，包括分部门持有人报表，最好还有分部门非居民发行人报表。IMF 监测数据的常规报告和一致性，继续改善重要金融中心的覆盖范围，并探讨季度报告的可能性。

建议 Ⅱ.13

G20 经济体参与并改进由国际货币基金组织协调的直接投资调查的报告，包括对内直接投资和对外直接投资。

建议 Ⅱ.14

IAG 旨在改善非银行金融公司跨境风险敞口数据的一致性和公布，包括通过外国子公司和集团内部融资的数据，以更好地分析包括外币错配在内的此类风险所带来的风险和脆弱性。该工作将从 BIS 和 IMF 现有的数据收集活动、OECD 发展的外国直接投资框架而展开，G20 经济体支持 IAG 的工作。

建议 Ⅱ.15

G20 经济体将发布与《2014 年政府财政统计手册》（GFSM 2014）一致的季度广义政府数据。IMF 监督各经济体定期报告与发布及时、可比和高质量的政府财政数据。

建议 Ⅱ.16

G20 经济体将向世界银行/国际货币基金组织/OECD 公共部门

债务数据库提供涵盖广泛工具的综合政府债务数据。

建议 II.17

G20 经济体将发布符合《住宅地产价格指数手册》（RPPI）的住宅房价指数，并向国际清算银行（BIS）、欧盟统计局（Eurostat）和经济发展与合作组织（OECD）等相关国际组织提供这些数据。国际住宅楼宇小组委员会与秘书处间价格统计工作组合作，制订一套通用的整体住宅地产价格指数；鼓励长时间序列的制作；制订其他与房屋有关的指标；并通过 PGI 网站发布整体住宅地产价格数据。

建议 II.18

IAG 与秘书处间价格统计工作组合作，加强对编制商业地产价格指数（CPPI）的方法指导，并鼓励通过 BIS 网站发布商业地产价格数据。

（3）官方统计交流

建议 II.19

IAG 将加强国际组织间的国际数据合作，支持通过国际商定的格式（如 SDMX）及时地标准化传输数据，以减轻各报告经济体的负担，扩大数据使用者的范围。IAG 将继续与 G20 经济体合作，在 PGI 网站和有关国际组织网站上及时、一致地提供各国数据。

建议 II.20

IAG 与 G20 经济体促进和鼓励在 G20 经济体之间、内部以及与国际机构交流数据和元数据，以提高数据的质量（如一致性）和政策使用的可用性。G20 经济体还被鼓励通过重新考虑现有的保密限制，增加更细化（微观）数据的共享和可访问性。

索 引

B

半结构化数据 13, 14, 17, 38, 52, 59, 60, 65, 71, 180

保险公司 233, 240, 249, 251, 252, 260

变量 17, 19, 20, 43, 70, 71, 80, 87, 93, 136, 201, 205

不良贷款 234, 235

部门分类 5, 78, 119, 121, 122, 126—128, 133, 250

部门账户 250, 253, 258, 261

C

财政支出 177, 217, 219

产品分类 5, 78, 85, 117, 119, 128

常住人口 143, 164, 167, 168, 170, 173, 177, 182

成本 2, 41, 42, 45—47, 52, 72, 96, 118, 124, 129, 135, 147, 151, 183, 202, 253, 261

城镇登记失业率 6, 142, 143, 152, 160—162, 166—169, 171, 173, 176, 177, 184

城镇调查失业率 6, 142, 143, 155, 163—165, 169, 171, 173, 174, 177, 178, 181, 184

抽样误差 21

出口 31, 32, 53, 90, 92, 93, 97, 103, 112—114, 116, 207, 213, 219, 220, 222, 224, 239

脆弱性 8, 227—233, 241—244, 250, 253, 261, 262

D

大数据 2—5, 9—21, 28, 32—77, 79, 130—137, 139, 180, 181, 263

单向联系 88

调查体系 27, 29, 32, 169

定量分析 19, 60, 70, 195, 201

定性分析 20, 24, 60, 70, 71, 195

动态模型 4, 70, 71, 78, 87, 93, 94

F

FSI体系 8, 227—234, 238, 240—

245，247—249

房地产价格指数 259

房地产市场 42，118，237，238，240

非结构化数据 13，14，17，38，52，59，60，65，68，71，180

非金融公司 237，239，251

非银行金融机构 232，237，248，249，252，253，258，260

非自愿失业 146，147，150

分布信息 242，243，259

服务贸易 130

G

工时统计 142，156

工业品出厂价格指数 220

工业生产指数 206，213，218，219

公共部门债务 250，259

供给表 110，111，113，125

鼓励指标 234，237—240，243，244，247

官方统计 4，9，22，33，35，51，74，75，77，249，259，263

国际货币基金组织 8，227，228，253，256，262

国际结算 249

国际劳工组织 152，154，155，163，167，170，172

国际清算银行 229，252，256，260—263

国际收支 121，152，202，250，258，262

国民经济 4，5，10，22—24，27—29，31，32，39，41，50，58，78—81，83，86—88，91，92，96，101，102，109—115，117—119，121—129，131—134，136—140，143，158，159，164，214，215

国民经济核算 4，5，27—29，32，58，78，81，83，84，96，109，110—112，114，115，117—119，121，123，125，126，129，131，132，137—140

国民收入 80，146

国民账户体系 110，122，229

国内生产总值 4，31，32，51，69，79，86，87，103，110，123，143，245

过剩人口 144，145

H

哈佛指数 199—202

合成指数 7，192—194，198，199，207，212，213，217—219

核心指标 196，232—238，243，244，247

宏观调控 5，24，143，162，163，183，188，203，224

宏观审慎监管 228，248

或有负债 250

货币供应量 217，218，220

行业分类标准　133

J

计划经济　26，54，80，142，158—160，162，175

季节调整　197，204，209，215，216，221，223

价格指数　2，31，32，53，54，208，209，211，213，219，220，251，259，263

价值型　4，78，79，83，87，88，91，92，96，104—107

间接联系　88

监测预警体系　7，192，222，225，244

监测指标　6，192，194，203，209

交易对手　233，234，237，243

结构化数据　13，17，33，38，52，59，60，65，68，72，180

结构性失业　145，147，149—151

金融部门　230，232，240，243，245，249，250，256，257

金融监管　229，230，233，246，248

金融市场　233，242，248，249，253

金融体系　8，227—233，237，241，242，245，247—249，252—254，256，258

金融危机　8，227—229，231—234，242，244，245，247—249

金融稳定分析　8，227，229，230，232—234，238，241—243，245—247

金融稳定理事会　244，247，252，256，260

金融稳定评估体系　8，248

金融稳定统计　8，227—229，231，232，241，245，247，249

金融稳健指标　3，8，227—231，247，253，256，260

金融业综合统计　246

经济表　79，80

经济分析　42，67，84，91，95，109，125，132，136

经济景气　3，6，7，192—197，199，202—225

经济景气指数　7，192，207，208，210—212，215—217

经济预测　42，84，91，204，212

经济周期　151，194，198，200—202，205—207，209，211，224，228

景气监测体系　6，7，192，193，202—204，206—208，215，221—224

景气指数　7，192，193，197，199—203，205，206—208，210—217，221—223

静态模型　4，70，71，78，87，93

就业　2，5，6，69，142—144，146，147，150，152，154—157，

159—178，180，182—187，189—191，202，206，208，211，213，217，218，222，223，250

居民储蓄　217，219，220

居民消费价格指数　2，32，219，220

K

跨境风险　233，234，242—244，250，251，262

扩散指数　7，192—194，196—199，202，203，210，212，224

L

劳动力市场　6，42，142，147，149，150，153，155—157，164，168，169，171，173，176，178，179，184，185，190，194

理性预期　148

利率　146，211，217，218，230，238，261

流动人口　6，173，182

流动性　150，151，233，234，236—240，243，248，251—253

M

摩擦性失业　146，149，150

Q

期限错配　233，234，249，252，253，256

晴雨表　6，192，193，199

区域间投入产出分析　97，136

S

社会保险　142，157

社会主义市场经济　27，66，110，143，160—162

社会总产品　84，85

生产者　10，32，52，79，80，110—114，117，118，122，123，128，129，132，137，211

生产资料　80，84—86，88，158，194

剩余劳动力　151，159，171，175，181，182

失业救济　154，156，157，177

失业理论　5，144—150，187，188，191

失业率　6，41，142，143，147—149，152—157，159—169，171—174，176—178，181，183，184，186—190，203

失业人数　153—162，166，167，169，170，173，177，182—184，186

失业统计　3，5，6，142，143，147，152—159，161—163，168—174，176—190

石油危机　212

实物型　4，78，79，83，87—92，104—107

使用表 89，110，112，113，125，126，129—131

市场经济 10，27，33，54，61—64，66，70，110，142，143，159—162，175，251

收入 32，41，57，80，87，95，99，110，117，118，120，121，125，137，146，149，150，154，165，201，217—219，222，234，236，238，239，250，261

数据安全 10，33—35，39，50，61，62，72，73，247

数据采集 10，13，29，40，43，45—47，50，54—57，59，65，68，69，71，74，132，166

数据公布特殊标准 231

数据库 12，17，18，52，62，66，134，215，231，244，246，250，257—261，263

数据来源 2，4，9，12，13，18，33，34，42，43，45—47，55，57，59，68，74，120，126，131，134，167，168，181，258

数据质量 3，26，28，29，41，45—48，50，51，55，61，72，74，120—122，127，134，135，162，250，253

双轨制 159

双向联系 88

T

碳排放 96，97，138，139

通货膨胀 41，42，147，148，203，204，206，208，217，224，230，245

统计变革 2，3，9，10，15，16，20，64，77

统计调查 4，17，22—24，27—29，32—34，41，44—46，50，52，57，59，62，64，74，76，108，117，120，129，169，190，261

统计数据 3—5，9，15，16，19，25，26，28，29，32—35，40，44—48，50—53，55，57—62，65—68，70—74，119—121，126，134，137，142，143，155，172，173，178，179，189，195，204，215，221，233，250，251，259，260，262

统计体系 1，3，5—7，9，10，21，22，25，28—30，32，44，45，57，63，67，74，108，142，143，152，153，155，162，163，168，169，178，179，182，185，187，189，190，192，195，223，229，246，247

统计现代化 27—29，47

统计指标 6，17，23，24，28，31，48，51，56—58，65，71，142，155，171，176，177，179，183，186—190，192，193，201，202，228，243

统计制度 1，4—6，9，24，26，

28，29，40，45，47，50，56—
58，60，62，63，65，71，78，
105，120，142，143，162，169，
170，177，178，180，181，187—
190，246，250

投入产出表 5，79，81—92，94，
96，97，101—110，113—116，
120—140

投入产出核算 3—5，78，79，81，
84，86，87，92，95—97，104—
110，115，117，119，120，123—
140

投入产出模型 4，78，79，82，85，
87，88，91—94，96—98，121，
136，137，139，140

投资 2，31，36，39，51，84，90，
93，95，146，161，185，193，
199，202，206，217—220，222，
224，233，236，241，243，248，
250—252，257，258，262

W

完全竞争 146

微观数据 67，131，251

尾部风险 242，243，256

稳健性 8，227—232，241，242，
245，247，252—254

问卷调查 17，18，210

物联网 3，10，11，15，28，33，
37，38，46，48，51，53，65，
68，131，134，139

物质产品 90，107

物质流投入产出分析 100，101

物质消耗 86，89，91，102，103，
122

X

系统性风险 242，246，248，252

先行指数 206，208，209，211，
212，215，217，218，223

显性失业 175

相对过剩人口 144，145

消费者 31，49，53，79，80，131，
151，208，213，215，217，218

小康社会 28，29

新常态 11，187，190

信号灯 194—196，203

信息披露制度 242

信息缺口 8，227，230，234，241，
242，244，249，256

信息系统 17，51，150，254

信用风险 234，235，243，244

信用违约互换 235，244，257

Y

压力测试 233，243，245，248

衍生产品 8，233，238，242，250—
253，258，261

一致指数 7，192，208，209，211，
217，221—223

异常值 220，242

隐性失业 6，142，143，148，151，

156，159，174—178，181—183，186，188，190

影子银行 8，242，247—250，252，253，261

预警指标 7，192—196，203，212，222，223，232

云计算 3，10，11，14，28，33，46，47，51，68，72，135

Z

再生产 79—81，84—86

增加值 4，32，51，79，92，98，99，112—114，116，117，119，123，125，126，128，129，136，219，220

增值税 110，111，114，115，117，123，128，129，132，137

政府部门统计系统 25

政府统计 1—5，9，10，12，21—35，37，38，40，41，44—78，119，120，135，179，180

政府债务 250，263

政府综合统计系统 25

直接联系 88

直接消耗系数 81，91，94，96

指标体系 3，6，7，8，23，28，33，59，101，142，176—179，183，186，187，189，192，203，204，206，222，223，227，228，247，254

滞后指数 211，217，223

中间产品 84，86，89—92，133

中间投入 4，32，79，85，89，90，92，95，98，99，112—114，116，117，119，120，124，126，129，133，136

中央银行 8，118，217，227，229，231，245，249，256—260

重要性金融机构 8，238，240，246，249，251，252，257

周期性失业 150，151，186

住户部门 228，240，250

资本形成总额 32，112—116，118

资产负债表 233，250，253，258，261

资金流量表 250

自愿失业 146，150

总杠杆 243，249，253

总量指标 4，78，79，86，87，259

最终产品 85，86，89，90，92，127

最终消费支出 110，112—114

最终需求 92，93，98—100，128，133，211